여러분의 합격을 응원하는
해커스공무원의 특별 혜택

FREE 공무원 행정학 **동영상강의**

해커스공무원(gosi.Hackers.com) 접속 후 로그인 ▶ 상단의 [무료강좌] 클릭 ▶ [교재 무료특강] 클릭하여 이용

 해커스공무원 온라인 단과강의 **20% 할인쿠폰**

EEED852CE57AE99C

해커스공무원(gosi.Hackers.com) 접속 후 로그인 ▶ 상단의 [나의 강의실] 클릭 ▶
좌측의 [쿠폰등록] 클릭 ▶ 위 쿠폰번호 입력 후 이용

* 쿠폰 이용 기한: 2024년 12월 31일까지(등록 후 7일간 사용 가능)
* ID당 1회에 한해 등록 가능

해커스 회독증강 콘텐츠 **5만원 할인쿠폰**

BF9437EA24529B9T

해커스공무원(gosi.Hackers.com) 접속 후 로그인 ▶ 상단의 [나의 강의실] 클릭 ▶
좌측의 [쿠폰등록] 클릭 ▶ 위 쿠폰번호 입력 후 이용

* 쿠폰 이용 기한: 2024년 12월 31일까지(등록 후 7일간 사용 가능)
* ID당 1회에 한해 등록 가능(특별 할인상품 적용 불가)
* 월간 학습지 회독증강 행정학/행정법총론 개별상품은 할인쿠폰 할인대상에서 제외

합격예측 **모의고사 응시권 + 해설강의 수강권**

C4E6BF9D5E379FYA

해커스공무원(gosi.Hackers.com) 접속 후 로그인 ▶ 상단의 [나의 강의실] 클릭 ▶
좌측의 [쿠폰등록] 클릭 ▶ 위 쿠폰번호 입력 후 이용

* 쿠폰 이용 기한: 2024년 12월 31일까지(ID당 1회에 한해 등록 가능)

쿠폰 이용 관련 문의 **1588-4055**

단기 합격을 위한
해커스 커리큘럼

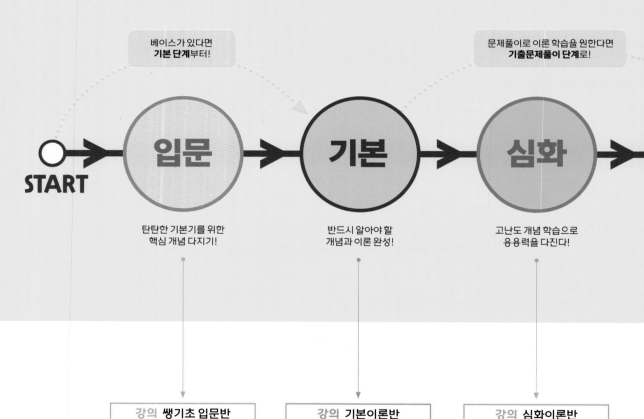

베이스가 있다면
기본 단계부터!

문제풀이로 이론 학습을 원한다면
기출문제풀이 단계로!

START

입문

기본

심화

탄탄한 기본기를 위한
핵심 개념 다지기!

반드시 알아야 할
개념과 이론 완성!

고난도 개념 학습으로
응용력을 다진다!

강의 **쌩기초 입문반**

이해하기 쉬운 개념 설명과 풍부한
연습문제 풀이로 부담 없이 기초를
다질 수 있는 강의

강의 **기본이론반**

반드시 알아야 할 기본 개념과 문제풀이
전략을 학습하여 핵심 개념 정리를
완성하는 강의

강의 **심화이론반**

심화이론과 중·상 난이도의 문제를
함께 학습하여 고득점을 위한 발판을
마련하는 강의

* 커리큘럼은 과목별·선생님별로 상이할 수 있으며, 자세한 내용은 해커스공무원 사이트에서 확인하세요.

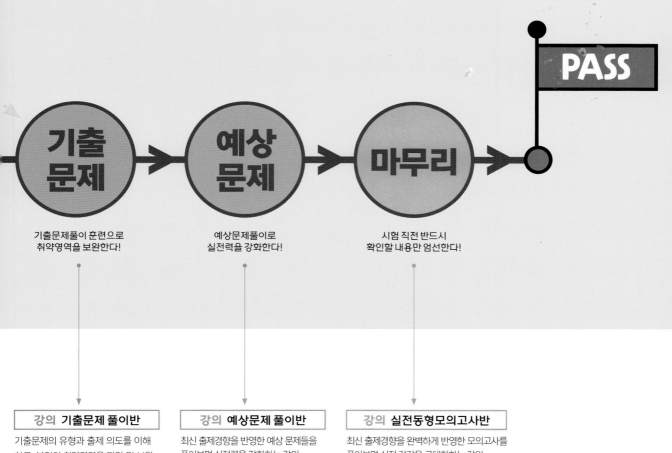

기출문제
기출문제풀이 훈련으로
취약영역을 보완한다!

예상문제
예상문제풀이로
실전력을 강화한다!

마무리
시험 직전 반드시
확인할 내용만 엄선한다!

PASS

강의 **기출문제 풀이반**

기출문제의 유형과 출제 의도를 이해
하고, 본인의 취약영역을 파악 및 보완
하는 강의

강의 **예상문제 풀이반**

최신 출제경향을 반영한 예상 문제들을
풀어보며 실전력을 강화하는 강의

강의 **실전동형모의고사반**

최신 출제경향을 완벽하게 반영한 모의고사를
풀어보며 실전 감각을 극대화하는 강의

강의 **봉투모의고사반**

시험 직전에 실제 시험과 동일한 형태의
모의고사를 풀어보며 실전력을 완성하는 강의

해커스공무원

이준모
행정학

핵심요약집

이준모

약력

서울대학교 행정대학원 행정학 석사

현 | 해커스공무원 행정학 강의
전 | 공단기 행정학 강의
전 | KG패스원 행정학 강의
전 | 웅진 패스원 행정학 강의
전 | 부산 고려고시학원 행정학 강의
전 | 대전 제일고시학원 행정학 강의

저서

해커스공무원 이준모 행정학 기본서
해커스공무원 이준모 행정학 핵심요약집
키워드행정학 최신기출5개년 핵심OX 문제집, 선경
키워드행정학 핵심기출 한줄노트, 선경
에듀윌 공무원 행정학 단권화 요약노트, 에듀윌
이준모 키워드 행정학 기출문제집, 에스티유니타스
키워드 행정학 기변동, 에스티유니타스
키워드 행정학 비법노트, 좋은책

공무원 시험에 최적화된 핵심요약집!

행정학 이론을 어느 정도 이해한 수험생이라면, 그 다음은 이론을 반복 학습하여 본인의 것으로 만드는 것이 중요합니다. 효율적인 반복 학습을 위해서는 핵심 내용들은 빠짐없이 수록하면서도 되도록 간략히 요약된 교재가 필요합니다. 수험생 여러분들이 스스로 정리한 필기 노트도 유용하겠지만, 제한된 수험 기간 내에 효율성을 생각한다면 경험 많은 전문가의 손길이 더해진 요약집도 좋은 대안이라고 생각됩니다.

『해커스공무원 이준모 행정학 핵심요약집』은 이러한 반복 학습에 유용한 도구가 될 것입니다. 기본서에는 자주 출제되지 않아도 전체적인 틀을 위해 기술된 부분이 많지만, 본서에서는 그러한 내용들을 과감히 삭제하고 출제될 수 있는 부분 위주로 구성하였기에 객관식 수험에 맞는 내용 중심으로 회독이 가능합니다. 수험생 여러분들이 효율적으로 행정학 학습을 할 수 있도록 본서는 다음과 같은 특징을 가지고 있습니다.

첫째, 가장 빈출되는 내용을 THEME으로 분류하여 핵심 키워드 중심으로 배열하였습니다.
공무원 행정학의 필수적인 이론들을 빠르고 체계적으로 학습할 수 있도록 자주 출제되는 내용들을 THEME으로 분류하여 수록하였고, 각 THEME에는 중요도를 4단계로 나누어 표시하였습니다. 행정학 이론을 어느 정도 숙지한 수험생이라면, 짧은 시간 내에 효율적인 반복 학습이 가능할 것입니다.

둘째, 핵심 키워드에는 강조 표시를 하였습니다.
핵심 키워드와 관련된 이론에 대한 이해가 바탕이 되어있다면, 회독을 거듭할수록 핵심 키워드만으로도 전체 내용을 이해하거나 암기할 수 있게 하였습니다.

셋째, 암기가 필요 부분은 두문자 암기법을 함께 수록하였습니다.
휘발성이 강하지만 반드시 암기가 필요한 내용들은 두문자 암기법 'TIP'을 함께 수록하여, 보다 쉽게 암기할 수 있습니다.

객관식 시험은 얼마나 반복하여 숙달하였는지가 가장 중요합니다. 제한된 시간에 많은 문제를 풀어야 하므로 이해뿐만 아니라 반복 학습을 통해 본인의 것으로 체화해야 합니다. 이를 위해 핵심적인 내용과 키워드 중심으로 배열된 수험서를 선택하여 반복적으로 회독하는 것이 필요합니다. 『해커스공무원 이준모 행정학 핵심요약집』은 이러한 필요에 가장 효과적인 답을 제공해 드릴 수 있도록 노력했습니다.

더불어, 공무원 시험 전문 사이트 해커스공무원(gosi.Hackers.com)에서 학습 중 궁금한 점을 나누고 다양한 무료 학습 자료를 함께 이용하여 학습 효과를 극대화할 수 있습니다. 부디 『해커스공무원 이준모 행정학 핵심요약집』과 함께 공무원 행정학 시험 고득점을 달성하고 합격을 향해 한걸음 더 나아가시기 바랍니다.

『해커스공무원 이준모 행정학 핵심요약집』이 공무원 합격을 꿈꾸는 모든 수험생 여러분에게 훌륭한 길잡이가 되기를 바랍니다.

이준모

목차

PART 3 조직이론

목차

PART 1

행정학 총론

PART 1 행정학 총론

THEME 01 행정(adminstration)의 의의 **

(1) **일반적 의미**
  ① 협의: 공공성과 관련된 정부조직의 활동(→ 공익), 공(public)행정만 의미
  ② 광의: 모든 조직의 관리활동(→ 합리성, 능률성, 효과성), 공(public)행정 + 사(business)행정
(2) **최근의 행정개념 - 거버넌스(governance)**
  ① 전통적 행정: 정부조직의 통치, 공적 영역의 정부 독점
  ② 최근의 행정: 공공문제의 해결기제, 공·사조직 간 협력적 통치 → 정부실패 이후 등장
(3) **행정의 개념적 특징**

THEME 02 프레데릭슨의 공공성 *

TIP 합개다서시

(1) **합법적 관점**: 대표자로서 공공성, 의회민주주의 관점 → 의회가 제정한 법률의 충실한 집행
(2) **개인주의 관점**: 합리적 선택으로서 공공성, 공리주의 시각 → 개인적 이익의 실현
(3) **다원론적 관점**: 이익집단으로서 공공성 → 이익집단의 다양한 주장의 조정
(4) **서비스 제공 관점**: 고객으로서 공공성 → 일선관료의 고객에 대한 봉사
(5) **시민사회 관점**: 시민으로서 공공성, 공동체주의 시각 → 능동적 시민 참여

THEME 03 행정능력 *

TIP 정지행

(1) **정치적 능력**: 정치적 합리성의 발휘를 통한 정치적 지지의 확보 → 민주성 제고
(2) **지적 능력**: 전문성과 창의성 확보 → 능률성과 효과성 제고
(3) **실행 능력**: 인적·물적 자원의 확보 및 리더십과 동기부여

THEME 04 행정학적 행정개념 ★★★

1. 개관

	관료의 역할		학문의 목적		국정운영방식	
엽관 주의	**행정관리설** ↔	**통치기능설**	**행정행태설** ↔	**신행정론**	**신공공 관리론** ↔	**뉴 거버넌스**
	집행 정치행정이원론 능률성	결정 + 집행 정치행정일원론 민주성	사실 과학성 합리성	사실 + 가치 처방성 사회적 형평성	시장논리 행정의 경영화 성과관리	참여논리 행정의 재정치화 시민참여

2. 전개 과정

(1) 행정관리설

① 개념: 정책의 집행으로서 행정 → 주어진 법령과 정책의 충실한 집행
② 배경: 엽관주의 폐해와 실적주의 등장
③ 특징: 고전적 행정학, 기술적 행정학(→ 내부관리 기술), 정치행정이원론, 공사행정일원론, (기계적) 능률성
④ 학자: 윌슨의 '행정의 연구'(1887)(→ 정당정치로부터 분리), 굿노의 '정치와 행정'(1900)(→ 정책 결정으로부터 분리)

(2) 통치기능설

① 개념: 정책의 결정(→ 새로운 가치판단) + 정책의 집행
② 배경: 시장실패와 뉴딜정책(→ 정부의 적극적 개입)
③ 특징: 신고전적 행정학, 기능적 행정학(→ 사회문제 해결), 정치행정일원론, 공사행정이원론, 민주성과 사회적 능률성
④ 학자: 디목의 '현대 정치와 행정'(1937), 애플비의 '정책과 행정'(1949)

(3) 행정행태설

① 행정의 개념: 의사결정으로서 행정 → 가치결정 + 사실결정
② 행정학의 연구범위 및 연구목적: 사실결정에 대한 실증적 연구, 과학성(Science) 제고(→ 이론의 정립)
③ 배경: 논리실증주의(→ 가치와 사실의 분리)와 사회심리학의 도입
　㉠ 법적·제도적 접근의 정태적 성격, 원리주의(→ 고전적 행정학)의 비과학성(→ 검증되지 않은 속담)
　㉡ 정치행정일원론(→ 통치기능설)에 따른 행정학의 정체성 위기
④ 특징: 정치행정(새)이원론(→ 가치사실이원론), 공사행정(새)일원론, 폐쇄체제 시각(→ 내부적 의사결정의 합리화에 초점)
⑤ 학자: 바나드의 '관리자의 기능'(1938), 사이먼의 '행정행태론'(1945)

(4) 신행정론 – 정책화기능설

① 행정의 개념: 사회문제의 해결을 위한 규범적 가치판단과 실천(action)
② 행정학의 연구 범위 및 연구 목적
  ㉠ 가치에 관한 규범적 연구까지 확장
  ㉡ 처방성(art) 제고(→ 사회문제의 해결)
③ 배경: 현상학과 비판철학 등 규범적이고 처방적인 학문의 등장
  ㉠ 미국 사회의 격동기(→ 흑인과 백인의 빈부격차, 세대 간 갈등)
  ㉡ 행태주의 한계(→ 처방성 간과)
  ㉢ 공리주의 한계(→ 형평성 간과)
④ 특징: 정치행정(새)일원론, 공사행정(새)이원론, 개방체제 시각(→ 대외적 사회문제의 해결에 초점)
⑤ 주요 처방: 탈관료제, 행정철학과 행정윤리, 사회적 형평성

(5) 거버넌스적 행정개념 – 새로운 국정운영 방식

① 공적 영역의 정부독점 거부 → 공공문제의 해결을 위한 공 · 사조직들의 협력적 네트워크
② 신공공관리론: 신자유주의에 입각한 시장적 거버넌스 → 시장기법 도입 + 성과관리 강조
③ 신국정관리론(→ 뉴거버넌스): 공동체주의에 입각한 참여적 거버넌스 → 능동적 시민참여 강조

THEME 05 정치와 행정 ★★★

(1) 정치와 행정

정치	행정
정책결정	정책집행
가치판단에 입각한 방향이나 목표의 설정	가치중립에 입각한 수단의 모색
다양한 의사를 수렴(→ 민주성 확보)	수렴된 의사의 실행(→ 능률성 확보)
엽관주의 임용	실적주의 임용

(2) 전개 과정

① 정치행정이원론: 엽관주의 폐해와 실적주의 등장, 고전적 행정학, 기술적 행정학
  → 정책집행
② 정치행정일원론: 시장실패와 뉴딜정책(→ 행정국가 등장), 신고전적 행정학, 기능적 행정학
  → 정책결정 + 정책집행
③ 정치행정(새)이원론: 행정행태론, 행정학의 정체성 위기의 극복, 가치사실이원론, 과학성(→ 이론의 발견) 추구
④ 정치행정(새)일원론: 후기행태주의 또는 신행정론 → 처방성(→ 사회문제의 해결) 추구
⑤ 거버넌스 – 정부실패 이후
  ㉠ 신공공관리론: 행정의 경영화 → 민간기법의 정부 내 도입(→ 기업가 정신의 확보)
  ㉡ 신국정관리론: 행정의 재정치화 → 능동적 시민참여(→ 시민의식의 복원)

THEME 06 윌슨(W. Wilson)의 정치행정이원론(행정의 연구) **

(1) **행정의 본질**: 정치(→ 엽관주의)와 구별되는 전문적 · 기술적 영역 → 관리 또는 비즈니스
(2) **행정학의 연구 목적**
    ① 행정의 탈정치화(→ 정당정치로부터 행정의 독자성 확보)
    ② 능률성 추구(→ 최소의 비용, 최대의 효과)
(3) **정치**: 미국(→ 국민주권의 완성)이 유럽보다 우수
(4) **행정**: 유럽(→ 프랑스와 독일)의 선진 행정체제(→ 관료제)의 도입
(5) 미국의 민주적 정치체제와 유럽의 비민주적 관료제의 결합 근거 → 정치행정이원론
(6) **공헌**
    ① 분과학문으로서 행정학의 탄생
    ② 실적주의 도입의 이론적 근거[→ 펜들턴법(1883)의 이론적 근거]

THEME 07 행정과 경영 ***

(1) **구관리와 신관리**
    ① 구관리(→ 관료제): 투입과 통제 중심의 관리, 관료제 기법의 도입, 사전분석 + 명확한 지침의 제정 + 충실한 집행
    ② 신관리(→ 신공공관리론): 재량과 성과 중심의 관리, 관료제의 역기능 완화, 총량규율 + 재량부여 → 성과책임
(2) **행정과 경영의 비교**
    ① 유사점(→ 수단): 관료제 성격(→ 분업, 계층제 등), 관리기술(→ 능률성과 효과성 추구), 의사결정 (→ 최선의 대안 선택)
    ② 차이점: 관할 및 영향력, 목적(→ 양적 · 상대적 차이) 독점성, 정치 · 권력적 성격, 평등성 및 법적 규제의 정도

(1) 변수
  ① 구조: 전체 구성 요소들의 체계적 배열 → 고전적 행정학에서부터 강조(→ 구조 = 성과)
  ② 인간: 외면적 행태(→ 행태주의), 내면적 의도(→ 현상학), 능동적 가치관(→ 신행정론 또는 발전행정론)
  ③ 환경: 생태론에 의해 등장, 주로 현대 행정학(→ 1960년대 이후)의 등장 이후 강조
  ④ 기능: 구조 내 구성 요소들이 실제로 수행하는 역할 → 체제론에서 강조

(2) 전통적 과정 – POSDCoRB `TIP` 기조인지조보예
  ① 귤릭(L. Gulick)과 어윅(L. Urwick) → 브라운로위원회 보고서(1937)에서 제시
  ② 하향적 관리기법: 최고 관리자의 기능 또는 참모조직의 원리(→ 분업의 원리), 고전적 행정학의 핵심모형
  ③ 기획(Planning), 조직(Organizing), 인사(Staffing), 지휘(Directing), 조정(Coordinating), 보고(Reporting), 예산(Budgeting)

1. 개관

2. 근대 입법국가 – 작은 정부 + 큰 시장

(1) 개념: 자유방임 법치국가, 이론적 근거로서 사회계약설(→ 합리적 + 이기적 인간)
(2) 정치(→ 공적 영역): 의회만능 → 동일성의 원리(→ 대표자 = 유권자)
(3) 경제(→ 사적 영역): 시장만능 → 고전파 경제학(→ '보이지 않는 손'의 자율적 조정)
(4) 국가의 역할: 소극국가(→ 최소가 최선), 국방과 치안 등 질서유지기능, 공공토목사업, 소유권 보호, 재정권 행사
(5) 관료의 역할: 의회가 제정한 법률의 충실한 집행

3. 현대 행정국가 – 큰 정부 + 규제된 시장

(1) 개념: 삼권분립을 전제(→ 민주주의 행정학)로 하되 입법부나 사법부에 비해 행정부가 우월한 국가

(2) 배경: 의회실패(→ 대표성 약화와 전문성 부족), 시장실패와 뉴딜정책(→ 케인즈파 경제학의 등장)

(3) 국가의 역할: 적극국가(→ 최대 봉사가 최선), 선진국은 복지국가(→ 형평성), 개발도상국은 발전국가(→ 효과성)

(4) 관료의 역할: 정치행정일원론 → 위기에 대한 신속한 대응

(5) 미국의 사례: '뉴딜정책'(1930년대)(→ 시장실패 극복), '위대한 사회건설 프로그램'(1960년대)(→ 형평성 확보)

(6) 한계: 의회의 지위 약화, 관료들의 정치세력화, 민간 또는 시장의 자율성 저해, 지방자치의 저해, 정부실패

4. 신행정 국가 – 작지만 강한 정부

(1) 개념: 정부실패 이후 등장한 탈행정국가 → 작은 정부 + 강력한 리더십(→ 능동적 조정과 중재의 필요성)

(2) 배경: 세계화, 민주화, 포스트모더니즘 등 다양성의 시대, 신고전파 경제학(→ 공급 중시 경제학)의 등장

(3) 정부의 역할
① 정책결정(→ 방향잡기)은 정부가 주도
② 정책집행(→ 노젓기)은 탈정부화 또는 탈관료화 추구

(4) 적극국가(→ 직접 개입)에서 규제국가(→ 간접 개입)로 전환
① 적극국가: 소득재분배와 경기안정화 정책, 수요 중시 경제학, 정부의 재량적 개입, 예산의 배분
② 규제국가: 소극적 의미의 시장실패 시정(→ 효율성 확보), 공급 중시 경제학, 규칙의 기속, 규칙의 제정

(5) 대의제라는 의회정체(→ 독점)에서 거버넌스라는 분화정체(→ 협력)로 전환 **TIP** 네공핵신
① 의회정체: 국가주권의 독점, 의회주권과 내각정부, 장관책임과 중립적 관료제
② 분화정체: 정책네트워크, 공동화(hollowing-out) 국가, 핵심행정부, 신국정관리

THEME 10 파킨슨의 법칙 ***

(1) **의의**: 본질적 업무의 증가가 아닌 심리적 요인에 의한 공무원 수의 팽창 현상을 설명하는 이론
(2) **영국 해군성의 실증적 검증**: 본질적 업무와 무관하게 매년 5.75%씩 증가 → 부하배증의 법칙 × 업무배증의 법칙
(3) **부하배증의 법칙**: 동료보다는 부하를 선호하는 심리 → 상승하는 피라미드 법칙
(4) **업무배증의 법칙**: 신설된 직위에 파생되는 업무(→ 지시나 보고)가 의도적으로 창조되는 현상

THEME 11 정부의 기능 **

(1) **소극적 기능과 적극적 기능**
　① **소극적 기능**: 근대 입법국가에서 강조(→ 제퍼슨), 질서유지기능(→ 국방과 치안 등)의 강조
　② **적극적 기능**: 현대 행정국가에서 강조(→ 아담스), 사회변동기능(→ 소득재분배, 경기안정화, 경제성장)의 강조
(2) **성질 기준**: 규제기능, 지원·조장기능(→ 직접 + 간접), 조정·중재기능(→ 준사법적 기능), 기업행정기능(→ 수익의 추구)

THEME 12 보수주의와 진보주의 **

(1) **보수주의**: 합리적 경제인관, 소극적 자유(→ ~로부터 자유), 기회의 평등, 교환적 정의, 시장의 완전성
(2) **진보주의**: 합리적 경제인관 부정, 적극적 자유(→ ~에 의한 자유), 결과의 평등, 배분적 정의, 시장의 잠재력 + 불완전성

THEME 13 시장실패와 대응책 ★★★★

TIP 공자외불정, 공자공급

(1) 의의: 시장기구(→ 가격)에 의한 자원배분의 비효율성과 소득분배의 불평등성

(2) 함의: 사익의 극대화가 공적 공멸을 초래하는 현상 → 개인적 합리성과 사회적 합리성의 괴리

(3) 원인

공공재	비경합성(→ 규모의 경제), 비배제성(→ 무임승차), 비분할성(→ 공동소유 공동소비) 및 비축적성
자연독점	규모의 경제(→ 비용체감산업)에 의한 기술적 독점 → 요금재와 관련 • 규모의 경제: 생산규모의 확대에 따라 평균비용이 지속적으로 감소하는 현상 → 높은 고정비용 + 낮은 가변비용 • 대책: 공기업의 설립(→ 직접 공급) 또는 정부규제(→ 특허기업)
외부효과	• 대가 없이 타인에게 이익(→ 외부경제) 또는 손해(→ 외부불경제)를 전가하는 현상 • 외부경제 　- 정(+)의 외부효과, 개인적 편익 < 사회적 편익, 편익의 분산 + 비용의 집중(→ 과소 공급) 　- 대책: 보조금 • 외부불경제 　- 부(-)의 외부효과, 개인적 편익 > 사회적 편익, 편익의 집중(→ 과다 수요) + 비용의 전가 　- 대책: 직접 규제, 배출부담금(→ 피구세), 배출권거래제도, 코우즈 정리(→ 소유권)
불완전경쟁	소수의 공급자 또는 수요자만이 존재하는 시장 → 불평등에 의한 횡포
정보비대칭	한 주체가 다른 주체보다 더 많은 정보를 가진 현상 → 주인 < 대리인 • 역선택: 계약 전의 상황(→ 감추어진 특성), 대책(→ 보험의 강제가입) • 도덕적 해이: 계약 후의 상황(→ 감추어진 행동), 대책(→ 정보공개나 성과급 등 유인체계의 설계)
분배의 불공평	시장에 의한 자원배분이 형평성(equity)을 담보하지는 못하는 현상, 시장의 근본적 한계

(4) 시장실패의 대응방식

① 공공재: 공적 공급

② 자연독점: 공적 공급 또는 정부규제

③ 외부효과: 공적 유도(→ 외부경제), 정부규제(→ 외부불경제)

④ 불완전경쟁: 정부규제

⑤ 정보비대칭: 공적 유도 또는 정부규제

(1) 원인

비용과 수익의 절연	비용부담자와 편익수혜자의 분리에 따른 과잉소비
파생적 외부효과	민간의 행동에 대한 잘못된 예측으로 인한 정책의 부작용
X-비효율성 (심리적 · 기술적 비효율성)	독점과 성과기준의 모호성으로 인해 최선의 노력을 다하지 않는 현상
사적 목표의 추구	개인 혹은 조직 내부의 목적과 사회적 목적의 괴리(→ 내부성)
권력의 편재	권력적 특혜
복대리 문제	누층적인 대리관계로 인한 통제의 어려움

(2) 정부의 비효율성

① 수요 측면: 다수결 투표와 리바이던 가설, 비용과 수익의 절연, 정치적 보상체계의 왜곡, 정치인의 높은 시간할인율

② 공급 측면: X-비효율성(→ 독점 + 성과기준의 모호성), 최저선과 종결메커니즘의 부재, 사적 목표의 설정(→ 내부성)

(3) 정부실패의 대응방식 TIP 사민, X다, 파보규, 권민규

① 사적 목표의 설정: 민영화

② X-비효율성: 민영화, 보조금 삭감, 규제완화

③ 파생적 외부효과: 보조금 삭감, 규제완화

④ 권력의 편재: 민영화, 규제완화

TIP 선완파무비

(1) 선호영역의 무제한성

(2) 완비성(→ 비교가능성)과 선호의 일관성(→ 단봉선호)

(3) 파레토 원칙 → Σ개인의 합리성 = 사회적 합리성

(4) 무관한 대안으로부터 독립 → 표의 교환금지

(5) 비독재성 → 민주주의 전제조건

TIP 위자계목

(1) **의의**: 조직이 소비하는 자원의 양이나 사업 및 인력 등을 줄이는 관리
(2) **판단 기준**: 공무원이나 정부기구의 수, 예산규모, 정부개입의 범위, 국가와 국민 간 권력격차 등
(3) **배경**: 정부실패와 복지국가의 폐단, 신자유주의와 신고전파 경제학(→ 공급중시 경제학)의 등장
(4) **특징**: 행정국가와 대비되는 상대적 의미의 작은 국가(→ 행정부만 의미), 무결점주의와 효율성의 제고를 위한 적극적 행위
(5) **실천 방안**: 민영화, 규제완화, 정책과 사업의 축소, 조직과 인력 및 예산의 감축, 절차의 간소화, 일몰법과 영기준예산
(6) **감축관리의 예외 사항**: 위원회 제도, 자본예산, 계획예산(PPBS), 목표관리(MBO)
(7) **고려 요인**: 행정의 변동유도능력, 구성원의 사기, 가외성 등
(8) **저해 요인**: 법적 제약, 이해당사자의 저항, 매몰비용(sunk cost) 존재, 동태적 보수주의(→ 목표의 승계)
(9) **한계**: 또 다른 시장실패의 유발 가능성 → 네트워크 거버넌스의 필요성 강조

THEME 17 **재화의 유형 ★★★**

(1) **재화의 분류 기준**: 경합성(→ 재화의 유한성), 배제성(→ 소유권 또는 이용규칙의 존재)
(2) **재화의 유형**

민간재	원칙적으로 시장에서 공급, 저소득층을 위해 정부의 예외적 개입
요금재	자연독점 문제의 야기, 공기업(→ 공적 공급) 또는 정부규제(→ 특허기업)를 통한 정부의 개입
공유재	공유지의 비극 야기, 정부규제 혹은 이용규칙의 제정(→ 간접규제)을 통한 정부의 개입
공공재	과다 또는 과소 공급 논쟁의 야기, 원칙적으로 정부에서 공급, 예외적으로 민간위탁 방식의 활용

구분	배제성(유료)	비배제성(무료)
경합성(유한)	민간재 예 시장에서 공급되는 사적재	공유재 예 자연자원, 목초지, 정부예산
비경합성(무한)	요금재 예 케이블TV, 전기, 수도, 고속도로	공공재 예 국방, 치안, 등대

THEME 18 공유재(common goods) ★★★

(1) 의의: 경합성(→ 혼잡)과 비배제성(→ 무임승차)의 특징을 지닌 한정된 공유자원
   예 천연자원, 연안어장, 목초지, 국립공원, 국립도서관, 하천, 국유산림, 정부예산, 경찰안심귀가 서비스 등
(2) 공유지의 비극: 과다(→ 비배제성) 이용으로 인한 재화의 고갈(→ 경합성) 현상
(3) 외부불경제: 편익의 집중(→ 과다 수요) + 비용의 분산(→ 외부불경제)로 인한 시장실패 → 정부개입의 근거
(4) 해결책: 정부규제, 배출부담금(→ 피구세), 배출권거래제도, 소유권 확립(→ 코우즈 정리)
   ① 하딘(G. Hardin): 소유권의 설정, 면허와 같은 정부규제 등
   ② 오스트롬(E. Ostrom): 사유화나 정부관리는 반대 → 지역공동체의 자율적 관리 강조

THEME 19 가치재(merit goods) ★★

TIP 교의주문

(1) 교육, 의료, 주택, 문화행사 등 배제가 가능한 사적재의 일종으로, 원칙적으로 민간에서 공급이 가능한 재화
(2) 비용의 집중으로 인한 과소 소비와 편익의 분산으로 인한 소비의 외부경제효과를 야기
(3) 정부에 의한 보완적 공급(→ 국립학교, 국·공립병원, 보건소 등) 또는 바우처 제도의 활용
(4) 국가의 온정적 간섭주의 현상 → 소비자 주권과 상충

THEME 20 | 정부규제 ★★★★

1. 의의

(1) **개념**: 특정한 목적의 실현을 위해 국민의 권리를 제한하거나 의무를 부과하는 행위

(2) **목적**: 자원배분의 효율성 확보(→ 경제적 규제) + 삶의 질 향상(→ 사회적 규제)

2. 규제의 분류

(1) **규제의 주체**: 직접규제, 자율규제(→ 규제대상자의 자율적 운용), 공동규제(→ 권한의 위임받은 민간집단에 의한 규제)

(2) **규제의 대상**

수단규제(투입규제)	투입 요소(→ 기술이나 장비 등)의 사전적 제한
성과규제(산출규제)	정부에 의해 설정된 목표(→ 수준)의 자율적 달성 → 수단 선택의 자율성
관리규제(과정규제)	• 규제대상자가 스스로 세운 목표와 그 추진계획의 타당성을 평가하고 그 이행을 확인하는 방식 • 투입규제보다는 수단 선택의 자율성 존재 • 강제적·획일적 기준을 제시하는 성과규제의 문제점 보완 • 사례: 식품위해요소 중점관리기준 • 장점: 규제대상자의 특성을 고려한 유연한 규제의 가능성 제시

(3) **명령지시적 규제와 시장유인적 규제**

구분	명령지시적 규제	시장유인적 규제
개념	• 정부가 기준의 설정하고 위반하면 처벌하는 방식 • 강제적 규제(→ 법률적 효과의 발생)	• 정부가 의무의 부과하지만 준수 여부는 민간의 자율성에 맡기는 방식 • 협력적 규제
목적	소비자 안전	소비자 정보제공
특징	통제적·경직적 성격	유인적·신축적 성격
사례	환경·보건·위생·광고 등의 기준의 설정, 행정명령, 행정처분 등	행정지도, 행정계획, 보조금 등 유인책, 배출부담금, 배출권거래제도 등

구분	목표달성도(효과성)	경제적 효율성	정치적 호소력
명령지시적 규제	높음	낮음	높음
시장유인적 규제	낮음	높음	낮음

3. 경제적 규제와 사회적 규제

(1) 경제적 규제: 전통적 규제 → 19C 말부터 시작
 ① 진입·탈퇴, 가격 등 기업의 본원적 활동에 대한 개입, 자원고갈의 방지, 과당경쟁의 방지, 규모의 경제 확보
 ② 대상: 특정 산업 → 요금재나 공유재
 ③ 특징: 경쟁의 제약, 생산자 보호의 성격(→ 편익의 집중에 따른 지대추구와 포획 → 과잉규제)

(2) 사회적 규제: 현대적 규제 → 1960년대 이후부터 강조
 ① 기업의 사회적 책임에 대한 규제, 삶의 질 확보, 기본권 신장, 경제적 약자 보호(→ 형평성 확보)
 ② 대상: 모든 산업 → 민간재도 포함
 ③ 특징: 경쟁과 무관, 일반대중의 보호(→ 비용의 집중에 따른 갈등과 대립 → 과소규제)

경제적 규제	독과점 규제	사회적 규제
경쟁의 제한	경쟁의 촉진	경쟁과 무관
특정 산업 → 차별적	모든 산업 → 비차별적	
재량적 규제	비재량적 규제	
포획과 지대추구 → 과다규제	비용의 집중(→ 갈등과 대립) + 편익의 분산(→ 과소규제)	

4. 규제의 폐해

규제의 역설	불합리한 규제로 인하여 야기되는 새로운 부작용(→ 반대 현상의 야기)
끈끈이 인형효과 (tar baby effect)	규제의 허점을 메우기 위한 새로운 규제가 지속적으로 도입되는 현상
규제피라미드	소수의 위반자로 인한 규제의 추가적 강화로 인해 모든 사람에게 추가적 부담이 발생하는 현상

5. 규제개혁의 방식 TIP 완품관

(1) 단계적 접근: 규제완화(→ 규제폐지 또는 절차의 간소화 등), 규제품질관리, 규제관리 순

규제완화	규제품질관리	규제관리
• 절차와 구비서류의 간소화 • 규제순응비용의 감소 • 규제 총량의 감소	• 개별적 규제의 질적 관리 • 대안적 규제수단의 설계 • 규제영향분석, 규제기획제도	• 거시적 관점 • 국가 전반의 규제체계 개선 • 규제와 규제 간 관계 검토

(2) 적극적 규제에서 소극적 규제로 전환 → 원칙적 금지에서 예외적 금지로 전환

(3) 규제예산법의 도입: 규제를 위한 행정적 비용뿐만 아니라 규제로 인한 사회적 비용까지 검토

(4) 규제일몰제도의 도입: 원칙적으로 5년 초과 금지(→ 행정규제기본법)

(5) 규제샌드박스: 기존 규제로 인해 신기술이나 신제품의 출시가 지연될 경우 규제 개선 전에 시장에 출시를 허용하는 제도
 ① 규제의 신속 확인: 신기술·신산업 관련 규제의 존재 및 내용에 대한 문의를 30일 이내 회신 하도록 하는 제도
 ② 임시허가: 관련 규제가 신기술 등에 맞지 않거나 모호한 경우 2년 이내 법령 정비를 의무화 하는 제도(→ 2년 연장 가능)
 ③ 실증특례: 관련 법령의 모호성이나 불합리성 또는 금지규정을 일정한 경우 배제해 주는 제도 (→ 최대 4년 이내 법령정비)

THEME 21 윌슨(J. Wilson)의 규제정치모형 ***

1. 함의

(1) 규제에 관한 공익이론과 사익이론에 대한 비판, 감지되는 편익과 비용의 분포에 따른 정치 과정의 상이성 강조

(2) 비용과 편익이 분산되는 경우보다 집중되는 경우 정치 과정이 활발함

(3) 다만, 비용과 편익이 분산되는 경우에도 공익단체가 있다면 정치 과정이 활성화될 수 있음

구분		편익	
		좁게 집중 → 사익	넓게 분산 → 공익
비용	좁게 집중	이익집단 정치	운동가 정치 또는 기업가 정치
	넓게 분산	고객 정치	대중 정치 또는 다수 정치

2. 모형의 구분 `TIP` 고운이대

(1) 고객 정치(규제 소비자)
① 편익의 집중과 비용의 분산
② 편익수혜자의 지대추구와 정부기관의 포획, 미시적 절연, 은밀한 형성과 강력한 집행(→ 과잉규제)
예 수입규제, 직업면허 등 경제적 규제

(2) 운동가 정치 또는 기업가 정치(규제 생산자)
① 편익의 분산, 비용의 집중
② 가장 채택되기 곤란(→ 극적 사건 + 공익단체 활동), 형성단계(→ 극심한 갈등), 집행단계(→ 느슨한 집행과 과소규제)
예 환경오염규제, 원자력규제 등 사회적 규제

(3) 이익집단 정치
① 편익과 비용의 집중
② 수혜자와 부담자 쌍방의 첨예한 대립, 세력의 확장을 위한 국외자와의 연합, 정치적 상징의 활용(→ 높은 가시성)
예 의약분업, 한약규제, 노사규제 등

(4) 대중 정치 또는 다수 정치
① 편익과 비용의 분산
② 수혜자와 부담자의 무관심, 공익단체의 활동과 여론형성 및 이념적 반대 극복과 최고 책임자의 의중이 중요
예 음란물규제, 독과점규제, 차량10부제, 종교규제 등

THEME 22 행정규제기본법 **

(1) 적용 제외
① 국회, 법원, 헌법재판소, 선거관리위원회 및 감사원이 하는 사무
② 과징금, 과태료의 부과 및 징수에 관한 사항, 조세의 종목·세율·부과 및 징수에 관한 사항

(2) 원칙
① 우선허용·사후규제 원칙
② 출시 후에 권리를 제한하거나 의무를 부과하는 규정 방식(→ 규제샌드박스)

(3) 규제영향분석: 규제를 신설하거나 강화(→ 규제의 존속기한 연장 포함)할 때
① 규제의 신설 또는 강화의 필요성, 규제 목적의 실현 가능성, 규제 외의 대체수단 존재 여부 및 기존 규제와의 중복 여부
② 규제로 인한 비용과 편익의 비교 분석, 규제의 시행이 중소기업에 미치는 영향, 경쟁 제한적 요소의 포함 여부
③ 규제 내용의 객관성과 명료성, 행정기구·인력 및 예산의 소요, 관련 민원사무의 구비서류 및 처리 절차 등

(4) 규제의 존속기한 및 재검토기한: 최소한의 기간 내에서 설정, 원칙적으로 5년 초과 금지

(5) 신산업 규제정비 기본계획: 규제개혁위원회가 3년마다 수립

(6) 규제개혁위원회 – 중앙행정기관은 아님
① 소속: 대통령 소속
② 구성: 위원장 2명을 포함한 20명 이상 25명 이하의 위원
③ 위원장: 국무총리와 학식과 경험이 풍부한 사람 중에서 대통령이 위촉하는 사람

THEME 23 공공서비스 **

1. 공급주체의 다양성

구분		주체	
		정부 → 직접	민간 → 간접
수단	권력	일반행정	민간위탁
	시장기법	책임경영	민영화

공공부문							민간부문			
정부부문		준정부부문 → 공공기관					영리민간		비영리민간	
일반부처	정부기업	기타 공공 기관	준정부기관		공기업		민간위탁	민자유치	시민	시민단체
책임운영기관			위탁 집행	기금 관리	준시장	시장				

2. 시장성 검증 - 정부기능의 재정립 방안

(1) 반드시 필요한 기능인가? 그렇지 않다면 폐지

(2) 반드시 정부가 책임져야 하는가? 그렇지 않다면 민영화

(3) 반드시 정부가 직접 수행해야 하는가? 그렇지 않다면 민간위탁

(4) 정부가 수행해야 한다면 가장 효율적 방안은 무엇인가?

3. 공공서비스의 유형

(1) **집합적 서비스**: 도로나 상하수도와 같은 물리적 시설투자

(2) **사회서비스 또는 생활서비스 - 사회투자정책의 관점**
   ① 개인에게 혜택이 귀속되는 서비스로, 공공재보다는 가치재 성격을 지닌 재화
   ② 수요자 중심의 재화로 소비자의 선택과 공급자 간 경쟁을 강조

4. 공공서비스 공급방식의 변화

(1) **전통적 방식**: 공급자 중심(→ 투입과 과정 강조), 형평성 기준(→ 최저 수준의 표준적 서비스), 조정·관리·통제

(2) **현대적 방식**: 수요자 중심(→ 산출과 결과 강조), 효율성 기준(→ 차별화된 개인별 맞춤 서비스), 경쟁력 지원

5. 공공재의 적정 규모논쟁 `TIP` 갈듀머다

(1) **과소공급설**: 갈브레이스 의존효과(→ 선전), 듀젠베리 전시효과(→ 체면), 머스그레이브 조세저항, 다운스 합리적 무지

(2) **과다공급설**
   ① 다수결투표와 리바이던가설(→ 정치권력의 집중), 전위효과·대체효과(→ 위기 때 예산이 팽창하는 현상)
   ② 와그너 법칙(→ 도시화와 공공재 수요의 증가), 니스카넨의 예산극대화가설, 지출한도의 부재
   ③ 보몰의 병(→ 정부업무의 생산성 저하), 할거적(→ 분권적) 예산구조, 재정착각(→ 공채발행이나 간접세 중심)

TIP 기과외문보산토, 국관조통, 인윤복연, 양조예편

(1) **중앙행정기관 – 19부 19청 3처**
  ① **대통령 소속**: 감사원(→ 헌법), 국가정보원(→ 정부조직법), 방송통신위원회, 규제개혁위원회(→ 중앙 행정기관은 아님)
  ② **국무총리 소속**
    ㉠ 인사혁신처, 법제처, 식품의약품안전처
    ㉡ 공정거래위원회, 국민권익위원회, 금융위원회, 원자력안전위원회(→ 차관급), 개인정보보호 위원회

(2) **외청**
  ① 기획재정부(→ 국세청, 관세청, 조달청, 통계청), 행정안전부(→ 경찰청, 소방청)
  ② 산업통상자원부(→ 특허청), 환경부(→ 기상청), 해양수산부(→ 해양경찰청)

(3) **행정위원회**: 행정관청으로서 위원회, 일부 업무의 독자적 수행 → 법률로 설치

(4) **복수차관**: 기획재정부, 과학기술정보통신부, 외교부, 문화체육관광부, 보건복지부, 산업통상자원부, 국토교통부

(5) **사무관할**
  ① **기획재정부**: 예산 및 기금, 성과관리, 공공기관의 관리, 민간투자 및 국가채무
  ② **인사혁신처**: 인사, 윤리, 복무, 공무원연금
  ③ **과학기술정보통신부**: 과학기술, 원자력, 국가정보화, 정보보호, 방송통신, 정보통신
  ④ **행정안전부**: 정부조직과 정원, 정부혁신, 행정능률, 전자정부, 개인정보보호, 지방자치

(6) **정부기업(→ 정부기업예산법)**: 양곡, 조달, 우체국예금(↔ 우체국보험), 우편, 책임운영기관특별회계

(7) **행정기관의 조직과 정원에 관한 통칙**
  ① **중앙행정기관**: 관할권의 범위가 전국에 미치는 행정기관 → 법률로 설치
  ② **특별지방행정기관**: 특정한 중앙행정기관에 소속 + 당해 관할구역 내 국가사무의 관장
  ③ **소속기관**: 특별지방행정기관과 부속기관
  ④ **보조기관(→ 계선)**: 차관, 차장·실장, 국장, 과장
  ⑤ **보좌기관(→ 막료)**: 차관보, 담당관, 심의관
  ⑥ **하부조직**: 보조기관과 보좌기관
  ⑦ **합의제행정기관**: 행정기관 소관사무의 일부를 독립하여 수행할 필요가 있을 때 법률로 설치
  ⑧ **정원의 통합관리**: 일반직 공무원의 6급·7급·8급·9급 공무원 정원
  ⑨ **총액인건비제**: 행정안전부장관이 지정하는 중앙행정기관

(8) **책임운영기관**
  ① **일반회계**: 사업적·집행적 성질의 행정서비스 제공 + 성과관리 가능
  ② **특별회계(→ 정부기업으로 간주)**: 재정수입의 전부 또는 일부의 자체 확보(→ 50% 이상)

(9) **지방정부**
  ① **자치단체**: 광역(17)(→ 특별시, 광역시, 도, 특별자치도, 특별자치시), 기초(226)(→ 시, 군, 자치구)
  ② **지방공기업**: 직영기업

THEME 25 책임운영기관(agency) ***

1. 의의

(1) 개념: 공공성 유지(→ 제1섹터)하면서 경쟁원리에 따라 운영(→ 시장기법의 내부도입)되는 정부조직

(2) 신공공관리론의 성과관리기법 중 하나, 영국의 Next Steps(1988)에서 시작, 우리는 김대중 정부 (1999)에서 도입

(3) 특징: 정부조직(→ 제1섹터), 결정과 집행의 분리 후 집행기능 담당, 기관장의 자율적 운영과 성과에 대한 책임성 강조

(4) 대상: 민영화나 공기업화의 곤란한 업무, 사업적·집행적 성질의 업무, 성과관리 가능성 높은 업무

(5) 한계: 결정과 집행의 분리에 따른 환류의 차단과 책임소재의 모호성, 민영화의 회피수단, 정부 팽창의 은폐수단

2. 우리나라 책임운영기관 – 대통령령으로 설치 [TIP] 조교문의시

(1) 지위별 구분
　① 소속책임운영기관
　　㉠ 중앙행정기관의 소속기관
　　㉡ 기관장: 임기제 공무원, 임기 2~5년
　　㉢ 목표부여: 소속장관
　② 중앙책임운영기관
　　㉠ 중앙행정기관으로서 특허청
　　㉡ 기관장: 정무직 공무원, 임기 2년 보장
　　㉢ 목표부여: 국무총리

(2) 사무별 구분: 조사연구, 교육, 문화, 의료, 시설관리

(3) 회계유형별
　① 일반회계: 주된 사무가 사업적·집행적 성질의 서비스를 제공하고 성과 측정이 가능한 사업
　② 특별회계: 기관 운영에 필요한 재정수입의 전부 또는 일부를 자체적으로 확보할 수 있는 사업
　　→ 정부기업으로 간주
　　㉠ 책임운영기관법: 국립과학관, 국립정신건강센터, 국립병원, 국립재활원, 경찰병원 등
　　㉡ 다른 법률: 국립생물자원관, 화학물질안전원, 국립아시아문화전당

1. 의의

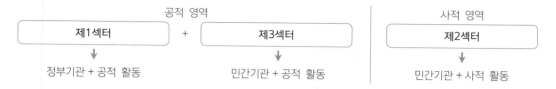

공적 영역		사적 영역
제1섹터 + 제3섹터		제2섹터
정부기관 + 공적 활동	민간기관 + 공적 활동	민간기관 + 사적 활동

2. 준정부부문

(1) **개념**: 법적으로 민간(→ 자율적 운영) + 공적 기능의 수행(→ 정부지원과 규제)

(2) **특징**: 그림자 국가(→ 자율성의 제약), 감추어진 공공 영역(→ 통제의 곤란), 공유된 정부

(3) **구성**: 이사나 감사 등 임원(→ 준공무원), 직원(→ 민간인)

(4) **유형**

① 국가(→ 공공기관의 운영에 관한 법률): 기타 공공기관, 준정부기관, 공기업

② 지방: 지방공단과 지방공사(→ 지방공기업법), 지방출자기관과 지방출연기관(→ 지방출자출연법)

THEME 27 공기업(public enterprise) ★★★

(1) **개념**: 국가나 지방자치단체의 운영하되 기업적 성격(→ 자체 수익의 존재)을 지니는 기관

(2) **특징**: 공공성(→ 정부지원 + 정부규제), 기업성(→ 독립채산제 + 생산성)

(3) **설립 동기(→ 시장실패)**: 자연독점, 민간자본 부족, 공익사업의 통제, 공공수요 및 재정수요의 충족, 정치적 신조 등

(4) **이론적 공기업의 유형**

구분	정부부처	공사형	주식회사형
이념	공공성 > 기업성	공공성 = 기업성	공공성 < 기업성
설치	정부조직법	특별법	특별법이나 상법·민법
출자	정부예산 (→ 국회심의, 기업특별회계)	전액 정부출자	공동출자
법인격	없음	존재	존재
직원	공무원	임원은 준공무원, 직원은 회사원	임원은 준공무원, 직원은 회사원

(5) 공공기관의 운영에 관한 법률 `TIP` 에공강, 항만사

① **시장형 공기업:** 가스공사, 석유공사, 전력공사, 지역난방공사, 수력원자력, 5대 발전소, 인천국제
    공항, 한국공항, 강원랜드
② **준시장형 공기업:** 도로공사, 철도공사, 마사회, 수자원공사, 광물광해공업, 조폐공사, 석탄공사,
    토지주택공사 등
③ **기금관리형 준정부기관:** 공무원연금, 국민연금, 예금보험, 무역보험, 주택금융, 자산관리, 신용보증,
    근로복지 등
④ **위탁집행형 준정부기관:** 건강보험심사원, 국민건강보험, 농어촌공사, 한국소비자원, 한국연구재단,
    관광공사, 안전공사 등
⑤ **기타공공기관:** 부산항만, 인천항만, 사립학교교직원연금 등

THEME 28 민간화(privatization) ***

(1) 개념
① **협의:** 정부의 기능이나 재산의 민간이양
② **광의:** 협의 + 민간기법의 내부도입 → 행정의 경영화

(2) 이론적 근거: 재산권 이론, 공공선택론(→ 경쟁과 선택), 복대리이론

(3) 민간위탁의 대상
① 국민의 권리와 의무에 직접 관계되지 아니한 사무, 공익성보다는 능률성이 요구되는 사무
② 특수한 전문지식과 기술이 요구되는 사무, 국민생활과 직결된 단순행정사무

(4) 제외: 사법심사, 특허심사, 주민등록사업, 세금의 부과(↔ 세금의 수납) 등

(5) 필요성(→ 정부실패): 작은 정부 구현, 민간 영역의 활성화, 소비자 선택권 확대, 효율성과 전문성
제고

(6) 한계: 책임소재의 모호성, 형평성의 저해, 서비스 공급의 안전성 저해, 역대리 문제, 크림스키밍

THEME 29 사바스(E. Savas)의 공공서비스 공급방식(1982) ***

구분		공급(결정자) → 주선자 · 배열자	
		정부	민간
생산 (집행자)	정부	직접 공급, 정부 간 협약(→ 사무위탁)	정부판매(→ 정부응찰)
	민간	민간위탁(→ 경쟁 입찰), 면허(→ 공급권 부여), 보조금	바우처(→ 이용권 지급), 자조활동, 자원봉사, 시장공급

(1) **민간위탁**: 경쟁 입찰을 통한 계약, 결정은 정부, 생산은 민간, 비용부담과 최종 책임은 정부
(2) **면허**: 일정 구역의 서비스 공급권 부여, 결정은 정부, 생산은 민간, 비용은 소비자로부터 징수, 가격과 질에 대한 정부규제
(3) **보조금**: 생산자에게 현물지급 또는 재정보전, 외부경제효과, 대상(→ 기술의 복잡성 + 수요예측의 곤란성), 특혜의 도구
(4) **구매권(voucher)**: 소비자에게 카드나 쿠폰의 제공, 소비자 선택권 확보, 공급주체의 난립 방지, 재분배 효과, 서비스 누출
(5) **자원봉사**: 직접적인 보수 없는 자발적 공급(→ 실비는 제공), 대상(→ 레크레이션, 안전모니터링, 복지사업)
(6) **자조활동**: 수혜자와 제공자가 동일한 집단, 서로 돕는 형식의 서비스 생산, 대상(→ 보육사업)

THEME 30 사회간접자본(SOC) 민간투자제도 **

(1) **추진방식**: BOT, BTO, BLT, BTL, BOO
(2) **민간투자사업심의위원회**: 기획재정부장관 소속
(3) **민간투자대상사업의 지정**: 주무관청

구분	BOT	BTO	BLT	BTL
개념	민간이 운영하는 방식		정부가 운영하는 방식	
사례	수익사업 → 사용료		비수익사업 → 임대료	
위험부담	민간이 부담		정부가 부담	
소유권 이전	운영종료	준공	운영종료	준공

THEME 31 행정서비스헌장(Citizen's Charter) *

(1) **개념**: 서비스의 기준과 내용, 절차와 방법, 시정과 보상조치 등을 공표하고 이의 실현을 약속하는 일종의 표준화된 계약서
(2) **배경**: 영국에서 노동당 주도의 지방정부에서 사용한 후, 보수당이 중앙정부 차원으로 채택, 우리는 김대중 정부에서 도입
(3) **원칙**: 서비스품질의 표준화, 정보의 공개, 선택과 상담, 정중함과 도움, 잘못된 서비스의 시정과 보상 등
(4) **기능**: 암묵적·추상적 관계에서 구체적 계약 관계로 전환, 윤리적·도덕적 의무에서 법적 의무로 전환
(5) **효용**: 서비스에 대한 민원인의 기대감 조성, 서비스 제공의 투명성과 책임성 제고, 고객 중심의 성과평가 기준 제시
(6) **한계**: 서비스 이행기준 구체화 곤란(→ 정부업무의 무형적 성격), 행정의 경직화, 공무원의 창의성과 자율성 위축

THEME 32 커뮤니티 비즈니스 *

(1) **영국**: 1980년대 커뮤니티 협동조합(Community Cooperation)
① 공공서비스가 제공되지 않는 농어촌지역에 우편서비스 등의 기본적인 서비스를 제공하기 위하여 설립
② 작은 정부 지향에 따른 정부실패의 보완이라는 측면이 강함
(2) **일본**: 자연재해에 대응한 시민사회의 역할 증대, 고령화와 글로벌화에 따른 지역 간 격차, 국가 및 지자체의 재정악화 등
(3) **목적**
① 영국: 쇠퇴 지역의 공공서비스 공급주체로서 지역 재생에 초점
② 일본: 지역공동체의 활성화, 지역 내의 경제활동, 문제해결, 인간성 회복, 다양한 커뮤니케이션 등의 기능의 융합
(4) **사회적 기업과의 비교**
① 유사점: 사회적 목적을 달성하기 위한 비즈니스 형태
② 차이점: 지역단위의 모든 주민이 중심이 된다는 점에서 취약계층의 일자리 제공에 초점을 맞추는 사회적 기업과는 차이

THEME 33 비정부조직(NGO) - 시민사회와 시민단체 ***

(1) 대두 배경
① 공공재이론(→ 정부실패이론), 계약실패이론(→ 시장실패 또는 신뢰이론), 소비자통제이론
② 상호의존이론(→ 쌍방적 의존관계), 보조금이론(→ 일방적 의존관계), 사회기원론, 다원화이론, 기업가이론(→ 경쟁관계)

(2) 관점
① **결사체 민주주의**: 대의민주주의 위기의 대안으로 참여민주주의 제시
② **공동체주의**: 전통적 자유주의와 보수주의의 절충, 자원봉사 정신과 정서적 유대 및 공유된 도덕적 문화의 강조
③ **다원주의**: 사회적 다원성의 전제로서 시민사회
④ **사회자본론**: 사회자본의 형성에 기여하는 시민사회의 활동 강조

(3) 속성: 자발적 참여, 회원가입의 개방성, 자원봉사 또는 시민주의, 목표로서 공익

(4) 특징: 비정부조직, 비영리조직, 자발적 조직, 공식적·지속적(↔ 임시적) 조직

(5) 정부와 NGO의 관계: 대체적 관계, 보완적 관계(→ 쌍방적 의존관계), 대립적 관계, 의존적 관계(→ 후진국 모형), 동반자 관계

(6) 공헌: 정부와 시장에 대한 감시, 시민참여 활성화, 소외된 이익 대변, 행정의 대응성 증진, 정책 순응(→ 집행비용 절감)

(7) 한계: NGO의 대표성과 책임성 확보 곤란, 결정비용의 증대, 행정의 전문성 저해

(8) 살라몬(L. Salamon)의 NGO 실패: 박애적 불충분성, 박애적 배타주의, 박애적 온정주의, 박애적 아마추어리즘

(9) 정부와 시민단체 간 균형의 조건
① **거시적 조건(대외적 조건)**: 정치적 분화, 시민사회의 성숙, 정보 등 자원의 공유, 시민단체에 대한 긍정적 인식
② **미시적 조건(대내적 조건)**: 정부의 활동에 대한 체계적 감시 능력, 자율적인 인력과 예산, 전문성의 강화

← 정부 중심   시민사회 중심 →

의존적 관계	보완적 관계	동반자 관계	대립적 관계	대체적 관계
일방적 의존	쌍방적 의존	가장 이상적	상호 갈등	정부 대체

THEME 34 숙의민주주의(심의민주주의) **

(1) **의의**: 참여 행위로서의 투표 혹은 선택 이전에 이성과 논리 등에 근거하는 깊이 있는 숙고의 과정
(2) **논의 배경**: 기존 민주주의의 한계(→ 숙의의 실패)
(3) **구성 요소**: 대표성, 참여, 정보와 지식, 숙의시간 등
(4) **피쉬킨(J. Fishkin)**: 정보, 실질적 균형(Substantive balance), 다양성, 양심성, 동등한 고려(Equal consideration)
(5) **방법**: 공론조사, 협의회의, 시민회의, 주민배심 등

THEME 35 사회적 자본(social capital) ***

(1) **개념**: 공동문제의 해결에 있어 자발적이고 적극적으로 참여하게 만드는 사회적 조건
   ① **거시적**: 신뢰에 기반을 둔 사회적 연계망 → 호혜적 규범, 신뢰, 수평적 네트워크
   ② **미시적**: 연계망에 참여할 수 있는 개인적 능력이나 참여를 통해 얻을 수 있는 자산
(2) **유형**: 결속적 자본(→ 집단 내, 강한 유대)과 교량적 자본(→ 집단 간, 약한 유대)
(3) **특징**: 관계 자본(→ 무형적), 친사회적 규범, 공동체주의 속성, 자기강화적 속성, 공공재 속성
(4) **유용성**: 거래비용의 감소(→ 경제의 활성화), 가외성의 필요성 감소, 정보의 공유(→ 창의성과 학습)
(5) **한계**: 집단 간 배타주의, 동조성(conformity)의 강요(→ 사적 선택의 제약)

THEME 36 공동생산(co-production) **

(1) **개념**: 공동생산자(↔ 정규생산자)로서 시민 → 소비자이면서 동시에 생산자
(2) **대상**: 사적 영역과 공적 기능의 결합이 가능한 영역 → 특히, 정책집행부문
(3) **대두 배경**: 정부실패와 시장실패, 관료제 독점의 비효율성
(4) **유형**: 개인적 공동생산, 집단적 공동생산, 집합적(→ 총체적) 공동생산
   예 화재경보기 작동, 범죄신고, 쓰레기수거, 자율방범활동 등
(5) **한계**: 책임소재의 모호성, 무임승차의 발생(→ 집합적 공동생산)
(6) **전통적 시민참여와 공동생산**
   ① **전통적 시민참여**: 행정통제 목적, 결정단계의 참여, 자문의 역할, 정부와의 갈등, 권력의 재분배에 초점
   ② **공동생산**: 서비스 생산의 목적, 집행단계의 참여, 생산자의 역할, 정부와의 협력 및 보완, 서비스 제공에 초점

THEME 37　사회적 기업 *

(1) **사회적 기업**: 사회적 목적 추구(→ 특히, 취약계층 일자리 확보) + 영업활동 + 인증받은 자
(2) **연계기업**: 사회적 기업에 대한 지원 + 인적·물적·법적으로 사회적 기업과 독립
(3) **기본 계획**: 고용노동부장관이 5년마다 수립
(4) **실태조사**: 고용노동부장관이 5년마다 조사
(5) **사회적 기업의 인증**: 고용노동부장관
　　① 민법, 상법, 특별법 등 대통령령으로 정하는 조직 형태를 갖출 것
　　② 유급근로자를 고용하여 재화와 서비스의 생산·판매 등 영업활동을 할 것
　　③ 사회적 목적의 실현을 조직의 주된 목적으로 할 것
　　④ 서비스 수혜자, 근로자 등 이해관계자가 참여하는 의사결정 구조를 갖출 것
　　⑤ 정관이나 규약 등을 갖출 것, 배분 가능한 이윤의 3분의 2 이상을 사회적 목적을 위해 사용할 것

THEME 38　행정학의 학문적 성격 *

(1) **연구의 기초 - 존재론과 인식론**
　　① 객관주의: 설명과 예측 및 통제, 실재론적 존재, 실증주의 인식, 결정론적 본성, 보편적 법칙의 추구
　　② 주관주의: 이해와 해방 및 실천, 유명론적 존재, 해석학적 인식, 임의론적 본성, 개별적 사례 접근
(2) **과학성과 기술성 - 연구의 방향**
　　① 과학성(science): 결정론적 세계관, 현상의 인과적 설명, 이론의 구축, 행태주의 연구
　　② 기술성(art): 문제해결에 유용한 실용적 지식, 처방성의 강조, 후기행태주의 연구
(3) **실증적 접근과 규범적 접근**
　　① 실증적 접근: 사실(→ 존재), 있는 그대로의 서술, 경험적이고 객관적인 연구, 과학성(Science)으로 연결
　　② 규범적 접근: 가치(→ 당위), 있어야 할 것의 제시, 이상적 연구, 기술성(art) 또는 실천성(action)으로 연결
(4) **행정학의 분석단위**
　　① 미시적 접근: 방법론적 개체주의, 전체 = Σ부분(→ 환원주의), 사회명목론
　　② 거시적 접근: 방법론적 전체주의, 전체 = Σ부분 + α(→ 신비주의), 사회실재론
(5) **이론의 적용 범위**
　　① 일반이론: 보편적 법칙 발견 → 행태주의, 공공선택론, 파슨즈의 체제론, 리그스의 비교행정론 등
　　② 중범위이론: 특정 영역에 한정적 적용 → 생태론, 상황이론, 문화론 등
　　③ 소범위이론: 개별적 사례 접근 → 현상학, 포스트모더니즘 등
(6) **행정학의 보편성과 특수성 - 행정학의 토착화 또는 이론의 적용 범위와 관련된 문제**
　　① 보편성: 모든 상황에 맞는 보편적 법칙의 발견 → 벤치마킹
　　② 특수성: 역사적·문화적 맥락에 맞는 이론의 추구

THEME 39 행정학 이론의 개관 **

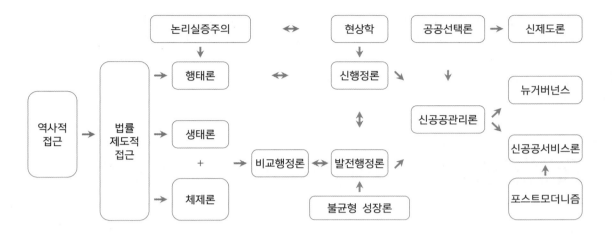

THEME 40 전통적 접근방법 **

(1) 역사적 접근방법
　① 거시적 접근: 인간 정신의 역사성, 지식의 상대성 강조
　② 일종의 사례연구, 발생론적 설명방식(→ 사건·기관·제도·정책 등의 기원과 발전 과정의 기술), 해석학적 방법의 활용

(2) 법률·제도적 접근방법
　① 법률에 기반을 둔 공식적 제도의 정태적 서술에 초점, 공식적 제도에 부여된 법적 권한과 책임에 대한 분석
　② 한계: 제도 이면에 존재하는 동태적 현상의 간과

(3) 관리적 접근과 정치적 접근
　① 관리적 접근: 기술적 행정학, 정치행정이원론, 공사행정일원론, 실적주의 임용, 관리자로서 관료, 효율성 제고
　② 정치적 접근: 기능적 행정학, 정치행정일원론, 공사행정이원론, 행정내부의 정치적 다원주의, 대표성과 책임성 강조

THEME 41 로젠블롬(D. Rosenbloom)의 접근방법 *

(1) **관리적 접근**: 과학적 인식, 일반화된 사례로서 개인, 관료제와 능률성, 합리주의 예산, 윌슨과 테일러
(2) **정치적 접근**: 여론이나 타협과 합의, 집단의 일원으로서 개인, 민주성·대표성·책임성, 점증주의 예산, 애플비
(3) **법적 접근**: 재결로서 인식, 구체적 사례로서 개인, 합법성과 공평성, 권리기초 예산, 굿노

THEME 42 행태론적 접근방법(behavioral approach) ***

(1) **개념**: 인간의 행태(behavior)를 통해 현상을 경험적으로 설명하는 접근방법
(2) **행태**: 반응을 통해 파악(→ 검증)할 수 있는 태도·의견·개성
(3) **배경**: 법률·제도적 접근방법의 정태성, 행정원리론의 비과학성(→ 검증되지 않은 속담), 통치기능설의 정체성 위기
(4) **근거**: 인간관계론, 사회심리학, 논리실증주의
(5) **특징**: 과학성, 확률적 일반법칙, 방법론적 개체주의, 종합학문성, 정치행정(새)이원론, 공사행정(새)일원론, 폐쇄체계
(6) **논리실증주의**
   ① 검증 가능성을 기준으로 가치와 사실을 구분한 후 검증 가능한 사실 중심의 가치중립적 연구
   ② 전개 방식: 기존 이론, 가설의 설정, 경험적 검증, 새로운 이론 순
   ③ 한계: 연구대상과 범위의 지나친 제약, 목적 없는 기법과 통계(→ 본질보다 도구 중심), 경험적 보수주의 등
(7) **한계**: 처방성과 적실성 결여, 내면적 의미의 이해 곤란, 구조적 제약요인 간과, 공행정의 특수성 및 환경의 영향력 간과

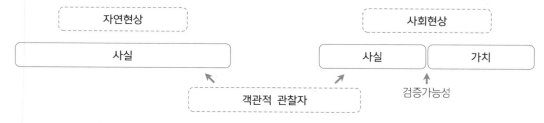

THEME 43 생태론적 접근방법(ecological approach) ***

1. 이론의 전개

2. 의의 `TIP` 주인장사재기, 정경사이대

(1) **생태(ecology)**: 살아 있는 유기체와 환경과의 상호작용
(2) **생태론**: 환경적 요소와의 관련 속에서 행정현상을 설명하는 거시적 접근방법
(3) **배경**: 이식된 서구 제도와 실제 운영의 괴리 → 미국 행정학의 보편성에 대한 의문
(4) **특징**: 과학성 추구, 중범위이론, 방법론적 전체주의, 개방체제[→ 환경결정론 → 행정의 능동성 간과]
(5) **가우스(J. Gaus)**: 주민(people), 인물(personality), 장소(place), 사상·이념(ideas), 재난(catastrophe), 기술(technology)
(6) **리그스(F. Riggs)**
  ① 사회이원론
    ㉠ 농업사회: 정치권력의 근거(→ 천명), 자급자족 경제, 소극적 행정, 사회의 미분화(→ 일반 행정가)
    ㉡ 산업사회: 정치권력의 근거(→ 국민), 시장경제, 적극적 행정, 기능적 분화(→ 전문행정가)
  ② 사회삼원론
    ㉠ 융합사회: 농업사회, 후진국, 안방 관료제, 자유사상가로서 행정인
    ㉡ 프리즘사회: 전이사회 또는 과도사회, 개발도상국, 사랑방 관료제, 지식인으로서 행정인
    ㉢ 분화사회: 산업사회, 선진국, 사무실 관료제, 지성인으로서 행정인
(7) **파슨즈(T. Parsons)의 문화유형론**
  ① 선진사회: 비정의성(→ 이성), 개인지향(→ 실적), 보편성, 특정성(specificity)(→ 전문가주의)
  ② 후진사회: 정의성(affectivity)(→ 감정), 집단지향(→ 귀속), 배타성(→ 특수성), 산만성(diffuseness)
(8) **우리나라의 행정문화**: 형식주의, 권위주의, 연고주의(→ 혈연·지연·학연), 온정주의(→ 정의성), 순응주의, 일반능력자주의
(9) **공헌**: 행정이론의 과학화, 중범위이론(→ 행정문화론), 신생국의 특수성 강조, 개방체제(→ 환경결정론)
(10) **한계**: 기술성(art) 간과, 미시적 요인의 간과, 이론의 일반화 실패, 행정의 능동성 경시, 후진국 발전에 대한 비관

THEME 44 체제론적 접근방법 ★★

TIP 순부동등필진, 총목계시관, 적목통형

(1) **개방체제**: 전체 목표를 향한 구성 요소들의 집합, 분화와 통합(→ 수직적 서열화, 수평적 균형), 경계의 존재

(2) **특징**: 순환 과정, 부(-)의 엔트로피, 동태적 항상성, 부정적 환류, 등종국성, 필수다양성, 체제의 진화(→ 동태적 균형)

(3) **기능**: 적응(→ 경제제도), 목적달성(→ 정치와 행정제도), 통합(→ 경찰과 사법제도), 형상유지(→ 교육과 문화제도)

(4) **체제론적 접근방법**: 총체주의 관점, 목적론 관점, 계서적 관점, 시간(↔ 공간) 중시 관점, 관념적(↔ 경험적) 모형

(5) **공헌**: 이론의 과학성 제고, 거시적 분석 틀의 제공, 비교행정의 기준 제시(→ 기능 중심의 비교)

(6) **한계**: 환경결정론(→ 행정의 능동성 간과), 행태와 같은 미시적 요인의 간과, 균형이론(→ 보수적 성향)

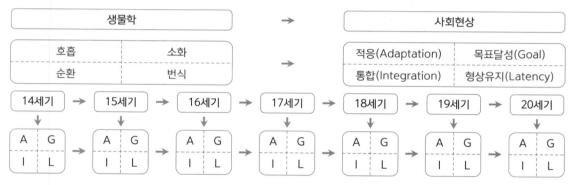

수동적 적응 = 동태적 균형 → 체제의 진화

THEME 45 현상학적 접근방법(phenomenological approach) ★★★

(1) **현상**: 인식의 주체에 의해 의미가 부여된 모든 것 또는 인식의 주체에게 의미 있게 다가온 것
(2) **배경**: 행태주의 및 논리실증주의에 대한 반대명제, 사회과학과 자연과학 간 상이성 강조
(3) **학자**: 후설(E. Husserl), 슈츠(A. Schhutz), 하몬(M. Harmon)(→ 행위이론)
(4) **특징**: 선험적 관념론, 상호주관으로서의 세계, 해석학적 접근(→ 내면적 의미의 이해)
(5) **행태주의와 현상학**

행태주의	현상학
실재론, 결정론	유명론, 임의론
수동적 · 원자적 자아	능동적 · 사회적 자아
방법론적 개체주의	방법론적 개체주의
일반적 법칙	개별적 사례
관료제	반관료제
합리성과 능률성	대응성과 책임성

THEME 46 공공선택론 ★★★

(1) **개념**: 비시장적 의사결정에 대한 경제학적 연구 → 경제학적 도구를 활용하여 비경제적 영역을 연구하는 이론
(2) **배경**: 민주적 정치이론, 미시경제학 등 고객의 선택권을 강조하는 이론
(3) **전제**: 합리적 경제인, 방법론적 개체주의, 연역적(↔ 귀납적) 접근, 보편적 이론의 추구
(4) **특징**: 교환으로서의 정치(→ 사익의 극대화 + 집합적 거래), 공공재 생산자로서 정부, 공공재 소비자로서 시민
(5) **함의**: 관료제의 문제점과 해결책 제시
  ① 문제점: 공급의 독점 → 고객에 대한 대응성 약화
  ② 해결책: 고객에 대한 대응성 향상을 위한 제도적 장치의 강조 → 신제도주의 경제학으로 연결
(6) **민주행정패러다임**: 관할권의 중첩, 가격과 경쟁, 소비자 선택권 확보, 조직설계의 획일성 탈피, 기능 중심의 지방자치
(7) **한계**: 인간에 대한 편협한 가정, 거시적 요인 간과, 시장기법의 지나친 신봉, 형평성 저해, 보수적 접근

THEME 47 니스카넨(W. Niskanen)의 예산극대화가설 **

(1) 관료의 사적 이익(↔ 국가 또는 부서)의 극대화 가설 → 부서예산의 증가와 개인 효용의 비례성
(2) **쌍방독점**: 관료 → 공공재 공급자, 정치가 → 공공재 구매자
(3) **정치가**
　① 사회후생의 극대화(→ 순편익의 극대화) 추구
　② 수요와 공급의 균형, 한계편익곡선과 한계비용곡선의 교차점
(4) **관료**
　① 정보비대칭을 이용한 사적 이익의 극대화 추구
　② 총편익곡선과 총비용곡선의 교차점(→ 순편익 = 0)까지 예산규모 확대
(5) **결론**: 적정 생산수준보다 2배 과잉생산 → 배분적 비효율성

THEME 48 던리비(P. Dunleavy)의 관청형성론(1991) **

TIP 핵관사초, 전조봉규이계통

(1) **의의**: 니스카넨(W. Niskanen)의 예산극대화가설에 대한 반론 → 관료의 사익 추구 가정은 수용
(2) **특징**: 예산의 유형과 부서의 유형에 따른 편익의 상이성 강조
(3) **고위관료의 성향**: 금전적 효용보다는 업무적 효용의 강조
　① 계선기관보다는 참모기관의 선호, 외부와의 계약을 통한 계선 업무의 이전(→ 통제와 책임성의 약화)
　② 관청예산의 증대까지는 선호하지만, 사업예산의 증대는 선호하지 않음
(4) **예산의 유형**
　① 선호: 핵심예산(→ 기관운영비, 중·하위관료의 선호), 관청예산(→ 민간에 직접 지출하는 예산, 고위관료의 선호)
　② 비선호: 사업예산(→ 다른 공공기관에 이전하는 예산, 통제기관), 초사업예산

1. 개관

2. 신제도론

(1) 구제도와 신제도

구제도	신제도
공식적 법령이나 정부조직(→ 가시적)	공유하는 규범·규칙·균형점(→ 상징적)
도구로서 제도	분석 틀로서 제도
개별적 제도의 정태적 서술에 초점	제도와 제도 또는 제도와 인간의 상호작용에 초점

(2) 신제도론

① 등장 배경: (구)제도주의나 행태주의 또는 기능주의(→ 합리적 도구로서 제도) 설명방식의 한계
② 특징: 분석의 틀로서 제도, 제도의 기능에 초점, 거시적 구조와 미시적 행위의 연계, 다학문적 발전

THEME 50 신제도주의 유파 ***

1. 역사적 신제도주의

(1) 의의: 제도의 역사성과 지속성 및 경로의존성을 강조하는 접근방법

(2) 특징: 독립변수이자 종속변수로서 제도 → 제도와 제도 또는 제도와 인간 행위의 상호작용, (정치)제도의 상대적 자율성 강조

(3) 제도의 형성: 인간의 의지, 기존 제도의 발달 경로, 역사적 우연성 등의 결합

(4) 제도의 변화: 역사적 충격에 의한 단절적 균형과 제도의 역동성

(5) 인간 선호의 내생성(→ 제도의 장 속에서 형성되는 인간의 선호), 기존 제도의 비효율성과 새로 도입된 제도의 부적응성

(6) 다원적 경로의 강조(→ 국가 간 제도의 형성과 정책결과의 상이성), 사례연구와 비교분석 방법의 활용(→ 귀납법 접근)

(7) 시차적 접근: 초기 선택과 제도의 도입 순서의 중요성 강조
　① 정책의 연구에 있어 시간적 변수의 도입 → 상황이나 주체에 따른 시간적 차이의 존재
　② 배경: 정부개혁의 실패
　③ 특징: 시간의 동태성(→ 상대성), 도입 순서 및 작동 순서의 중요성과 시간적 리더십의 강조

(8) 한계: 제도결정론의 오류

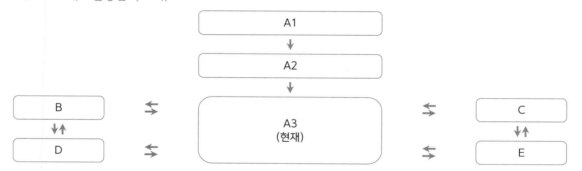

2. 합리적 선택 제도주의

(1) 의의: 집단행동 딜레마의 해결책으로서 제도 → 제도를 거래비용을 줄여주는 도구로 간주하는 접근 방법

(2) 특징(→ 경제학적 가정): 행위자 선호의 외생성과 안정성 가정, 연역적 논리구조, 방법론적 개체주의

(3) 완전한 합리성 가정의 완화(→ 제한된 합리성 + 경쟁의 불완전성 + 정보의 비대칭성) + 제도적 장치로의 보완

(4) 제도의 형성: 행위자들 간 전략적 선택에 의한 공식적 제도의 의도적 설계

(5) 제도의 변화: 제도 변화의 편익이 제도 변화의 비용보다 클 때

(6) 한계: 제도의 동태성과 비공식성 간과, 제도의 권력성과 문화성 간과

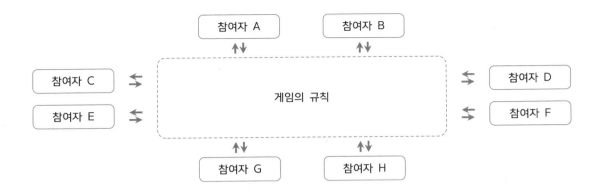

3. 사회학적 신제도주의

(1) 의의: 상징체계나 도덕적 틀로서 제도 → 제도를 가장 넓게 인식하는 접근방법

(2) 특징: 제도의 생성에 있어 인간의 의도성 부인, 제도의 비공식적 측면 강조, 귀납적 방법(→ 해석학적 방법), 선호의 내생성

(3) 제도의 채택: 제도의 규범적 측면보다는 인지적 측면의 중시

(4) 제도의 변화: 제도의 결과성 논리(→ 효율성)보다는 적절성 논리(→ 정당성) 강조

(5) 역사적 신제도주의와 사회학적 신제도주의

    ① 역사적 신제도주의: 제도의 종단면적 측면과 국가 간 제도의 상이성 강조

    ② 사회학적 신제도주의: 제도의 횡단면적 측면과 국가 간 제도의 유사성 강조

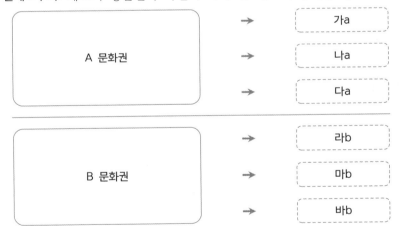

4. 유파별 비교 – 홀(P. Hall)

합리적 선택 제도주의	역사적 신제도주의	사회학적 신제도주의
경제학, 제도의 공식적 측면 강조	정치학, 제도의 공식적 측면 강조	사회학, 제도의 비공식적 측면 강조
안정적·외생적 선호, 합리적·전략적 선택	제한적·내생적 선호, 경로의존성	제한적·내생적 선호, 인지적 채택
전략적 선택 (→ 비용과 편익비교)	외부적 충격 (→ 단절된 균형)	유질동형화 과정 (→ 적절성의 논리)
연역적, 일반이론, 방법론적 개체주의	귀납적, 사례연구, 방법론적 전체주의	귀납적, 해석학, 방법론적 전체주의

THEME 51 독일 행정학 – 관방학(Kameralismus) *

(1) **전기**: 신학에 근거, 젝켄도르프와 오제, 국가기능의 미분화(→ 재정학적 성격), 왕실재정과 국가재정의 미분리
(2) **후기**: 계몽주의와 자연법에 근거, 유스티, 국가기능의 분화(→ 재정학, 정치학, 경찰학), 왕실재정과 국가재정의 분리

THEME 52 미국 행정학 **

(1) **사상적 기초**
  ① 해밀턴주의: 연방주의, 중앙집권, 능률적 국가관, 뉴딜정책에 영향, 실천가로서 관료
  ② 제퍼슨주의: 분권주의, 지방분권, 민중주의와 시민참여, 신행정학에 영향, 공복으로서 관료
  ③ 매디슨주의: 다원주의와 점증주의, 심판자로서 국가, 삼권분립에 의한 견제와 균형, 협상과 타협의 전문가로서 관료

(2) **전개 과정**
  ① 고전적 행정학: 정치행정이원론, 기술적 행정학, 과학적 관리법, 관료제론, 합리적 경제인, 기계적 능률성, 폐쇄체제 등
  ② 신고전적 행정학: 정치행정일원론, 기능적 행정학, 인간관계론, 사회인관, 비공식적 요인, 사회적 능률성, 폐쇄체제 등

THEME 53 비교행정론 ★★

1. 개관

2. 의의

(1) 선진국과 후진국 행정체제를 비교(→ 공간 중심 관점)하여 어디에나 적용되는 보편적 이론을 정립하려는 시도

(2) **대두 배경**: 미국 행정이론의 적용 범위 한계

(3) **비교 기준**: 구조기능주의 시각 → 횡단적(→ 공간 중시)·정태적 분석

(4) **특징**: 과학성 강조, 일반이론의 추구, 방법론적 전체주의, 개방체제 시각

(5) **접근방법**
　① 리그스(F. Riggs)의 분류: 실증적(↔ 규범적) 접근, 일반법칙적(↔ 개별사례) 접근, 생태적(↔ 비생태적) 접근
　② 헤디(T. Heady)의 분류: 연구범위를 관료제로 한정 → 중범위적 분석

(6) **한계**
　① 정태적 균형이론: 개발도상국의 동태적 변화는 설명하기 곤란
　② 환경결정론: 행정의 능동성(→ 독립변수로서 행정) 경시
　③ 행정 내부의 관리적·기술적(→ 미시적 요소) 측면의 간과

THEME 54 발전행정론 ★★

(1) **의의**: 개발도상국의 국가발전과 그 추진주체로서 행정발전을 연구하는 행정이론
(2) **배경**: 비교행정론의 한계 ➔ 후진국 발전에 대한 비판
(3) **전개**: 1950년대 비교행정학의 분과로 출발, 1960년대 확산 후 1970년대 쇠퇴
(4) **특징**
   ① 처방성 강조, 개방체제(➔ 독립변수로서 행정), 경제 성장 중심, 엘리트주의, 국가주도의 불균형 성장론, 기관형성전략
   ② 행정우위 정치행정(새)일원론, 공사행정(새)이원론, 행정이념으로서 효과성 강조
(5) **한계**: 과학성 미흡, 발전개념의 모호성, 투입기능 경시(➔ 개발독재), 불균형 성장
(6) **비교행정론과 발전행정론**

비교행정론	발전행정론
과학성 강조	처방성 강조
보편적 이론의 구축	개발도상국의 특수성 강조
정태적 균형이론	동태적 불균형이론
종속변수로서 행정	독립변수로서 행정
전이적 변화	계획적 변동

THEME 55 신행정론(New public administration) ★★★

(1) **의의**: 행태주의에 반기를 들고 1960년대 말 등장한 가치 중심적 행정이론 ➔ 논리실증주의와 행태주의에 대한 비판
(2) **배경**: 미국 사회의 격동기, 행태주의와 비교행정론의 한계, 공리주의 배분방식의 한계(➔ 사회적 형평성 간과)
(3) **특징**: 적실성(relevance)과 실천(action), 독립변수로서 행정, 반실증주의, 정치행정(새)일원론, 사회적 형평성, 탈관료제
(4) **신행정론과 발전행정론**

신행정론	발전행정론
미국 중심	개발도상국 중심
분배와 복지 및 윤리 강조	성장과 발전
고객 중심의 행정	관료 중심의 행정
사회적 형평성 강조	효과성 강조

THEME 56 미노브룩회의와 블랙스버그 선언 *

(1) **미노브룩회의(1968)**
  ① 배경: 논리실증주의와 행태주의 비판
  ② 특징: 전문직업성, 적실성, 탈행태주의, 탈관료제, 사회적 형평성(→ 참여, 대응, 책임)

(2) **블랙스버그 선언(1987)**
  ① 배경: 후기관료제모형과 신공공관리론 비판(→ 행정의 정당성 회복 운동), 신행정론의 계승 (→ 행정의 전문성과 윤리성)
  ② 특징: 행정재정립(↔ 정부재창조) 운동, 행정우위 정치행정이원론

THEME 57 신공공관리론 ★★★★

1. 개관

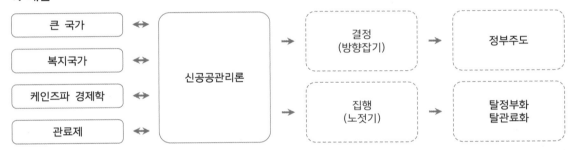

2. 의의

(1) **협의**: 신관리주의 → 재량권 부여와 결과에 대한 책임성을 강조하는 접근

(2) **일반적 의미**: 신관리주의 + 시장주의(→ 신제도주의 경제학)

(3) **배경**: 정부실패와 세계화(→ 다양성의 시대), 신자유주의(→ 시장에 대한 신뢰), 신보수주의(→ 전통적 가치와 규율의 부활)

(4) **근거**: 공공선택이론, 신제도주의 경제학, 공급 중시 경제학 등

(5) **특징**: 정부기능의 재조정(→ 작은 정부론), 정책결정과 정책집행의 분리, 성과를 통한 책임성 확보
  ① 결정: 전략적 방향잡기 → 정부주도
  ② 집행: 노젓기, 전통적 방식의 탈피 → 탈정부화, 탈관료화 등

(6) **주요 처방**: 시장기법의 내부 도입, 과정책임보다는 결과책임 강조, 자율성의 증대를 통한 기업가 정신 확보, 화폐적 유인

(7) 관료제 정부와 신공공관리론

관료제 정부	신공공관리론
노젓기	방향잡기
행정가	기업가
독점	경쟁
행정메커니즘	시장메커니즘
공급자 중심	수요자 중심
규칙과 투입	임무와 성과
지출 지향	수입 확보
사후 대처	예측과 예방
계층적 책임성	참여적 대응성

(8) 한계

① 형평성과 가외성 및 민주성 등 전통적 가치의 약화, 행정의 특수성 간과, 절차적 정당성 무시
② 성과 측정의 곤란성, 결정기능과 집행기능의 분리에 따른 환류의 차단과 책임소재의 모호성
③ 수동적 고객(→ 소비자)으로서 국민, 인간에 대한 편협한 가정, 분권화와 권한이양에 따른 조정과 통제의 어려움

(9) 기업가적 정부: 촉매적, 시민소유, 경쟁적, 임무지향, 결과지향, 고객 중심, 기업가적, 예견적, 분권적, 시장지향 등

THEME 58 | 탈신공공관리론 ***

1. 개관

관료제 모형	→	탈신공공관리론	←	신공공관리론

2. 특징

(1) 정부의 정치적 · 행정적 역량의 강화, 민주성과 형평성 등 전통적 행정가치의 동시적 고려
(2) 민간화와 민영화의 신중한 접근, 민간과 공공부문의 파트너십(↔ 경쟁) 강조
(3) 관료제 모형과 탈관료제 모형의 조화, 재집권화(→ 분권과 집권의 조화), 분절화 축소(→ 자율성과 책임성 증대)
(4) 환경적 · 역사적 · 문화적 맥락의 고려

(1) 개념: 공·사조직들의 협력적 통치, 수평적 네트워크로 연결된 사회문제의 해결시스템

(2) 특징: 시민의 참여와 같은 행정의 정치적 특성 강조(→ 행정의 재정치화), 작동원리로서 신뢰와 협력

(3) 관료의 역할: 네트워크 조정자 또는 촉매자 → 적극적 조정과 중재

(4) 신공공관리론과 뉴거버넌스

구분	신공공관리론	뉴거버넌스
유사점	거버넌스적 행정, 공적 영역의 정부독점에 대한 비판, 노젓기가 아닌 방향잡기 강조, 관료제 비판	
차이점	신자유주의	공동체주의
	시장	연계망
	결과 중심	과정 중심
	기업가	조정자
	경쟁	신뢰와 협력
	민영화와 민간위탁	공동생산
	고객 지향	임무 중심
	조직 내(→ 행정의 경영화)	조직 간(→ 행정의 재정치화)

(5) 정부재창조와 시민재창조론

① **정부재창조**: 시장주의, 고객으로서 시민, 어떻게 할 것인가에 초점, 기업가 정신의 강조

② **시민재창조**: 공동체주의, 소유주로서 시민, 무엇을 할 것인가에 초점, 시민의식의 강조

THEME 60 피터스(G. Peters)의 모형(1996) ***

TIP 시신탈참, 독경내계, 분가무(無)평, 성임재팀, 시실기협

구분	전통적 정부	시장모형	신축모형	탈내부규제모형	참여모형
문제 진단	전근대적 권위	독점	영속성, 경직성	과다한 내부규제	계층제
구조 개혁	계층제	분권화	가상조직	–	평면조직
관리 개혁	직업공무원제, 절차적 통제	성과급, 민간기법	임시적 관리	관리적 재량권의 부여	팀제, TQM
정책 결정	정치행정의 구분	시장적 유인	실험적 추진	기업가 정부	협의와 협상
공익 기준	안정성, 평등	저비용	저비용, 조정	창의성, 활동성	참여와 합의
오류 수정	–	시장적 선호	오류의 제도화 방지	더 많은 오류의 수용	정치적 선호

THEME 61 로즈(R. Rhodes)의 모형(1997) *

TIP 최신기종사자

(1) **최소 국가론**: 작은 정부, 국제적 시각과 융통성, 책임성 있고 공정한 정부
(2) **신공공관리**: 시장주의 + 신관리주의
(3) **기업적 거버넌스**: 경영논리의 정부 내 도입
(4) **좋은 거버넌스**: 자유민주주의(➔ 정치적) + 신공공관리(➔ 행정적)
(5) **사회적 인공지능**: 공유된 목표, 공동노력의 결과물로서 거버넌스(➔ 정부 없는 거버넌스)
(6) **자기조직화 연결망**: 스스로 질서를 형성하는 계층제와 시장의 중간지대

← 시장 →	←	국가 →	←	시민사회 →
최소 국가론	신공공 관리론	기업적 거버넌스	좋은 거버넌스	자기조직화 연결망 · 사회적 인공지능

THEME 62 신공공서비스론 ***

(1) 의의
① 소유주로서 시민권리의 회복과 공동체 의식의 복원을 강조하는 이론
② 공동체주의와 시민사회 중심의 거버넌스

(2) 배경: 신공공관리론에 대한 비판 → 시장원리보다는 공동체 가치와 공적 책임성 강조

(3) 근거(→ 포괄적 접근): 실증주의, 신행정론, 해석학, 비판이론, 포스트모더니즘 등

(4) 특징: 관료제 타파, 자기실현적 인간관에 입각한 인본주의 조직관리, 담론이론의 도입

(5) 관료 역할: 서비스의 전달 + 조정과 중재(→ 담론형성의 촉진)

(6) 기본 원칙
① 고객이 아닌 시민에게 봉사할 것, 공익을 찾으려고 노력할 것(→ 담론의 결과물로서 공익)
② 기업주의 정신(→ 창의성)보다는 시민의식의 가치를 받아들일 것
③ 전략적(→ 경제적 + 정치적)으로 생각하고 민주적으로 행동할 것, 책임의 다원성을 인식할 것
④ 방향잡기보다는 봉사할 것, 단순히 생산성이 아닌 사람의 가치를 받아들일 것

(7) 한계: 규범적 이론만 제시 → 구체적 처방안의 부재

구분	전통적 행정이론	신공공관리론	신공공서비스론
인식 기준	초기 사회과학	신고전파 경제학, 성과관리론	포괄적 접근
합리성	개괄적 합리성	경제적·기술적 합리성	전략적 합리성
공익	정치적으로 정의, 법률로 표현	사익의 총합	담론의 결과물
반응 대상	고객과 유권자	고객	시민
정부 역할	노젓기	방향잡기	봉사
책임성	위계적	시장 지향	다면적
조직구조	관료제 조직	분권화된 조직	협동적 조직
동기유발	보수와 편익, 신분보장	기업가 정신	사회봉사 욕구

THEME 63 공공가치관리론 *

(1) **의의**: 신공공관리론이 야기한 행정의 공공성 약화를 극복하기 위한 대안적 패러다임
(2) **특징**: 시민과 이해관계자의 참여와 이들과 공무원 간 숙의민주주의 과정 강조
(3) **목적**: 행정의 정당성 강화 및 시민으로부터 능동적 신뢰의 창출
(4) **무어(M. Moore)의 공공가치창출론(1995) – 전략적 삼각형 모형**
  ① 민주적으로 선출되어 정당성을 부여 받은 정부의 관리자들이 공공자산을 활용해 공공가치를 창출해야 한다는 주장
  ② 전략적 삼각형: 외부환경으로부터의 정당성과 지원, 공적 가치의 형성, 운영 역량의 형성
(5) **보즈만(B. Bozeman)의 공공가치실패론(2002)**
  ① 공공실패: 시장 혹은 공공부문의 행위자가 공공가치에 부합하는 재화나 서비스를 제공하지 못하는 현상
  ② 핵심가치: 인간의 존엄성, 지속가능성, 시민참여, 개방성과 기밀성, 타협, 온전성, 강건성 등

THEME 64 넛지(nudge)이론 **

(1) **행동경제학**
  ① 의의: 인간의 의사결정 과정에서 발생하는 비합리성을 분석하고 바람직한 결정을 유도하기 위한 대안을 제시하려는 이론
  ② 이론적 근거: 사이먼의 제한된 합리성의 개념과 카너먼과 트버스키의 전망이론
(2) **신고전파 경제학과 행동경제학**
  ① 신고전파 경제학: 완전한 합리성, 경제적 인간, 효용극대화, 연역적 분석, 시장실패와 제도실패, 법과 규제, 경제적 유인
  ② 행동경제학: 제한된 합리성, 심리적 인간, 만족화 행동, 휴리스틱, 귀납적 분석, 행동적 시장실패, 넛지(→ 선택설계)
(3) **행동적 시장실패**
  ① 휴리스틱 의사결정 과정에서 발생하는 인지적 오류와 행동편향으로 인한 비합리적 의사결정
  ② 대책: 정부 역할의 규범적 근거로서 자유주의적 개입주의와 새로운 수단으로서 넛지 개념 도입

(4) 넛지이론

① 넛지: 명령이나 지시 또는 경제적 유인이나 제재를 가하지 않으면서 바람직한 행동을 유도하는 선택설계의 제반 요소

② 철학적·규범적 토대: 자유주의적 개입주의 → 부드러운 개입주의

③ 선택설계의 유형: 개인의 인지적 오류의 활용, 환경적 요인의 개선으로 개인의 의지적 판단을 통한 행동 변화

④ 개입의 대상: 사람들이 추구하는 목적이 아니라 그 목적을 달성하는 수단 → 간접적이고 유도적인 정부개입

⑤ 주요 도구: 전달자, 인센티브, 사회규범, 디폴트 옵션, 현저성, 점화, 감정, 자발적 약속, 자존심

⑥ 특징: 각종 실험을 통한 귀납적 분석(→ 검증된 증거), 급진적 점증주의 관점

⑦ 평가 기준: 단순성과 편의성, 매력적 요인, 사회규범 또는 사회적 선호, 시의성 등

(5) 신공공관리론과 넛지이론

① 신공공관리론

ⓐ 신고전파 경제학, 공공선택론, 완전한 합리성, 경제적 합리성, 신자유주의, 시장주의, 시장실패와 제도실패, 정부실패

ⓑ 정치적 기업가로서 관료, 고객주의, 개인의 이익 증진, 경제적 인센티브의 강조

② 넛지이론

ⓐ 행동경제학, 제한된 합리성, 생태적 합리성, 자유주의적 개입주의, 행동적 시장실패와 정부실패

ⓑ 선택설계자로서 관료, 행동변화를 통한 삶의 질 제고, 넛지의 활용

THEME 65 포스트모더니즘 ★★★

(1) 모더니즘과 포스트모더니즘

① 모더니즘: 이성과 합리성 강조, 인간 중심의 세계관, 주체의 정체성 확신, 절대 진리의 존재, 합리주의, 과학주의, 대의제

② 포스트모더니즘: 상상, 주체와 객체의 구별 부정, 상위설화의 타파, 학문 간 경계의 타파, 담론의 강조

(2) 파머(D. Farmer)의 반관료제론 `TIP` 상해영타

① 상상: 소극적으로는 규칙이나 관례로부터의 해방, 적극적으로는 직관의 가능성 또는 문제의 특수성 강조

② 해체: 이론 및 설화가 되는 텍스트의 근거를 파헤쳐 보는 것

③ 영역해체: 학문 간 경계의 타파 → 행정학의 영역의 재설정

④ 타자성: 인식의 객체가 아닌 도덕적 주체로서 타인 → 타인에 대한 개방성, 다양성에 대한 선호, 상위설화에 대한 반대

(3) 폭스(C. Fox)와 밀러(H. Miller)의 담론이론: 다수결이 아닌 논증적 행위를 통한 공익 실현 강조

THEME 66 툴민(S. Toulmin)의 논변적 접근방법 *

(1) **함의**: 이미 증명된 명제가 새로운 명제를 뒷받침할 수 있다는 가정 하에 주장의 정당성을 입증하고자 하는 접근방법
(2) **목적**: 논거와 주장 간 연결고리의 강화
(3) **논증의 요소**: 주장, 자료, 보장, 뒷받침(→ 보강), 수식어, 제한 조건(→ 반증)

THEME 67 카오스(혼돈)이론 **

(1) **의의**: 혼돈상태(chaos)에서 폭넓고 장기적인 변동의 경로(→ 질서)를 찾아보려는 접근방법
(2) **혼돈의 의미**: 결정론적 혼돈 혹은 질서 있는 무질서 상태, 발전의 초기 조건으로서 혼돈
(3) **특징**
　① 비선형적이고 역동적인 상태에서 질서(→ 공진화와 자기조직화 능력)를 발견하려는 과학적 노력
　② 초기 민감성 강조, 자기조직화 능력과 이를 위한 반관료제 처방, 학습의 강조(→ 부정적 환류 + 긍정적 환류)

THEME 68 행정이념의 개관 **

(1) **양대 이념**
　① **능률성**: 행정의 대내적 개념, 정치행정이원론에서 강조, 합리성, 경제성, 능률성, 효과성, 생산성 등과 관련
　② **민주성**: 행정의 대외적 개념, 정치행정일원론에서 강조, 합법성, 대응성, 책임성, 형평성, 공익 등과 관련
(2) **행정이념의 변천**
　① 입법국가 시대 → 합법성
　② 행정관리론 → (기계적) 능률성
　③ 통치기능론 → 민주성 또는 사회적 능률성
　④ 발전행정론 → 효과성
　⑤ 신행정론 → 사회적 형평성
(3) **행정이념의 상충과 대책**
　① **상충관계**: 능률성과 민주성, 능률성과 가외성, 능률성과 효과성(→ 원칙적으로 조화, 예외적으로 상충), 합법성과 대응성
　② **극복방안**: 일원론(→ 하나의 가치만 강조), 서열법(→ 질적 우열 존재), 가중치법(→ 상대적 차이만 인정)

THEME 69 행정철학 ★★

(1) 의의: 행정이 추구하여야 할 바람직한 가치에 관한 학문, 일련의 신념 또는 실천의 세계

(2) 배경: 논리실증주의의 한계, 정치행정일원론의 등장(→ 정책결정기능의 강화)

(3) 본질적 가치와 수단적 가치 `TIP` 공정자평형복

   ① **본질적 가치:** 공익, 정의, 자유, 평등, 형평, 복지

   ② **수단적 가치:** 합리성, 능률성, 효과성, 생산성, 민주성, 합법성, 투명성, 가외성 등

(4) 가치 상대론과 절대론

   ① **상대론:** 선험적 기준의 부재, 결과 기준의 평가(→ 목적론, 결과론), 공리주의, 마르크스주의, 쾌락주의

   ② **절대론:** 선험적·보편적 기준의 존재, 동기론, 의무론, 법칙론, 칸트와 롤스, 플라톤과 루소 등

(5) 학자별 분류 `TIP` 개조정책이

   ① **호치킨슨:** 옳은 것의 가치, 좋은 것의 가치

   ② **고트너:** 미시적 가치, 중범위적 가치, 거시적 가치

   ③ **카플란:** 개인적 맥락, 표준적 맥락, 이상적 맥락

   ④ **앤더슨:** 개인적 가치, 조직적 가치, 정치적 가치, 정책적 가치, 이념적 가치

THEME 70 공익 ★★★★

(1) 개념: 불특정 다수의 이익 혹은 사회일반의 공동이익

(2) 배경: 정치행정일원론(→ 신행정론의 등장) → 행정의 적극적 역할과 재량권의 확대와 통제의 필요성

(3) 특징: 포괄적(↔ 확정적), 상대적(↔ 절대적), 동태적(↔ 정태적), 사회적·윤리적(↔ 법적), 가변적

(4) 역할: 다원적 세력의 공존, 행정활동의 정당성 근거 및 규범적 기준

(5) 공익의 본질

구분	과정설	실체설
의의	소극설, 과정적·절차적 측면의 강조, 선진국의 공익관	적극설, 내용적 측면의 강조, 개발도상국 또는 전체주의 공익관 (→ 비민주적 공익관)
특징	선험적 실체의 부정, 경험적 산물, 조정과 타협, 이익집단 주도, 소극적 정부, 다원주의·개인주의, 점증주의	선험적 실체의 존재 (→ 도덕, 정의, 양심, 자연법 등), 능동적 정부, 합리모형 또는 엘리트모형
학자	홉스, 흄, 벤담, 베르그송, 새뮤엘슨, 리틀, 애로우, 벤틀리, 헤링, 슈버트, 소라우프, 트루먼 등	플라톤, 아리스토텔레스, 루소, 헤겔, 마르크스, 플래스맨, 벤디트, 리프먼, 카시넬리, 오펜하이머 등

THEME 71 정의(justice) ★★★

(1) **아리스토텔레스(Aristoteles)**: 각자 응분의 몫을 누리는 상태
(2) **배분적 정의**: 각자의 몫을 나누는 원칙
    ① 평등주의: 동일하게 배분, 사회주의 입장, 주로 정치적 · 사회적 권리에 적용
    ② 실적주의: 실적에 상응하는 배분, 자유주의 입장 → 기회균등과 같은 절차적 측면의 강조
    ③ 욕구주의: 필요와 욕구에 따른 배분 → 절충적 입장
(3) **롤스(J. Rawls)의 정의론**
    ① 개념: 원초적 상황 속에서 사람들이 합의한 기본 원칙
    ② 조건: 원초적 상황(→ 무지의 베일 상태), 합리적 · 이기적 인간(→ 사회계약론의 전통)
    ③ 결정 기준: 최악의 상황(min)에서의 최선의 대안(Max)을 선택 → 최소극대화(Maximin)
    ④ 원칙
        ㉠ 제1원칙(→ 평등한 자유의 원칙)
        ㉡ 제2원칙(→ 정당한 불평등의 조건: 기회균등의 원칙 + 차등의 원칙)
    ⑤ 우선순위: 제1원칙이 제2원칙보다 우선, 기회균등의 원칙이 차등의 원칙보다 우선
(4) **평가**: 칸트의 의무론적 윤리관의 도입을 통한 공리주의 배분방식의 한계 극복, 중도적 입장
(5) **블래스토스(G. Blastors)의 원칙**: 가치(worth), 필요(need), 일(work), 업적(merit), 계약(agreement)

THEME 72 사회적 형평성 ★★★

(1) **의의**: 소외계층을 위한 서비스의 우선적 제공의 이론적 근거 → 교환적 정의가 아닌 배분적 정의
(2) **배경**: 풍요속의 빈곤(→ 공리주의 가치배분의 한계), 행태주의 접근방법의 한계, 롤스(J. Rawls)의 정의론
(3) **형평성의 유형**
    ① 수평적 형평성: 같은 것은 같게, 기회의 평등, 형식적이고 절차적인 평등
    ② 수직적 형평성: 다른 것은 다르게, 결과의 평등, 적극적이고 실질적인 평등

THEME 73 소득분배의 형평성 지수 *

(1) **로렌츠곡선**
    ① 인구 누적율과 소득 누적율의 관계
    ② 대각선이면 가장 평등한 배분
(2) **지니계수**
    ① 지역 간 비교가 어려운 로렌츠곡선의 문제점 보완
    ② 로렌츠곡선의 면적을 대각선 아래의 면적으로 나눈 값
    ③ 0이면 가장 평등한 배분, 1이면 가장 불평등한 배분

THEME 74 능률성 ***

(1) **개념**: 투입(→ 비용)에 대한 산출의 비율 → 목표는 고려하지 않음
(2) **배경**: 정치행정이원론과 과학적 관리법 → 고전적 행정학
(3) **유형**: 적극적 능률성(→ 산출의 증가), 소극적 능률성(→ 비용의 감소), 퇴행적 능률성(→ 보다 많은 비용의 감소)
(4) **기계적 능률성과 사회적 능률성**
    ① 기계적 능률성: 귤릭(L. Gulick), 금전적 · 물리적 측면, 가치중립 · 객관적 능률성, 대차대조표식 능률성, 절대적 능률성
    ② 사회적 능률성: 디목(M. Dimock), 인간가치의 구현, 사회목적의 실현, 장기적 · 사회적 · 인간적 능률성, 상대적 능률성

THEME 75 민주성 ***

(1) **대외적 민주성(→ 정치행정일원론)**
    ① 의의: 국민의 참여와 통제 → 대응성과 책임성의 확보
    ② 방안: 엽관주의와 대표관료제, 행정윤리의 확보, 행정책임과 행정통제, 행정구제제도의 마련 등
(2) **대내적 민주성(→ 인간관계론)**
    ① 의의: 조직의 인간화와 관리의 민주화 → 구성원의 참여적 조직관리
    ② 방안: 하의상달, 민주적 리더십, 분권화, 권한위임 등

THEME 76　효과성과 생산성 **

(1) 효과성
　　① 의의: 능률성과 대비하여 질적이고 기능적인 개념, 산출이 목표를 달성한 정도 → 목표의 달성도, 대상집단의 만족도
　　② 특징: 비용 개념은 제외, 과정보다는 결과의 중시, 발전행정론에서 가장 강조

(2) 능률성과 효과성
　　① 능률성: 투입 대비 산출의 비율, 양적 개념, 조직 내 관점
　　② 효과성: 산출 대비 결과의 비율, 질적 개념, 조직과 환경과의 관계에 초점

(3) 생산성: 능률성과 효과성의 합(→ 비용 대비 목표의 달성도), 감축관리론과 신공공관리론에서 강조

THEME 77　신뢰성 *

(1) 개념: 불확실성이 개인된 상황에서 피신뢰자의 바람직함에 대한 신뢰자의 자발적 믿음
(2) 특징: 사회적 현상, 위험의 개입(→ 신뢰자의 의존성), 자발적 믿음(→ 신뢰자의 위험감수 의지)
(3) 요소
　　① 피신뢰자 측면(→ 정부): 정부의 능력, 권력의 정당성, 정책의 일관성, 행정의 공개성 등
　　② 신뢰자 측면(→ 국민): 계산적 측면, 인지적 측면, 관계적 측면
(4) 신뢰성의 기능
　　① 순기능: 예측 가능성 제고, 집단행동 딜레마 감소, 거래비용 감소, 정책 순응도 향상, 네트워크의 효율성 증대
　　② 역기능: 비판적 검토의 부족, 기회주의 행동의 야기, 집단규범의 강요 수단 등

THEME 78 투명성 ★★

(1) 개념: 정부의 공적 활동이 정부 외부로 명백히 드러나게 하는 것
(2) 특징: 적극적 개념 → 국민의 입장에서 정보접근에 대한 알권리 차원의 보장
(3) 유형: 과정 투명성(→ 소프트웨어적 접근), 결과 투명성(→ 청렴계약제, 시민옴부즈만제도), 조직 투명성
(4) 공헌: 신뢰성의 기반(→ 사회적 자본), 청렴성의 조건(→ 부패방지), 통제비용의 절감(→ 통제의 용이성)
(5) 한계: 업무량과 행정비용의 증가, 공무원의 소극적 행태 조장, 정보의 조작과 왜곡 등

THEME 79 정보공개제도 ★★

(1) 정보공개: 국민의 청구에 의하여 정보를 공개하는 것
(2) 연혁
　① 미국: 중앙에서 지방으로 파급
　② 우리나라, 일본: 지방(→ 청주시)에서 중앙으로 파급

THEME 80 공공기관의 정보공개에 관한 법률 ***

(1) **목적**: 국민의 알권리 보장, 국민의 참여, 국정운영의 투명성 확보

(2) **공공기관**: 국가기관, 지방자치단체, 공공기관의 운영에 관한 법률에 따른 공공기관, 지방공기업법에 따른 공사 및 공단

(3) **정보공개 청구권자**: 모든 국민 + 외국인(→ 대통령령으로 규정)

(4) **사전적 공개**: 국민생활에 매우 큰 영향을 미치는 정보, 대규모 예산이 투입되는 사업, 행정감시를 위해 필요한 정보

(5) **비공개 대상 정보**
   ① 다른 법률 또는 법률에서 위임한 명령에 따라 비밀이나 비공개 사항으로 규정된 정보
   ② 국가안전보장·국방·통일·외교관계 등에 관한 사항
   ③ 인사관리에 관한 사항이나 의사결정 과정 또는 내부검토 과정에 있는 사항
   ④ 사생활의 비밀 또는 자유를 침해할 우려가 있다고 인정되는 정보 → 직무를 수행한 공무원의 성명·직위는 공개대상

(6) **비공개 세부기준 점검**: 3년 마다

(7) **정보공개의 청구방법**: 청구서(→ 원칙), 구두(→ 예외)

(8) **정보공개 여부의 결정**: 청구를 받은 날부터 10일 이내 + 10일의 범위에서 연장 가능

(9) **종결처리**: 정당한 사유 없이 다시 청구하는 경우, 민원으로 처리되었으나 다시 같은 청구를 하는 경우

(10) **즉시 처리가 가능한 정보**: 공개를 목적으로 작성된 정보, 각종 홍보자료, 공개에 오랜 시간이 걸리지 않는 정보

(11) **비용 부담**: 실비의 범위에서 청구인이 부담

(12) **정보공개위원회**: 국무총리 소속으로 설치

(13) **제도총괄**: 행정안전부장관

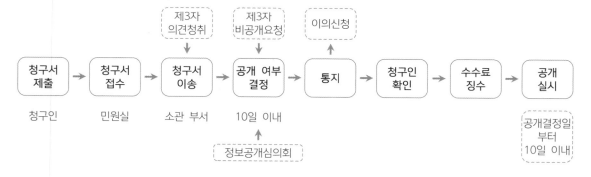

THEME 81 내용적 합리성과 과정적 합리성 **

(1) **내용 중심**: 객관적 합리성, 목표와 대안의 비교, 수단의 합목적성, 사이먼(H. Simon)(→ 내용적 합리성)
(2) **과정 중심**: 주관적 합리성, 인지력과 대안 또는 행위의 비교, 의식적 사유 과정의 산물, 사이먼(H. Simon)(→ 절차적 합리성)

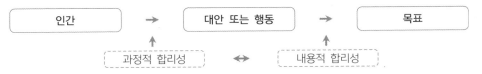

THEME 82 베버(M. Weber)의 합리성 *

(1) **이론적 합리성**: 귀납법과 연역법 같은 일관성 있는 논리적 작용
(2) **실질적(substantial) 합리성**: 포괄적 가치에 대한 행동의 일관성
(3) **실제적(practical) 합리성**: 실생활에서의 개인적 이익의 실현
(4) **형식적 합리성(→ 관료제)**: 법규에 부합하는 정도, 수단의 합목적성 → 근대성과 연결

THEME 83 디징(P. Diesing)의 합리성 **

TIP 정경사법기

(1) **정치적 합리성**: 정책결정구조의 바람직함 → 가장 중요한 합리성
(2) **경제적 합리성**: 여러 대안 중 가장 큰 편익을 가져오는 것을 선택하는 행동
(3) **사회적 합리성**: 구성원 간 조화된 통합성을 유지하는 행동
(4) **법적 합리성**: 규칙과 선례에 부합하는 행동 → 예측 가능성의 제고
(5) **기술적 합리성**: 주어진 목표를 달성할 수 있는 최선의 수단을 선택하는 행동

THEME 84 가외성(redundancy) ***

TIP 만계집

(1) **개념**: 중첩이나 남는 부분, 여분, 초과분, 기능과 구조 등의 중복 → 1960년대 말 란다우(M. Landau)에 의해 제시

(2) **배경**: 불확실성 시대에 신뢰성 확보 차원에서 강조 → 능률성 중심의 고전이론과 대비

(3) **적용 영역**: 불확실한 상황, 조직의 신경구조성, 분권적 구조

(4) **유형**

　① **중첩성**: 상호의존, 혼합적 수행, 소화기관 간 협력 등

　② **중복성**: 상호독립, 반복성의 의미, 이중브레이크, 다수의 정보채널 등

　③ **동등잠재력**: 주된 기능이 고장 났을 때 작동(→ 등전위현상), 스페어타이어, 자가발전시설, 보조 엔진 등

(5) **적용 대상**: 품의제도, 거부권제도, 삼심제도, 복수목표와 권력분립, 부통령제, 양원제도, 계선과 막료 등

(6) **제외**: 만장일치, 계층제, 집권화

(7) **효용**: 신뢰성 제고, 파급효과 차단(→ 체제 안정성), 적응성과 대응성 제고, 수용범위의 확장, 목표 전환의 방지 등

(8) **한계**: 비용의 증대(→ 능률성의 침해), 기관 간 갈등의 증폭 등

PART 2

정책학

PART 2 정책학

THEME 01 정책학 개관 ***

1. 개관

2. 특징

(1) 목적: 사회문제의 해결을 위해 경제학, 정치학 등 다양한 학문의 결합

(2) 배경: 1960년대의 혼란과 후기행태주의의 등장으로 인한 적실성 신조와 실천의 강조

(3) 특징

① **거시적 관점**: 문제의 맥락성과 환류를 통한 정책의 지속적 개선에 초점
② **방법론적 다양성**: 문제의 복잡성에 따른 순수학문과 응용학문의 융합
③ **연구방법**: 경험적 · 실증적 연구 + 규범적 · 처방적 연구

3. 전개

(1) 도입(라스웰): 기존 학문의 한계 → 정치학(→ 관념적), 행태과학(→ 실천력 결여), 관리과학(→ 수단지향)

(2) 목표: 정책과정의 합리성을 통한 인간의 존엄성 확보 → 민주주의 정책학

(3) 연구방법: 정책과정에 관한 실증적 지식 + 정책과정에 필요한 규범적 지식(→ 경제학의 도움)

(4) 재등장(드로어): 행태주의 퇴조와 후기행태주의 도래

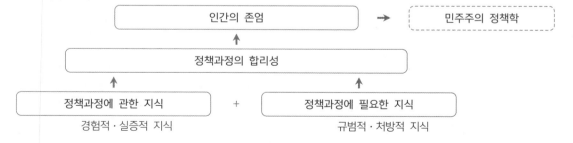

4. 라스웰(H. Lasswell)과 드로어(Y. Dror) 패러다임의 비교

(1) **라스웰 패러다임 – '정책지향'(1951):** 문제지향성, 규범성, 거시적·맥락적, 방법론적 다양성, 인본주의(→ 민주주의 정책학)
(2) **드로어 패러다임(1967):** 법학문적 연구, 사회지도체제의 강조, 묵시적 지식(→ 초합리성), 최적모형, 시간적 요인의 강조

THEME 02 정책의 의의 ★★

(1) **의의:** 공공문제를 해결하기 위해 정부가 선택한 장기적 행동방침 → 작위 + 부작위
(2) **관점**
　① 제도론 관점: 합법적 권한을 가진 정부기관이 채택한 방침
　② 다원주의 관점: 이익집단의 다양한 주장의 중립적 조정의 결과물
　③ 엘리트주의 관점: 지배 엘리트의 가치나 선호
　④ 조합주의 관점: 사회를 일정한 방향으로 유도하기 위한 국가의 조정 수단
　⑤ 체제론 관점: 산출과정(→ 가치의 권위적 배분)
(3) **특징:** 의사결정의 상위성과 포괄성, 공식성과 강제성, 변동대응성, 가치배분성
(4) **구성 요소:** 정책대상, 정책목표, 정책수단(→ 실질적·도구적 수단, 실행적·보조적 수단), 정책결정자
(5) **정책과정의 참여자**
　① 공식참여자: 입법부, 행정부, 사법부
　② 비공식참여자: 정당(→ 이익결집), 이익단체(→ 이익표출), 언론, 시민사회, 정책네트워크, 일반국민

THEME 03 여론조사와 공론조사 ★

(1) **여론조사**
　① 순간적인 인식 수준의 진단, 수동적 참여, 고정된 선호의 단순 취합
　② 많은 수의 시민을 대상으로 의견 수렴, 단순하고 피상적인 의견 수렴, 대표성과 정확성 결여
(2) **공론조사**
　① 설문 → 학습 및 토론 → 2차 설문 순으로 진행, 과학적 표본추출기법, 학습 및 토론과 능동적 참여
　② 신중한 의사결정, 많은 비용 및 시간, 복잡한 절차, 탈락자의 발생, 적은 표본과 다수 의견의 동조현상

1차 조사 → 표본추출 → 정보제공 → 소규모 토론 → TV토론 → 2차 조사 → 결과분석

1. 개관

(1) **논점**: 권력의 소재와 행사방법에 관한 논쟁
(2) **가정**: 정부정책은 정치적 과정의 산물 → 종속변수로서 정부정책
(3) **한계**: 정부정책의 능동성 간과, 이데올로기의 영향력 간과

2. 전개 과정

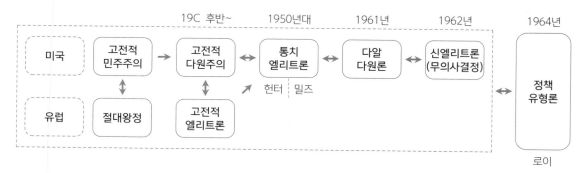

(1) **의의**: 권력이 다수(↔ 소수)의 집단에게 널릴 분산(↔ 집중)되어 있다는 주장
(2) **특징**
　　① 이익집단 간 정치적 타협과 균형의 강조 → 특정 집단에 의한 정치권력의 독점성 부정
　　② 집단 간 개별적 힘의 차이는 존재(→ 집단 내부 능력의 차이)하나, 전체적 영향력은 균형(→ 동등한 접근기회)
(3) **정부의 역할**: 중립적 심판자
(4) **한계**: 정부의 전문성과 능동성 간과, 이데올로기의 영향력이나 구조적 제약요인의 간과
(5) **벤틀리(A. Bentley)와 트루만(D. Truman)의 이익집단론(1951)**
　　① **잠재이익집단론**(↔ 이익집단 자유주의): 말없는 다수의 이익도 반영한다는 주장
　　② **중복회원이론**: 사람들이 여러 집단에 중복으로 소속되어 있어 특정 집단의 이익만 반영하기 곤란하다는 이론
(6) **로이(T. Lowi)의 이익집단 자유주의**: 활동적인 집단의 이익만 반영되고 조직화되지 못한 이익은 소외된다는 이론
(7) **다알(R. Dahl)의 다원론 – 실증적 연구**
　　① **의의**: 엘리트는 존재하지만 특정 엘리트가 모든 정책을 지배하는 것은 아님을 주장
　　② **근거**: 엘리트 간 갈등(→ 부와 지위 등 엘리트의 분할과 약한 응집력), 엘리트 간 경쟁(→ 대중 의견의 반영)

THEME 06 | 엘리트론 ★★★

(1) **의의**: 동질적이고 폐쇄적인 소수 엘리트들에 의한 정부정책의 독점적 지배를 강조하는 이론
(2) **특징**: 엘리트 계층의 자율성, 엘리트 중심의 계층적이고 하향적인 통치체제
(3) **유럽의 고전적 엘리트론**: 파레토의 '엘리트 순환', 모스카의 '지배계급론', 미헬스의 '과두제의 철칙'
(4) **미국의 통치 엘리트론 – 누가 엘리트인가에 대한 실증적 검증**
    ① 헌터(F. Hunter): 지역의 권력구조(1953), 명성접근법, 소수의 기업엘리트에 의한 지역 정책의 지배
    ② 밀즈(W. Mills): 파워엘리트론(1956), 미국 전체의 연구, 지위접근법, 군산복합체에 의해 정책의 독점(→ 군사, 기업, 정치)

THEME 07 | 신엘리트론: 무의사결정론 – 어떻게 지배하는가? ★★★

(1) **바흐라흐(P. Bachrach)와 바라츠(M. Baratz)**: '권력의 두 얼굴'(1962) → 밝은 얼굴 + 어두운 얼굴 (→ 무의사결정)
(2) **다알(R. Dahl)의 다원론에 대한 반론**: 검증이 어려운 어두운 얼굴의 간과
(3) **무의사결정**: 지배 엘리트들이 기득권의 옹호를 위해 이에 반하는 이슈를 억압하는 현상
(4) **특징**: 은밀하고 의도적인 현상, 주로 정책의제설정에서 행사되나 정책의 전 과정에서도 발생 가능
(5) **수단** `TIP` 폭권편수
    ① 폭력의 행사(→ 가장 직접적)
    ② 권력의 행사(→ 설득과 회유, 적응적 흡수 등)
    ③ 편견의 동원(→ 지배적 규범이나 절차의 강조)
    ④ 규범과 절차의 수정과 보완(→ 가장 간접적)

THEME 08 | 신다원론 ★★

(1) **다원론의 한계**: 정부의 능동성과 이데올로기(→ 자본주의)의 영향력 간과
(2) **특징**: 정부의 전문성과 능동성 강조, 자본주의라는 이데올로기의 영향력 강조(→ 기업의 특권적 지위의 자발적 수용)
(3) **민주주의 핵심**(→ 이익집단들 간 견제와 균형), 불평등 심화 원인(→ 기업에 대한 특권의 존재)
(4) **대책**: 외적 통제의 한계 → 내적 견제와 정부기구의 분화

THEME 09 정책의제화의 제약 ★★

(1) **사이먼(H. Simon)의 의사결정론**: 인간 주의집중력의 한계로 인해 일부 문제만이 정책의제로 채택된다는 이론

(2) **체제이론(→ 체제의 문지기)**: 체제 내부 능력의 한계로 인해 일부 문제만이 정책의제로 채택된다는 이론

(3) **한계**: 왜 항상 특정 문제(→ 흑인문제)가 의제가 되지 못하는지 설명하기 곤란

THEME 10 조합주의 ★★

(1) **조합**: 국가에 의해 독점적 권한을 부여받은 공식참여자

(2) **조합주의**: 국가가 중심이 되어 사회 각 분야 독점적 이익을 조정하는 메커니즘

(3) **유형**: 국가조합주의(→ 국가에 의한 조합의 형성), 사회조합주의(→ 노동과 자본의 자발적 참여, 선진국의 사회협약체제)

(4) **조합주의와 다원주의**
　① 조합주의: 강제적 · 비경쟁적 · 위계적, 공식참여자
　② 다원주의: 자율적 · 경쟁적 · 수평적, 비공식참여자

THEME 11 정책의 유형 ★★★★

(1) **논점**: 독립변수로서 정책 → 정책의 유형에 따른 상이한 정치 과정 전개
　① 로이
　　㉠ 정책유형에 따른 정책결정 과정과 정책집행 과정의 상이성 강조
　　㉡ 정책결정에 관한 다원주의와 엘리트주의 간 논쟁의 종결
　　㉢ 규제정책은 다원주의 과정의 전개, 재분배정책은 엘리트주의 과정의 전개
　② 리플리와 프랭클린: 정책유형에 따른 정책집행 난이도의 상이성 → 배분정책, 경쟁적 규제, 보호적 규제, 재분배정책 순

(2) **학자별 정책의 유형** `TIP` 배경보재

로이	규제정책, 배분정책, 재분배정책, 구성정책
리플리와 프랭클린	배분정책, 경쟁적 규제정책, 보호적 규제정책, 재분배정책
알몬드와 포웰	추출정책, 상징정책, 규제정책, 배분정책
솔리스버리	배분정책, 재분배정책, 규제정책, 자율규제정책

1. 분류 기준

구분		강제의 적용영역	
		개별적 행위	행위의 환경
강제 가능성	간접적	분배정책	구성정책
	직접적	규제정책	재분배정책

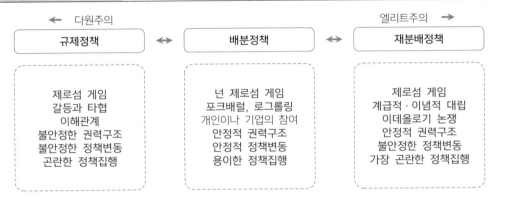

2. 정책의 유형

(1) 규제정책

① 의의: 특정인의 행동을 제한(→ 비용 부담자)하여 다른 사람을 보호(→ 편익 수혜자)하는 정책

② 특징

    ㉠ 비용 부담자와 수혜자의 명백한 구별 → 제로섬 게임(→ 투쟁과 갈등 및 타협)

    ㉡ 정책을 결정할 때 수혜자와 비용부담자가 결정되며 매 정책마다 승패가 상이함

    ㉢ 다원주의 정치 과정: 정치단위 간 활발한 이합집산 → 권력관계와 정책의 낮은 안정성

(2) 배분정책

① 의의: 국민에게 재화나 서비스를 제공하는 정책 → 1차 배분

② 특징 - 엘리트론과 다원론의 양면성

    ㉠ 각 정책은 다시 세부단위로 구분되고 각 단위별로 개별적으로 처리

    ㉡ 수혜자 중심의 정책 → 나눠 먹기식 정치(→ 포크배럴)와 표의 교환(→ 로그롤링)

    ㉢ 승자와 패자의 정면대립이 없는 넌 제로섬 게임 → 갈등이나 타협보다는 상호 불간섭 내지 상호 수용

    ㉣ 하위정부의 형성 → 특정 세력에 의한 특정 정책의 배타적 지배

(3) 재분배정책

① 의의: 고소득층에서 저소득층으로의 소득이전 정책 → 2차 배분

② 특징

    ㉠ 수혜자와 피해자의 사전 구분, 제로섬 게임(→ 계급 간 대립), 갈등 속에서도 수혜자와 피해자 간 권력구조는 안정적

    ㉡ 엘리트주의 정치: 계급의 정상 조직 간 합의에 의한 결정

③ 배분정책(→ 자원배분)과 재분배정책(→ 소득재분배)

    ㉠ 배분정책: 사회간접자본 건설, 보조금 정책, 주택자금대출, 국유지 불하, 정보의 제공, 군수품 구입 등

    ㉡ 재분배정책: 임대주택의 건설, 부(-)의 소득세, 누진세 제도, 공공근로사업, 공적 부조 등

(4) 구성정책

① 의의: 국가운영에 필요한 규칙과 관련된 정책 → 정부조직의 구조 또는 기능과 관련

② 특징

    ㉠ 상위정책: 게임의 규칙, 총체적 기능, 권위적 성격

    ㉡ 대외적 가치배분과는 무관 → 일반대중의 무관심, 주로 정당이나 고위정치권의 관심 대상

③ 구성정책과 상징정책

    ㉠ 구성정책: 정부기구의 개편, 선거구의 조정, 공무원과 군인의 보수와 연금, 법원의 관할구역 설정 등

    ㉡ 상징정책: 국경일, 국기와 애국가, 조형물과 기념일, 월드컵과 올림픽 등 축제, 4대강 사업 등

THEME 13 리플리(R. Ripley)와 프랭클린(G. Franklin)의 분류 ***

(1) 경쟁적 규제정책

① 의의: 희소한 자원의 분배와 관련하여 경쟁의 범위를 제한하는 정책

② 특징: 특정인에게 특권 부여 + 대중의 보호를 위한 정부규제 → 배분정책과 보호적 규제정책의 양면성

③ 사례: 방송국 설립 허가, 항공노선 취항 허가, 이동통신사업자 허가 등

(2) 보호적 규제정책

① 의의: 기업의 활동조건의 설정을 통한 일반대중의 보호 → 공중에게 해로운 활동은 금지, 이로운 활동은 허용

② 특징: 대부분의 규제 유형에 해당, 경쟁적 규제정책보다는 재분배적 성격이 강함

③ 사례: 사회적 규제(→ 식품의약품 허가, 근로기준법, 최저임금제, 개발제한구역 지정 등), 독과점 규제

알몬드(G. Almond)와 포웰(G. Powell)의 분류 – 체제론적 시각 ★★

TIP 알상추

(1) **추출정책**: 징병·조세·토지수용·성금 등 인적·물적 자원을 동원하는 투입정책
(2) **규제정책**: 특정 집단을 보호하기 위하여 다른 집단을 통제하는 산출정책
(3) **분배정책**: 희소한 자원을 국민에게 나눠주는 산출정책 → 재분배정책 포함
(4) **상징정책**: 체제의 정당성과 자긍심, 국민적 일체감, 사회의 통합 등을 목적으로 하는 정책

THEME 15 **솔리스버리(R. Salisbury)의 분류** ★

TIP 재규자분, 정기전술

구분		요구패턴	
		통합	분산
결정패턴	통합	재분배정책 → 정치적 재량	규제정책 → 기획적 재량
	분산	자율규제정책 → 전문적 재량	분배정책 → 기술적 재량

THEME 16 **정책네트워크** ★★★

1. 개관
(1) **의의**: 정책을 그를 둘러싼 다양한 공식·비공식 참여자들의 상호작용으로 보는 입장
(2) **대두 배경**
　① 정책내용과 환경의 복잡성, 정책과정의 부분화·전문화
　② 정부와 민간의 파트너십 강조 → 국가 또는 사회라는 이분법 논리의 극복
(3) **특징**
　① 다양한 참여자 간 상호의존성과 수평적 관계 강조 → 특정 세력에 의한 정책의 독점성 비판
　　(→ 다원주의 성격)
　② 특징: 다양성, 연계성, 경계의 존재, 관계 규칙의 존재, 가변적 성격
　③ 유형화 기준: 자원의존성을 토대로 형성, 밀도와 중심성의 개념을 기준으로 유형화

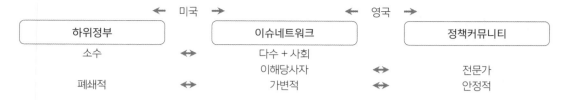

하위정부	↔	이슈네트워크		정책커뮤니티
소수	↔	다수 + 사회		
		이해당사자	↔	전문가
폐쇄적	↔	가변적	↔	안정적

2. 유형

(1) 하위정부모형 – 1960년대

① 의의: 특정 이익집단, 관련 부처, 해당 상임위원회의 장기적·안정적·자율적·호혜적 동맹을 묘사하는 이론

② 특징: 소수의 특정 세력에 의한 특정 정책의 배타적·자율적 지배 → 주로 배분정책과 관련

③ 함의: 철의 삼각 혹은 삼자동맹은 부정적 의미로 사용, 정책분야별로 다양한 하위정부의 존재 → 다원주의 측면

④ 한계: 환경의 복잡성과 관할권 중첩 등으로 인해 설명력 약화 → 1970년대 말 이슈네트워크의 등장

(2) 이슈네트워크(Issue network)

① 의의: 문제를 중심으로 유동적·개방적 참여자들 간의 상호작용을 은유적으로 묘사한 모형

② 등장 배경: 하위정부모형의 대안으로 헤클로(H. Heclo)에 의해 제기(1978)

③ 특징 – 개인주의를 토대로 하는 미국적 다원주의

　　㉠ 참여자의 범위가 넓고 경계의 개방성이 높은 가변적 공동체

　　㉡ 단순한 이해관계자까지 포함하는 유동적이고 불안정한 네트워크

　　㉢ 권력과 정보의 불균등한 배분과 접근권, 약한 공동체의식과 유동적인 접촉빈도

(3) 정책커뮤니티(Policy community)

① 의의: 각급 기관의 규칙을 조정하는 전문가 집단 → 단순한 이해관계자의 참여는 의식적으로 배제

② 등장 배경: 기존의 정당과 의회 중심 논의의 한계, 로즈(R. Rhodes) 등 영국 학자 중심으로 발전 → 뉴거버넌스와 연계

③ 특징

　　㉠ 참여자들 간 기본적 가치의 공유와 높은 접촉빈도 → 포지티브 상황

　　㉡ 참여자들 간 균형적 권력관계와 이로 인한 상호작용의 안정성과 높은 예측 가능성

　　㉢ 정책의 일관성 → 정권의 교체에 따른 정책혼란의 방지

1. 개관

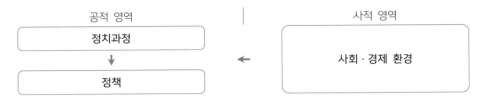

| 공적 영역 | | 사적 영역 |

2. 의의

(1) 함의: 정책의 내용을 결정하는 원인을 파악하고자 했던 이론 → 종속변수로서 정책

(2) 논의 배경: 정책은 정치과정의 산물이라는 다원론에 대한 반론 → 정책에 대한 사회적 · 경제적 환경의 중요성 부각

(3) 전개 과정

① 초기 정치학자

㉠ 키(O. Key)와 로카드(D. Lockard): 정당 간 경쟁이 심할수록 복지정책은 확대된다는 주장

㉡ 사회적 · 경제적 변수 → 정치적 변수 → 정책의 순으로 연결

② 경제학자

㉠ 패브리칸트(S. Fabricant)와 브라이저(H. Brazer)

㉡ 정치적 변수보다는 사회적 · 경제적 요인의 중요성 강조 → 1인당 소득, 인구밀도, 도시화 등

③ 정치학자의 재연구

㉠ 경제자원모형: 도슨(R. Dawson)과 로빈슨(J. Robinson), 정치적 변수와 정책은 허위관계

㉡ 혼합모형 · 절충모형: 너드(C. Cnudde)와 맥크론(D. McCrone), 정치적 변수와 정책은 혼란 관계

(4) 기타 학자

① 다이(1966): 경제변수를 통제하면 정치적 변수는 정책산출에 거의 영향을 미치지 못함

② 톰킨슨(1975): 인종구성이 복지비 지출에 직접적 영향 + 정당 간 경쟁을 통해 간접적 영향

③ 루이스와 벡(1977): 사회경제적 변수는 정치변수와 정책에 각각 독립적으로 영향 + 정치변수도 정책에 독립적으로 영향

④ 호버퍼트(1974): 통합다단계모형(→ 역사적 · 지리적 조건, 사회 · 경제적 조건, 대중정치행태, 정부기구, 엘리트행태 순)

(5) 문제점

① 계량화가 곤란한 정치변수는 과소평가, 경제변수는 과대평가 → 다양한 정치적 변수의 존재 간과

② 정부의 재정지출과 연관성이 없는 정책(→ 규제정책)의 존재 간과

③ 정책수준의 상이성 경시 → 총지출 규모(→ 상위정책) 중심의 연구

④ 정치체제의 중개경로 경시 → 경제변수가 어떻게 정책에 영향을 주는지에 대한 인과경로의 설명력 미약

PART 2

정책학 해커스공무원 이준모 행정학 핵심요약집

THEME 18 정책의제설정 ★★

(1) **의의:** 사회문제 중 일부가 정부의제로 채택되는 과정

(2) **논의 배경:** 무의사결정론의 대두 → 왜 어떤 문제는 공식적 거론도 없이 방치되는가?

(3) **특징:** 정치적(↔ 분석적) 과정, 주관적(↔ 객관적) 성격, 자의적 · 인공적(↔ 자연발생적), 동태적 (↔ 정태적) 과정

(4) **의제설정의 변수**
  ① 문제의 해결 가능성: 단순한 문제, 선례가 있는 문제, 지시가 구체적인 문제
  ② 문제의 중요성: 사회적 영향력, 첨예한 쟁점, 파급효과 등
  ③ 정책의 유형(→ 배분정책, 재분배정책, 규제정책 등), 편익과 비용의 분포 상황
  ④ 대상집단의 규모와 응집력, 사회구조(→ 분화 정도)나 극적 사건과 같은 환경적 요인, 정권의 교체와 같은 정치적 변혁

(5) **콥(R. Cobb)과 엘더(C. Elder):** 구체성과 포괄성, 사회적 유의성, 시간적 적절성, 기술적 복잡성, 선례의 유무 등

(6) **공중의제와 공식의제**
  ① 공중의제: 정부에 의해 채택되기 전 → 체제의제, 토의의제, 환경의제
  ② 공식의제: 정부에 의해 채택된 후(→ 외부주도형은 진입단계, 동원모형은 주도단계) → 제도의제, 행동의제, 정부의제

(7) **강요된 의제와 채택된 의제**
  ① 강요된 의제: 정부의 수동성, 외부주도형과 관련된 의제
  ② 채택된 의제: 정부의 능동성, 동원모형과 관련된 의제

THEME 19 정책의제설정모형 ★★★

1. 과정 기준 TIP 문이체제, 이구확진, 결조대

(1) **콥(R. Cobb)과 엘더(C. Elder)**
  ① 사회문제(social problem): 많은 구성원들이 불편을 느끼는 문제
  ② 사회적 이슈(social issue): 논쟁(→ 찬반 대립)의 대상이 되는 사회문제 → 주도자와 사건의 존재
  ③ 체제의제(systemic agenda): 정부가 해결하기를 일반대중이 공감하고 요구하는 의제
  ④ 제도의제(institutional agenda): 정부가 검토하기로 공식적으로 결정한 의제

(2) **콥(R. Cobb)과 로스(J. Ross)**
  ① 이슈의 제기(initiation): 고충이 표명되는 단계
  ② 구체화(specification): 표명된 고충이 요구로 변하는 단계
  ③ 확장(expansion): 이슈의 대중으로 확산 → 동일집단, 주의집단, 주의공중, 일반대중 순
  ④ 진입(entrance): 공중의제가 정부의제로 진입하는 단계

사회문제	→	사회적 이슈	→	체제의제	→	제도의제
이슈의 제기		구체화		확장		진입

(3) 아이스톤(R. Eyestone): 문제의 인지, 사회이슈화, 공중(public)의제, 공식(official)의제 순

(4) 존스(C. Jones): 문제의 인지 및 정의, 결속과 조직화, 대표화(→ 요구), 의제채택 순

2. 주도자 기준

(1) 외부주도형
① 사회문제, 사회적 이슈, 체제의제(→ 공중의제), 제도의제(→ 공식의제)의 순으로 진행되는 모형
② 정책의 외부집단(→ 이익집단, 언론, 정당, 일반대중 등)의 주도 → 수동적 정부
③ 허쉬만(A. Hirshman) → 강요된 정책문제
④ 다원화된 선진국 모형, 점증주의 특성(→ 피해자의 존재, 진흙탕 싸움, 갈등의 점진적 해결 등)

(2) 동원모형
① 사회문제, 정부의제, 공중의제(→ 확산)의 순으로 진행되는 모형
② 최고결정자의 주도하여 정부의제로 채택된 후 공공관계(PR)를 통해 공중으로 확산
③ 허쉬만(A. Hirshman) → 채택된 정책문제
④ **합리주의 특성**: 전문가의 영향력이 강하고 좀 더 분석적·장기적·종합적 성격을 지님
⑤ 주로 후진국 모형이지만, 선진국에서도 가능(→ 전쟁의 결정 등)

(3) 내부접근형
① 사회문제의 정부의제로 은밀하게 채택된 후 공중의제는 차단하는 모형 → 음모형
② 정책과 관련된 내·외집단만의 은밀한 접근과 채택, 일반대중이 사전에 알면 곤란하거나 시간적으로 급박한 경우에 사용
③ 동원모형에 비하여 낮은 지위의 관료들(→ 해당 부처별 관료)이 주도, 주로 배분정책에서 활용

THEME 20　매이(P. May) 및 하울렛(M. Howlett)과 라메쉬(M. Ramesh)의 의제설정모형 *

구분		대중 지지도	
		높음	낮음
논쟁 주도자	국가	굳히기형(공고화형)	동원모형
	사회	외부주도형	내부주도형

THEME 21　기타 의제설정모형 *

(1) **정책흐름모형**: 상호 독립적인 문제·정책·정치의 흐름이 사건을 통해 결집 → 쓰레기통모형 또는 킹던의 정책의 창
(2) **포자모형**: 유리한 환경이 조성(→ 이슈촉발장치 + 정책창도자)되었을 때 의제화가 진행된다는 모형
(3) **이슈관심주기모형**: 이슈에 대한 일반대중의 관심주기의 존재 → 그 기간 내에서 의제화의 가능성이 높음
(4) **동형화 이론**: 지배적 유형으로 동화되는 과정 속에서 의제화가 이루어진다는 모형 → 모방적·규범적·강압적 동형화

THEME 22　정책문제정의 **

(1) **정책문제**: 바람직한 상황과 현재와의 차이 중 극복 가능한 차이
(2) **특징**: 주관적(↔ 객관적), 자의적·인공적(↔ 자연발생적), 역사적·거시적, 상호의존적, 동태적
(3) **정책문제정의** TIP 감탐정구
　① 의의: 정책문제의 원인, 결과 그리고 이들의 인과관계를 살피는 것
　② 단계: 문제의 감지, 문제의 탐색, 문제의 정의, 문제의 구체화 순
　③ 문제의 유형
　　㉠ 잘 정의된 문제: 관리과학(→ 전통적 기법)의 활용
　　㉡ 어느 정도 정의된 문제: 모의실험이나 게임이론의 활용
　　㉢ 정의되지 않은 문제: 제3종 오류의 발생 → 문제구조화기법의 활용
　④ 고려 요인: 관련 요소의 파악, 가치의 판단, 역사적 맥락의 파악, 인과관계 파악 등
　⑤ 중요성: 공식적 문제정의와 실질적 문제 상황의 괴리 → 제3종 오류

THEME 23 정책분석의 오류 **

(1) 제3종 오류: 정책문제의 잘못된 정의 → 근본적 오류(→ 메타오류), 가치중립적·수단지향적 정책분석(→ 합리모형)의 한계

(2) 제1종 오류: 효과 없는 대안 채택(→ 알파오류), 옳은 귀무가설(→ 영가설) 기각, 유의수준(→ α), 신뢰수준(→ 1-α)

(3) 제2종 오류: 효과 있는 대안 기각(→ 베타오류), 틀린 귀무가설 채택, 검정력(→ 1-β)

구분		영가설	
		참 = 효과 없음	거짓 = 효과 있음
의사결정	참	신뢰도(1-α)	제2종 오류(β)
	거짓	제1종 오류 = 유의수준(α)	검정력(1-β)

THEME 24 문제구조화기법 – 제3종 오류 방지책, 질적 분석기법 **

TIP 경분계유가, 의직상환

(1) 경계분석: 정책문제의 영역, 표본, 이해관계자 등을 추정하는 분석 → 메타 문제군의 설정

(2) 분류분석: 문제 구성 요소의 식별과 체계적 배열 및 개념들을 명확하게 정의하는 분석

(3) 계층분석(→ 인과분석): 문제의 원인을 밝혀내는 분석 → 가능한 원인, 개연성 있는 원인, 직접적인 원인 등

(4) 유추분석(→ 시네틱스): 익숙한 것에서 낯선 것을 발견하는 기법
 ① 의인적(→ 개인적) 유추(→ 직접적 경험), 직접적 유추(→ 실제와 실제의 비교)
 ② 상징적 유추(→ 실제와 가상의 비교), 환상적 유추(→ 가상적 상황)

(5) 가정분석: 대립되는 가정들의 창조적으로 통합하는 분석 → 가장 포괄적 분석

THEME 25 정책결정론 **

(1) **정책결정**: 정책문제를 해결하기 위해 목표를 설정하고 최선의 대안을 채택하는 활동
(2) **특성**: 공공성, 규범성, 동태적 성격(→ 변동지향), 정치성 + 합리성
(3) **과정**: 문제의 인지와 정의, 목표의 설정, 대안의 탐색과 개발, 대안의 결과 예측, 비교평가와 최적 대안의 선택
(4) **정책결정의 유형**
　① 정형적 결정(→ 기계적·반복적), 비정형적 결정(→ 통찰력과 직관)
　② 규범적 결정, 전략적 결정, 전술적 결정
　③ 가치결정(→ 통합적 결정), 사실결정(→ 수단적 결정)

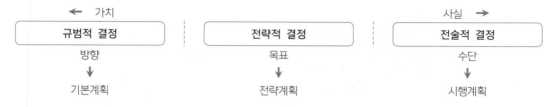

THEME 26 집단사고 *

(1) **의의**: 응집력과 획일성의 강조로 인해 반대 의견을 억압하는 현상 → 결국 비합리적 의사결정으로 연결
(2) **원인**
　① 집단의 강한 응집력, 만장일치에 대한 환상
　② **구조적 결함**: 집단의 폐쇄성, 폐쇄적 리더십, 절차적 결함
　③ 높은 스트레스, 인지적 종결의 욕구, 낮은 자존감
(3) **대책**: 개방적 리더십, 외부전문가의 초빙, 반론 대변인의 설정, 다단계적 결정, 델파이기법 등

(1) 의의: 정책을 통해 달성하고자 하는 미래의 바람직한 상태

(2) 유형: 목표 – 수단의 체계성(→ 상위목표 – 중위목표 – 하위목표 순)

(3) 평가 기준

　① 적합성(appropriateness): 바람직한 목표의 채택, 사회적 가치의 반영 여부 → 목표 측면

　② 적정성(adequacy): 사회문제를 충분히 해결할 수준인지 여부 → 수단 측면

(4) 역할: 대안탐색과 분석의 기준, 정책집행의 기준, 정책평가의 기준, 정당성의 근원, 방향과 조정 및 통합의 수단

(5) 무형목표와 유형목표

　① 무형목표: 대체로 상위목표, 추상적, 질적, 장기적, 거시적, 일반적

　　㉠ 장점: 해석의 융통성 확보, 상황 변화에 대한 용이한 대응, 대립되는 이해관계의 포용

　　㉡ 단점: 목표달성 여부의 측정 곤란, 구체적 업무기준의 제시 곤란, 목표전환의 야기

　② 유형목표: 대체로 하위목표, 구체적, 양적, 단기적, 미시적, 부분적

(6) 치료적 목표와 창조적 목표

　① 치료적 목표: 문제발생 이전으로의 복귀, 사후적 · 소극적 목표

　② 창조적 목표: 경험하지 못한 영역으로의 진입, 예방적 · 적극적 목표

> **TIP** 정법기재행, 노능효형대

(1) 실현 가능성(→ 제약조건)

    ① 정치적 실현 가능성, 법적·윤리적 실현 가능성

    ② 기술적 실현 가능성, 재정적 실현 가능성, 행정적 실현 가능성(→ 조직과 인력)

(2) 소망성

    ① 노력(→ 질적·양적 투입물), 능률성(→ 투입 대비 산출), 효과성(→ 목표 달성도)

    ② 형평성(→ 응분의 몫), 대응성(→ 외부집단의 만족도)

THEME 29 **정책도구론** ★★★

1. 의의

(1) 개념: 정책을 따르도록 유도하기 위해 정부가 사용하는 개입수단

(2) 유형

    ① 조직: 정부조직, 조직개편, 공기업, 시장, 가족, 지역사회, 계약

    ② 권위: 규제, 자율규제, 자문, 컨설팅

    ③ 자금: 벌금, 보험, 보조금, 직접대출, 바우처, 간접대출, 손해책임법

    ④ 정보: 정보공개, 조사위원회, 광고, 캠페인

(3) 직접적 정책도구가 적절한 경우

    ① 합법적 강제력이 필요한 경우, 급박한 조치가 요구되는 경우 → 보건의료, 재난통제, 안전관리

    ② 형평성에 대한 고려가 중요한 경우, 시장이 부재하거나 작동하지 않는 경우

2. 직접성과 강제성에 따른 정책도구 유형의 분류

구분		직접성(→ 누가)	
		직접적(→ 1섹터)	간접적(→ 3섹터)
강제성 (어떻게)	강제적 (일방적)	정부조직, 조직개편, 규제, 벌금, 정부보험, 정보공개	공기업, 자율규제, 조사위원회
	협력적	보조금, 직접대출, 바우처, 광고, 캠페인	시장, 가족, 지역사회, 계약, 자문, 컨설팅, 간접대출, 손해책임법

3. 직접성의 정도에 따른 효과 `TIP` 조계사규벌, 소경공대정보

구분	정책수단	효과성	효율성	형평성	관리	지지도
낮음	손해책임법, 보조금, 바우처, 대출보증, 정부출자기업	저	고	저	저	고
중간	조세지출, 계약, 사회적 규제, 벌금	저/중	중	저	저	고
높음	정부소비, 경제적 규제, 공기업, 직접대출, 정보제공, 정부보험	고	중	고	고	저

4. 강제성의 정도에 따른 효과 `TIP` 손정조, 바보공대계

구분	정책수단	효과성	효율성	형평성	관리	지지도
낮음	손해책임법, 정보제공, 조세지출	저	중	저	중	고
중간	바우처, 보험, 보조금, 공기업, 직접대출, 계약	중	고	중	중	중
높음	경제적 규제, 사회적 규제	고	고/저	고	저	고/저

THEME 30 정책결과의 예측 **

(1) 이론적 예측 – 예견

이론에 담겨 있는 인과관계에 기초하여 미래를 예측하는 기법 → 연역적 방법

예 선형계획, 투입산출분석, 경로분석, 회귀분석, 상관분석, 구간추정, PERT/CPM 등

(2) 연장적 예측 – 투사

① 역사의 반복성을 가정하고 경향의 투사에 의해 미래를 예측하는 기법 → 귀납적 방법

② 외삽법(→ 보외), 내삽법(→ 보간)

③ 종단분석(→ 시간을 독립변수로 한 미래예측)

④ 경향선 측정방법(→ 목측법, 이동평균법, 지수평활법, 최소자승법 등)

예 시계열분석, 불연속 추정(→ 격변방법), 선형경향추정, 흑선기법(→ 검은 줄 기법) 등

(3) 직관적 예측 – 추측

① 주관적 견해에 의존하여 직관적이고 질적으로 미래를 예측하는 기법

② 주로 장기적 미래예측에 사용

예 델파이, 정책델파이, 브레인스토밍, 교차영향분석, 명목집단기법, 지명반론자기법 등

THEME 31 직관적 예측기법 ***

(1) 브레인스토밍 – 자유집단토론
- ① 의의: 즉흥적이고 자유스러운 분위기, 창의적 아이디어의 도출하는 기법
- ② 특징: 비판의 최소화, 질(→ 좋은 아이디어)보다는 양(→ 많은 아이디어)의 중시, 대면토론, 편승 기법

(2) 델파이기법 – 전문가 합의법
- ① 의의: 익명으로 수집한 독자적 판단의 조합·정리, 대면접촉에 의한 갈등을 회피하고자 RAND 연구소에서 개발(1948)
- ② 특징 – 하향적 흐름
  - ㉠ 익명성: 외부의 영향력의 차단, 솔직한 견해의 반영
  - ㉡ 반복성: 의견의 수정가능성 제공, 예측 오차의 최소화
  - ㉢ 통계처리: 응답을 통계적 형태로 제시
  - ㉣ 통제된 환류: 응답이 요약된 종합된 수치로 전달
  - ㉤ 전문가의 합의 도모: 근접된 의견(→ 평균값)의 강조
- ③ 한계
  - ㉠ 전문가 선정의 어려움, 답변의 주관성, 익명성(→ 무책임성과 불성실한 대답)
  - ㉡ 비판기회 부재(→ 창조적 아이디어 도출의 제약), 설문방식에 따른 응답의 영향(→ 답변의 조작 가능성)

(3) 정책델파이
- ① 의의: 대립된 의견의 표출시키고자 갈등을 의도적으로 부각하는 기법
- ② 특징
  - ㉠ 선택적 익명성: 초기에는 익명성 유지하지만 상반된 주장이 모두 나온 후에는 대면토론
  - ㉡ 식견 있는 다수의 창도자: 전문가 외 이해당사자(→ 가치의 개입) 및 분야별 대표자의 참여
  - ㉢ 유도된 의견대립: 의도적인 갈등의 조장
  - ㉣ 양극화된 통계처리: 근접된 의견보다는 극단적 의견의 부각

(4) 교차영향분석(Cross-impact Matrix)
- ① 의의: 관련 사건의 발생을 촉진하거나 억제하는 다른 사건을 식별하는 기법
- ② 특징: 조건확률의 원리 → 한 사건의 발생확률이 다른 사건에 종속적이라는 가정

(5) 기타 직관적 예측기법
- ① 실현가능분석: 정치적 실현 가능성에 초점
- ② 변증법적 토론: 찬성과 반대라는 대립적인 두개의 팀으로 나누어 토론하는 기법
- ③ 지명반론자기법: 고의로 대안의 약점을 최대한 지적하는 반론인을 두는 방법
- ④ 명목집단기법: 개별적으로 해결안을 구상하고 제한된 토론을 한 후 표결하는 방법
- ⑤ 캔미팅기법: 모두 동급이라는 가정 하에 소신껏 토론하는 기법

THEME 32 불확실성의 대처방안 **

(1) 소극적 방안: 불확실한 것은 주어진 것으로 간주하고 대안을 마련하는 방법 → 대내적 기법
① 민감도 분석(→ 사후최적화기법, 내생변수의 변화에 따른 결과값의 변화), 상황의존도 분석
 (→ 외생변수의 변수)
② 악조건 가중분석(→ 최선의 대안을 최악으로 가정)과 분기점분석
③ 가외성의 확보, 보수적 접근(→ 최악의 가정)
④ 기타: 한정된 합리성의 확보, 문제의식적 탐색(→ 휴리스틱), 공식화와 표준화, 분권화 등

(2) 적극적 방안: 불확실한 것을 예측하거나 혹은 통제하는 방법 → 대외적 기법
① 과학적 이론이나 모형의 개발(→ 가장 이상적), 정책실험
② 환경의 통제(→ 협상, 흡수 등), 시간의 지연을 통한 정보 획득, 델파이기법 등 주관적 판단

THEME 33 불확실성하에서의 의사결정 기준 *

(1) 낙관적 기준과 비관적 기준
① 낙관적 기준: 최대극대화(Maximax)(→ 최대 최대), 최소극소화(Minimin)(→ 최소 최소)
② 비관적 기준: 최소극대화(Maximin)(→ 최대 최소), 최대극소화(Minimax)(→ 최소 최대)

(2) 학자별 의사결정의 기준
① 라플라스 기준: 각 대안의 발생확률이 동일하다는 가정 속에서 대안의 평균값을 비교하는 기법
② 후르비츠 기준: 각 상황의 발생확률에 대해 가중치를 부여하는 기법
③ 새비지 기준: 최대 후회비용의 최소화를 추구하는 기법 → 미니맥스(Minimax) 후회 기준

(1) 의의: 바람직한 정책대안을 탐색하고 선택하기 위한 이성적 노력
(2) 특징

① 이성과 증거를 토대로 한 계산적 노력으로, 협상과 타협을 중시하는 정치적 기법과 구별
② 정책집행 이전에 이루어지는 절차로, 정책집행 이후에 수행되는 정책평가와 구별

(3) 접근방법: 경험적 접근, 평가적 접근, 규범적 접근
(4) 정책분석의 유형

① **관리과학**
　㉠ 개념: 주어진 목표 달성을 위해 최적대안을 탐색하려는 과학적·미시적·연역적 분석기법
　㉡ 배경: 2차 세계대전에서 발전한 군대의 운영연구(OR)를 응용한 수리적·계량적 분석기법
　㉢ 초점: 수단의 최적화 → 폐쇄체제(→ 명확하게 주어진 목적과 제약조건)하 최적대안의 선택
　㉣ 특징: 규범적(↔ 실증적)·이상적(↔ 현실적) 모형 → 경제적·기술적 측면에만 관심
　㉤ 한계
　　• 가치 및 목표와 같은 비계량적 요인은 간과
　　• 목표 자체를 주어진 것으로 간주하여 보다 창조적 방향을 설정하는 데 제약요인으로 작용

② **체제분석(SA)**
　㉠ 개념: 목표에 비추어 가장 효율적인 대안을 선택하기 위한 체계적·거시적·장기적 분석기법
　㉡ 특징
　　• 규범적·이상적 모형(→ 합리모형)으로 가능한 한 객관적·계량적·기술적 분석을 선호
　　• 장기적·개방체제 시각으로, 비경제적이고 불확실한 요인을 고려하지만 전체적으로는 질적 분석에는 약함
　㉢ 한계(→ 합리모형의 한계): 인지능력의 한계, 문제의 모호성, 상황의 불확실성, 시간·정보· 비용의 부족

③ **협의 정책분석(PA)**
　㉠ 개념: 체제분석과 관리과학을 포함하는 가장 넓은 의미의 분석기법
　㉡ 특징
　　• 체제분석의 틀을 유지하면서 정치적 변수도 고려하고, 양적 분석뿐만 아니라 질적 분석도 중시함
　　• 단순한 대안뿐만 아니라 정책이 지향하는 기본 방향이나 가치까지도 탐색
　　• 다차원적 목표의 충족을 위해 가중치가 부여된 새로운 계량화 척도도 사용
　　• 경제적 영향력뿐만 아니라 정치적·행정적 영향력과 사회적 영향력도 고려
　　• 효용의 총 크기(→ 효율성)뿐만 아니라 사회적 배분(→ 형평성)까지도 고려

← 사실		가치 →
관리과학	체제분석	정책분석

← 미시적 →	거시적	
수단	목표	기본 방향

B/C ┆ E/C

(1) 의의: 미시경제학의 실무적 분석 → 기회비용의 관점에서 자원배분의 효율성을 추구하는 기법

(2) 경제적 타당성의 판단: 편익의 현재 화폐가치 > 비용의 현재 화폐가치

(3) 특징

① **칼도 – 힉스 기준:** 사회 전체적 시각에서 효율성 판단, 장기적 시각의 분석(→ 할인율의 필요성)

② 비용과 편익을 모두 단일의 척도(→ 현재 화폐가치)로 환산 → 비용과 편익의 직접 비교 및 이종사업 간 비교도 가능

(4) 비용의 추계

① 잠재가격으로 평가 → 완전경쟁시장에서 형성되는 가격 또는 기회비용이 반영된 가격

② 회계비용(→ 금전비용)이 아닌 경제적 비용(→ 기회비용)으로 측정

③ 미래에 발생할 비용만 계산 → 매몰비용은 제외

④ 사회 전체적 시각 → 조세는 비용에서 제외, 보조금은 비용에 포함 또는 편익에서 제외

(5) 편익의 추계

① 소비자 잉여(→ 지불할 의사가 있는 금액에서 실제 지불한 금액을 뺀 값)로 측정

② 사회 전체적 시각 → 금전적 편익이 아닌 실질적 편익으로만 측정

(6) 할인율

① **개념:** 장래 발생할 비용이나 편익을 현재가치로 교환하는 비율

② **특징:** 할인율이 높을수록 장래 발생할 가치의 현재 비율은 낮아짐

③ **유형:** 민간할인율(→ 시장이자율), 사회적 할인율, 공공할인율, 자본의 기회비용(→ 민간 전체의 평균수익률)

(7) 비교 기준

구분	순현재가치법(NPV)	편익비용비율(B/C)	내부수익률(IRR)	자본회수기간법
개념	편익의 총 현재가치에서 비용의 총 현재가치를 뺀 순편익의 값 → 0보다 크다면 경제적으로 타당	편익의 총 현재가치를 비용의 총 현재가치로 나눈 값 → 1보다 크다면 경제적으로 타당	총 편익과 총 비용을 일치시키는 할인율 → 순현재가치(NPV) = 0, 편익비용비율(B/C) = 1	투자원금을 찾는 데 걸리는 기간을 기준으로 사업의 타당성을 평가하는 방법
특징	사업의 타당성을 판단하는 1차적 기준(→ 가장 객관적), 자원의 제약이 없거나 사업의 규모가 동일할 때 사용	사업의 규모가 다를 경우 보조적으로 사용되는 기법	투자수익률로 높을수록 경제적으로 좋으며, 기준이자율(→ 비교되는 객관적 이자율)보다는 높으면 경제적으로 타당	투자원금을 가장 빨리 회수하는 사업일수록 타당성이 높음
한계	규모가 상이한 경우 대규모 사업이 보다 유리하게 평가됨	부(-)의 편익을 비용과 편익 중 어디에 포함하느냐에 따라 결과 값이 달라짐	사업기간 상이할 경우 복수의 답 존재 → 순현재가치법에 비해 정확성 낮은 것으로 평가	화폐의 시간적 가치의 간과

(8) 한계
① 계량화할 수 없는 주관적 가치는 다루기 곤란, 다양한 목표와 무형적 산출물의 존재하는 공공부문에 적용하기 곤란
② 효율성 측면만 분석 → 형평성 측면의 간과
③ 비교 기준에 따른 사업 우선순위의 변화 → 다만, 사업의 타당성은 불변

THEME 36 비용효과분석(E/C 분석) **

(1) **개념**: 효과(→ 편익)를 화폐단위로 환산하기 어려운 사업의 분석에 사용하는 기법
(2) **비용편익분석과 비용효과분석**
 ① 비용편익분석
  ㉠ 비용과 편익 모두 화폐가치, 투입과 산출의 직접 비교 및 이종사업 간 비교도 가능
  ㉡ 가변비용·가변편익 분석, 양적 분석, 경제적 합리성 강조 → 능률성 분석
 ② 비용효과분석
  ㉠ 비용은 화폐가치, 효과는 산출물 단위, 비용과 산출의 직접 비교 곤란, 동종사업 간 비교만 가능
  ㉡ 고정비용·고정효과 분석, 질적 분석, 기술적·도구적 합리성 강조 → 효과성 분석

THEME 37 관리과학 **

1. 전략산출모형과 전략평가모형

구분	전략산출모형	전략평가모형
확정(→ 결정론)	선형계획법, 비선형계획법, 목표계획법, 수송네트워크모형	투입산출모형, 비용편익분석
불확정(→ 확률론)	동적계획법, 의사결정나무	게임이론, 대기행렬이론, 모의실험

2. 주요 기법

(1) **선형계획법**: 확실한 상황, 합리모형과 유사, 목표와 제약조건 모두 1차 함수 → 심플렉스 기법

(2) **목적계획법**: 상충된 목표, 제한된 합리성, 만족모형과 유사, 이상과 현실의 차이인 편차의 극소화

(3) **동적계획법**: 동태적 상황, 연속적 의사결정의 조합, 최적성의 원리

(4) **민감도분석**: 매개변수 혹은 내생변수의 변화에 따른 결과변수의 변화 측정

(5) **상관분석**: 두 변수 간의 상관성 여부의 측정

(6) **회귀분석**: 독립변수와 종속변수의 관계 측정, 인과관계의 설명

(7) **의사결정나무**: 불확실한 상황, 다단계 결정 또는 축자적 결정

(8) **시뮬레이션**: 복잡한 현실을 단순화시킨 가상적 모의 장치, 위험한 상황에 적용

(9) **게임이론**: 상충된 상황, 최대극소화 원리(→ 비관적 기준)

(10) **대기행렬이론**: 적절한 시설규모와 줄서기 규칙의 마련

(11) **Q-방법론**: 연구대상에 대한 개인의 주관적 관점을 파악하는 기법

(12) **PERT · CPM**
　① 개념: 대규모 비반복적 사업의 공정관리기법, 주공정(→ 각 단계별 개별사업의 소요기간 중 가장 긴 기간)의 최소화
　② 원칙: 단계의 원칙, 활동의 원칙, 공정의 원칙, 연결의 원칙(→ 일방통행의 원칙)

(13) **계층화분석**
　① 개념: 문제를 몇 개의 계층으로 구조화한 후, 상위목표에 비추어 하위요소를 평가하는 기법
　　→ 우선순위를 통해 비교
　② 과정: 동일성과 분해, 쌍대비교, 종합

정책결정모형의 구분 ★★

1. 목적별 구준

구분	규범론	실증론
합리모형	합리모형	가격이론, 게임이론, 공공선택론
인지모형	점증모형	만족모형, 점증모형, 회사모형

2. 산출모형과 과정모형

(1) 산출모형: 정책의 결정 기준 강조, 행정학자들이 중시하는 모형
    예 합리모형, 만족모형, 점증모형, 혼합모형, 최적모형, 연합모형

(2) 과정모형: 정책과정의 참여자 강조, 정치학자들이 중시하는 모형
    예 체제모형, 집단모형, 제도모형, 엘리트론, 게임이론, 흐름모형

3. 분석단위별 구분

(1) 개인모형

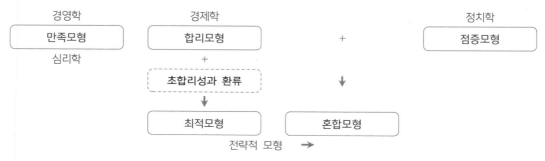

(2) 집단모형

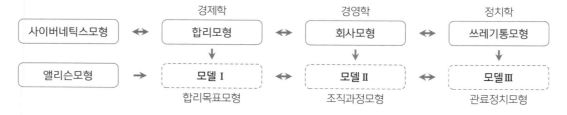

THEME 39 헨리(N. Henry) 패러다임 ★★

(1) 점증주의 패러다임

① 가정: 인간의 제한된 합리성, 지식과 정보의 불완전성, 미래예측의 불확실성

② 주요 모형: 엘리트주의모형, 집단모형(→ 다원주의)과 체제모형, 제도모형, 신제도모형, 쓰레기통 모형

(2) 합리주의 패러다임 `TIP` 합공기

① 가정: 인간의 완전한 합리성, 지식과 정보의 완전성, 미래예측의 확실성

② 주요 모형: 합리적 선택모형, 공공재 모형, 기술평가 – 예측모형

(3) 전략적 계획 패러다임

① 의의: 합리주의와 점증주의의 이점은 취하고 단점은 피하는 모형

② 특징: 시관의 장기성, 계량적 요인과 질적 요인의 동시 고려, 결정자의 능동성 강조

THEME 40 합리모형 ★★★

(1) 의의: 관리과학이나 체제분석(→ 비용편익분석)과 같은 경제학 가정의 수용, 합리적 경제인관 → 완전한 합리성

(2) 목표: 경제적 합리성(→ 능률성)과 기술적 합리성(→ 효과성) 추구

(3) 정책내용의 해결에 초점을 둔 규범적 · 연역적 분석, 총체적 · 거시적 · 하향적 흐름, 이상적 · 동시적 (→ 병렬적) 모형

(4) 목표 – 수단분석: 목표와 수단 간 계층적 서열화 → 상위가치의 고정 후 하위수단 탐색

(5) 선례나 매몰비용의 무시하고 포괄적이고 급진적인 가치변화를 추구하는 모형

(6) 의사결정 과정: 문제의 총체적 인지와 명확한 목표, 모든 대안의 포괄적 검토와 결과의 완벽한 예측, 최적 대안의 선택

(7) 한계

① 이상적 · 규범적 모형(→ 현실에 대한 설명력 약화), 비계량적 · 질적 요인 경시, 주관적 · 심리적 요인 간과

② 정보의 불완전성과 인간 능력의 한계 간과, 분석에 있어 과다한 시간과 노력 소요

③ 경제적 합리성만 강조하고 정치적 합리성은 간과 → 다원주의 사회에는 적용하기 곤란

④ 매몰비용의 무시 → 관련 집단의 저항가능성 증대

(8) 합리적 정책결정의 제약 요인

① 인적 요인: 가치관과 태도, 전문지식의 부족, 인지능력의 한계, 병리적 행태, 결정자의 선입관 등

② 구조적 요인: 자료와 정보의 부족, 집권적 · 할거적 구조, 참모기관의 약화, 선례(SOP)의 존재, 집단사고의 작용 등

③ 환경적 요인: 문제와 목표의 다양성, 매몰비용의 작용, 투입기능 취약, 피동적인 사회문화, 외부 집단의 압력 등

THEME 41 만족모형(카네기모형) ★★★

(1) 의의
 ① 마치(J. March)와 사이먼(H. Simon)이 제시한 심리적·인지적 모형
 ② 경험적·실증적·귀납적 성격
(2) 경제인(→ 완전한 합리성)이 아닌 행정인(→ 제한적 합리성) 가정, 결정비용의 인식 → 최적대안보다는 만족대안의 선택
(3) 현실 세계를 단순화한 후 중요한 것만 탐색, 무작위적이고 순차적(↔ 포괄적·병렬적)인 탐색
(4) **한계**: 만족 기준의 주관성과 유동성, 보수적 성격
(5) **합리모형과 만족모형**

합리모형	만족모형
이상적·규범적·객관적·연역적	현실적·실증적·주관적·귀납적
완전한 합리성	제한된 합리성
모든 대안의 포괄적·병렬적 탐색	순차적·무작위적 탐색
모든 결과의 예측	중요한 결과만 예측
전체 최적화	심리적 만족

THEME 42 점증모형 ★★★

(1) 의의
 ① 린드블롬(C. Lindblom)과 윌다브스키(A. Wildavsky)가 제시한 정치적 접근
 ② 정치적(↔ 경제적) 합리성 중시
(2) 소폭적·점진적·제한적 접근과 지속적 보완(→ 환류) → 기존 정책 ±α(→ 가감식 결정)식 접근
(3) 진흙탕 싸움(→ 이전투구), 당파적 상호 조절, 목표와 수단의 상호의존성, 미시적·상향적 접근 → 부분 최적화 추구
(4) 다원주의 사회를 배경으로 하는 선진국 모형
(5) **효용**: 환류를 통한 지속적 보완, 정치적 합리성 제고, 정책의 안정성, 갈등의 완화 등
(6) **한계**
 ① 급변하는 환경변화에 대한 적응력 취약 → 개발도상국에는 적용하기 곤란
 ② 보수적, 불평등한 사회 초래, 문제의 근본적 치유 곤란, 감축관리의 어려움, 정책기능의 약화
(7) **합리모형과 점증모형**

합리모형	• 이상적·규범적, 경제적 합리성, 목표 - 수단분석, 모든 대안의 포괄적 고려 • 총체적·포괄적, 동시적·단발적, 전체 최적화, 거시적 접근, 하향적 접근, 비가분적 결정
점증모형	• 현실적 + 규범적, 정치적 합리성, 목표와 수단의 상호의존성, 기존 ± α → 매몰비용의 고려 • 부분적·단편적, 순차적·연속적, 부분 최적화, 미시적 접근, 상향적 접근, 가분적 결정

(1) **의의**: 에치오니(A. Etzioni)가 합리모형과 점증모형(↔ 만족모형)을 절충(1967)하여 제시한 전략적 모형

(2) 근본적·맥락적 결정(→ 숲)과 세부적·지엽적 결정(→ 나무)으로 구분 후 결정의 유형마다 다른 모형을 적용

(3) 거시적·장기적 안목에서 대안의 방향성을 정한 후 그 범위 안에서 심층적 변화 시도 → 하향적 접근

(4) **정치체제와 모형**: 합리모형(→ 전체주의 사회), 점증모형(→ 다원주의 사회), 혼합모형(→ 능동적 사회, 자기변화적 사회)

(5) **한계**
　① 이론적 독창성의 결여(→ 합리모형의 변형), 근본적 결정과 세부적 결정을 구분할 기준을 제시하지 못함
　② 합리모형과 점증모형의 한계를 극복하지 못한 것으로 평가

(6) **의사결정의 과정**
　① 근본적·맥락적 결정
　　㉠ 세부결정을 위한 테두리나 맥락의 결정, 급변하는 상황에서 근본적 변화 추구(→ 기본적으로 합리모형)
　　㉡ 대안탐색: 모든 대안의 포괄적 탐색 → 합리모형
　　㉢ 결과예측: 중요 대안의 개괄적 예측 → 점증모형
　② 지엽적·세부적 결정
　　㉠ 근본결정의 구체화 및 집행, 안정된 상황에서 단기적 변화 추구(→ 기본적으로 점증모형)
　　㉡ 대안탐색: 소수의 대안의 탐색 → 점증모형
　　㉢ 결과예측: 세밀한 분석 → 합리모형

THEME 44 최적모형 ★★★

(1) 의의: 현실과 이상을 통합하고자 드로어(Y. Dror)가 제시한 규범적이고 처방적인 모형

(2) 목적: 합리모형의 비현실성과 점증모형의 보수성을 극복하기 위해 제시

(3) 현실: 불확실한 상황, 제한된 자원과 정보, 비정형적 결정 → 경제적 합리성의 제약

(4) 처방: 경제적 합리성 + 초합리성(→ 직관이나 영감과 같은 묵시적 지식) + 환류

(5) 체제적 시각: 상위정책(→ 메타결정)과 환류를 통한 결정능력의 지속적 향상을 추구하는 모형

① 메타정책(→ 상위정책) **TIP** 가현문자체할전

ⓐ 가치의 처리 현실의 처리, 문제의 처리

ⓑ 자원의 조사 · 처리 · 개발, 결정체제의 설계, 문제 · 가치 · 자원의 할당, 결정전략의 설정

② 정책결정

ⓐ 자원의 재배정, 구체적 목표의 설정

ⓑ 대안의 선택기준 설정, 정책대안의 마련, 비용과 편익 예측, 대안의 비교분석, 최적 대안의 선택

③ 후결정 및 환류: 집행의 동기부여, 정책의 집행, 정책의 평가, 의사소통과 환류

(6) 공헌

① 메타결정을 포함한 정책결정 과정의 포괄적 체계화 → 정책학의 탄생 배경

② 기본적으로 합리모형을 기반으로 하므로 혁신적 정책의 정당화 근거로서 작용

(7) 한계: 기본적으로 경제적 합리성 중시(→ 정치적 합리성 간과), 영감이나 직관의 강조(→ 신비주의 성격)

THEME 45 회사모형(연합모형, 타협모형) ***

(1) 의의: 사이어트(R. Cyert)와 마치(J. March)가 만족모형을 집단적 의사결정에 적용한 모형
(2) 고전경제학(→ 합리모형)에 대한 비판 → 제한된 합리성과 다양하고 상충적인 목표의 가정
(3) 특징
  ① 갈등의 준해결
    ㉠ 국지적 합리성(→ 조직 전체의 목표가 아닌 부서의 목표를 추구), 독립된 제약조건으로서 다른 부서들의 목표
    ㉡ 받아들일 만한 수준의 의사결정, 목표에 대한 순차적(↔ 포괄적) 관심
  ② 문제 중심의 탐색: 문제에 의해 촉발되는 탐색, 단순한 탐색, 부서마다 편견이 담긴 탐색
  ③ 조직의 학습과 표준운영절차(SOP): 조직의 장기적 적응 과정에서 학습한 결과물로서 표준운영절차(SOP)
  ④ 불확실성의 회피나 통제(↔ 예측과 극복)
    ㉠ 불확실성의 회피: 단기적 환류에 의존하는 결정절차의 이용
    ㉡ 불확실성의 통제: 거래관행의 형성 또는 장기계약이나 카르텔의 형성
(3) 한계
  ① 기업조직의 행태 분석: 공공조직의 의사결정에는 적용하기 곤란
  ② 수평적 관계의 가정: 수직적 관계의 분석에는 적용하기 곤란
  ③ 장기적 전략보다는 단기적 SOP에 의존 → 보수적 성향

THEME 46 표준운영절차(Standard operating procedure) *

(1) 의의: 과거 적응 과정에서의 경험에 기초하여 유형화한 업무추진 절차 또는 업무수행의 기준이 되는 표준적인 규칙
(2) 기능: 장기적 적응 과정에서 학습한 결과물, 조직구성원을 통제하고 단기적 의사결정을 좌우하는 수단
(3) 장점: 시간과 노력의 절약(→ 조직의 효율성 도모), 불확실성의 극복과 안정감 제고, 재량 축소로 인한 공정성 확보
(4) 단점: 정책의 보수화, 타성으로 인한 조직의 침체, 집행 현장의 특수성 간과, 환경의 변화에 대한 적응력 저하

TIP 문해참선

(1) 의의: 코헨(M. Cohen), 마치(J. March), 올슨(J. Olson) 등이 계층적 권위가 없는 조직에서의 의사결정을 설명한 모형

(2) 기본 전제(↔ 합리모형): 문제성 있는 선호, 불명확한 기술, 일시적 참여

(3) 의사결정 요소: 문제의 흐름, 해결책의 흐름, 참여자의 흐름, 선택기회(→ 우연한 사건)의 흐름

(4) 특징

① 대학이나 친목단체와 같은 조직화된 무정부(→ 가치와 신념이 이질적인 상황) 상황에서의 의사결정

② 갑작스러운 사건의 발생으로 인한 정책의 채택, 몇 가지 독자적 흐름의 결합에 의한 우연한 결정

(5) 의사결정방식

① 자원의 여유가 있는 경우: 문제해결 또는 준해결

② 자원의 여유가 없는 경우

㉠ 날치기 통과: 다른 문제들이 제기되기 전 재빠른 결정

㉡ 진빼기 결정: 관련 문제 혹은 관련자들이 떠난 후 결정

(6) 한계: 문제의 성격에 따른 결정유형의 상이성 간과, 결정의 우연성 강조

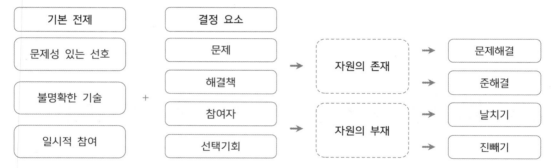

(1) **정책의 창**: 문제 및 대안을 관철시키기 위해 잠시 열려진 기회
(2) **세 가지 독자적 흐름**: 문제의 흐름, 정책의 흐름, 정치의 흐름(→ 가장 중요한 요소, 정책의제설정 과정이 가장 중요)
(3) 세 가지 요소가 우연히 만날 때 새로운 결정이 나타남 → 흐름모형
(4) 다원주의 관점의 반영 → 단기적, 유동적 시각 그러나 급진적 변화

THEME 49 **앨리슨(G. Allison)모형 ★★★**

(1) **의의**
  ① 쿠바 미사일 위기와 관련한 미국의 정책적 대응을 연구(1971)하여 제시된 모형
  ② 조직의 응집성을 기준으로 집단적 의사결정을 유형별로 분류
(2) **결론**: 하나의 정책결정을 설명하는 데 세 가지 모형을 모두 부분적으로 이용 가능
(3) **모형의 유형**

구분	합리모형	조직과정모형	관료정치모형
결정의 주체	응집성 강한 단일의 유기체 → 조직의 전 계층	반독립적인 하위부서들의 느슨한 연합체 → 조직의 중·하위계층	공유감이 약한 상급자 개개인 → 조직의 상위계층
목적	조직 전체 목표의 극대화 → 최선의 수단	조직의 목표 + 부서의 목표 추구	조직의 목표 + 부서의 목표 + 개인의 목표 추구
특징	• 집권적 의사결정 • 동시적·분석적 결정	• 제한된 합리성 • 부분적이고 순차적인 탐색 • SOP에 의한 결정 + 부서 간 타협	정치적 게임에 의한 결정 → 승패의 변경으로 인한 정책의 낮은 일관성

THEME 50 사이버네틱스모형 **

(1) 의의
① 합리모형과 극단적으로 대립되는 적응적·관습적 의사결정을 설명하는 이론
② 고도의 불확실성 속에서 정보의 지속적 제어와 환류를 통해 적응적으로 이루어지는 의사결정을 설명하는 모형

(2) 특징: 가치분할, 시행착오적 적응, 불확실성의 통제, 집단적 의사결정, SOP, 도구적·인과적 학습

(3) 분석적 패러다임(→ 합리모형)과 사이버네틱스 패러다임
① 분석적 패러다임: 완전한 합리성, 최선의 답 추구, 경제적 효율성, 알고리즘(→ 연역적), 동시적 분석
② 사이버네틱스 패러다임: 제한된 합리성, 그럴듯한 답 추구, 배분적 형평성, 휴리스틱(→ 귀납적), 순차적 분석

THEME 51 휴리스틱(↔ 알고리즘)

(1) 의의: 의사결정 과정의 단순화한 지침이나 규약, 문제를 해결함에 있어 그 노력을 줄이기 위하여 사용되는 고찰이나 과정

(2) 목적: 가장 이상적인 답을 구하는 것이 아니라 현실적으로 만족할 만한 수준의 답을 찾는 것

(3) 분석의 방법
① 분석의 초기 단계에서는 중요 변수만 분석하다가 점차 변수의 범위를 넓혀 가면서 분석
② 문제의 상황을 여러 부문으로 구분하고 이를 각각 분석하여 가장 이상적인 방법을 구한 후 전체적 관점에서 종합하는 방식

(4) 휴리스틱의 오류
① 고착화와 조정: 초기 출발점의 차이에서 오는 편차
② 허위상관: 실제로는 상관성이 없음에도 불구하고 두 변수 간 상관성이 있을 것이라는 착각
③ 상상의 용이성: 적절한 예를 얼마나 쉽게 상상할 수 있는가에 의해서 나타나는 오류
④ 사례의 연상 가능성: 그 예가 친숙할수록, 현저할수록 최근의 것일수록 사건의 빈도가 높을 것이라고 판단하는 오류

상황적응적 의사결정모형 *

1. 톰슨(J. Thompson) 모형

구분		선호 합의	
		유	무
인과관계	유	계산전략(→ 전문가 계산), 관료제 구조	타협전략, 대표구조
	무	판단전략(→ 다수의 판단), 합의제 구조	영감전략, 아노미 구조

2. 하이예스(M. Hayes) 모형

구분		목표	
		합의	갈등
수단적 지식	합의	합리적 결정	타협적 결정
	갈등	사이버네틱스	점증주의

3. 브레이브룩(D. Braybrooke)과 린드블롬(C. Lindblom) 모형

구분		변화정도	
		광범위한 변화	점증적 변화
목표와 수단 이해 정도	높은 이해	혁명적 결정, 이상적 결정, 전통적 합리모형	포괄적 합리모형, 다소 행정적·기술적 의사결정
	낮은 이해	전쟁·혁명·위기와 같은 대변혁	점증주의 정책결정

THEME 53 딜레마이론 ***

TIP 분상선균, 무지전호

(1) **의의**: 대안 간 동일한 기회비용으로 인해 대안들의 표면적 가치를 비교할 수 없어 선택이 어려운 상황
(2) **특징**: 참여자, 선택의 기회, 문제 등의 모호성과는 무관
(3) **구성 요소**: 분절성(discreteness), 상충성(trade-off), 선택불가피성, 균등성(equality)
(4) **딜레마를 예방하기 위한 방법 – 제도의 정비, 결정자에 대한 이해관계자의 영향력 차단**
　　① 소극적 대응: 무의사결정, 결정의 지연, 책임의 전가, 상황의 호도
　　② 적극적 대응: 상황의 변화유도, 새로운 딜레마 조성, 정책문제의 재규정, 상충되는 대안들의 동시선택, 결정 후 번복

THEME 54 품의제 *

(1) **의의**: 하급자가 기안한 후 단계별 결재를 거쳐 최고 결재권자가 최종적으로 선택하는 의사결정 방식
(2) **특징**: 공식적·상향적(→ 하의상달) 정책결정체제, 형식적으로는 집권적 의사결정이지만 실질적으로는 분권적 성격 내포
(3) **장점**
  ① 결정과 집행의 유기적 연계, 상하계층 간 정보공유, 실시단계의 협력 확보, 문서 중심의 행정
  ② 훈련기회의 제공, 참여의식과 사기앙양의 수단, 개별적이고 직접적인 통제
(4) **단점**
  ① 시간의 지체, 상층부의 업무과다, 횡적 협조의 어려움, 책임소재의 모호성, 전문성의 저해
  ② 밀실행정과 번문욕례, 주사(→ 6급)행정의 폐단

THEME 55 정책집행의 의의 **

(1) **고전적 연구**
  ① 정치행정이원론 관점: 정치(→ 의회 또는 중앙관료)가 결정하고 행정(→ 일선관료)이 집행하는 모형
  ② 기계적이고 자동적인 집행관 → 정책만능주의, 정태적 정책관, 계층적 조직관, 목표수정부당론
(2) **현대적 정책집행 – 합리모형의 실패**
  ① 미국 사회의 특성(→ 다원주의): 엄격한 권력분립, 연방제, 탈관료제 현상(→ 권위 약화), 대리정부 현상
  ② 윌다브스키와 프레스맨(1973): 많은 참여자, 타당한 인과모형의 결여, 부적절한 집행기관, 집행관료의 빈번한 교체
  ③ 특징: 역동적(↔ 자동적·기계적) 과정, 정책결정과 정책집행의 상호 영향력, 정치적 과정(→ 많은 참여자와 다양한 관점)
(3) **집행연구의 전개**
  ① 제1세대
    ㉠ 1970년대 초 윌다브스키와 프레스만 → 실패사례 분석을 통해 집행을 저해한 요인 규명에 초점
    ㉡ 주요 학자: 사바티어와 마즈매니언의 모형, 반미터와 반호른의 집행연구, 바르다흐의 집행게임
  ② 제2세대
    ㉠ 1970년대 후반 사바티어, 마즈매니언, 버만, 엘모어 등 → 집행의 복잡성을 분석하기 위한 분석 틀의 개발에 중점
    ㉡ 주요 학자: 버만의 적응적 집행, 엘모어의 후방향적 접근, 히언과 헐의 집행구조 연구
  ③ 제3세대
    ㉠ 1980년대 후반 고긴 등 → 집행연구에 있어서 통계적 연구설계를 통한 검증과 같은 실증적 접근방법의 강조
    ㉡ 주요 학자: 사바티어의 정책지지연합모형, 엘모어의 통합모형, 매틀랜드의 통합모형, 윈터의 정책결정–정책집행 연계

THEME 56 정책집행의 접근방법 ★★★

(1) 하향적 접근방법과 상향적 접근방법

구분	하향적 접근방법	상향적 접근방법
의의	바람직한 정책집행을 위한 규범적 처방을 제시하고자 했던 접근방법	집행현장을 기술하고 설명하는 데에 초점을 둔 접근방법
특징	• 규범적 · 연역적 · 거시적 • 단계주의(↔ 융합주의)모형 • 결정자나 지지자 관점 • 기계적 집행	• 실증적 · 귀납적 · 미시적 접근 • 융합주의(↔ 단계주의)모형 • 집행자나 반대자 관점 • 집행자의 재량과 자율성 강조
장점	• 총체적인 정책과정에 초점 • 명시된 정책목표의 중시 • 집행과정의 법적구조화 기능 • 체크리스트 기능 등	• 집행과정의 실제를 설명하기 용이 • 시간의 경과에 따른 변화의 인지 • 의도하지 않았던 효과의 분석 등
단점	• 명확한 목표의 설정 곤란 • 집행과정의 완벽한 예측 곤란 • 반대자의 시각 간과 • 집행현장의 중요성 간과 등	• 정책집행의 거시적 · 연역적 분석 틀 제시 곤란 • 정책결정의 중요성 간과(→ 민주성 약화) • 집행재량으로 인한 폐단

(2) 하향적 접근방법의 성공 조건
① 최고관리자의 리더십, 안정적인 정책목표, 타당한 인과모형, 모든 집행상황에 대한 정확한 예측
② 명확한 정책지침, 유능하고 헌신적인 관료, 충분한 재원

THEME 57 립스키(M. Lipsky)의 일선관료제론 ★★★

(1) 일선관료: 최종 과정에서 고객과 접촉하는 관료 → 경찰, 교사, 사회복지요원 등
(2) 특징
① 서면업무(→ 획일성)보다는 대면업무(→ 인간적 차원의 다양한 업무처리), 실무에서 얻은 경험적 전문지식의 보유
② 상당한 재량의 보유, 매우 복잡한 업무의 수행 → 공공정책의 실질적 결정자
(3) 작업환경: 비자발적인 고객, 과중한 업무, 부족한 자원, 이율배반적 업무목표, 모호한 성과 기준, 권위에 대한 도전과 위협
(4) 일선관료의 대처방안
① 업무의 단순화 · 관례화 · 정형화(→ 지름길의 선택) → 고객의 요구와 필요에 민감하지 않는 경향
② 할당배급 방식의 채택(→ 서비스 수요의 제한), 시간 비용, 심리적 비용 등 대가의 요구 → 요구의 사전봉쇄 전략

(1) 정형적 집행과 적응적 집행
　① **정형적 집행**: 안정적·구조적 상황, 목표의 명확성, 참여의 제한, 제한된 재량, 충실한 집행과 성과의 강조 등
　② **적응적 집행**: 유동적·동태적 상황, 목표의 수정 필요성, 집행자의 참여, 광범위한 재량, 환경에의 적응성 강조 등

(2) 적응적 집행 `TIP` 행채미기, 동전제
　① 정책집행의 과정을 거시적 집행구조와 미시적 집행구조로 분류
　② 미시적 집행에 초점: (새로운) 정책과 집행조직의 표준운영절차 간 상호 적응의 강조
　③ 거시적 집행
　　㉠ 중앙정부, 지방정부 및 일선기관의 전 과정 → 다양한 참여자의 느슨한 연합
　　㉡ 행정(→ 정부사업 형성), 채택(→ 지방정부사업으로의 채택), 미시적 집행(→ 실행사업으로의 변화), 기술적 타당성
　④ **미시적 집행**: 집행의 현장을 담당하는 일선기관에서 발생하는 과정 → 자원의 동원, 전달자의 집행, 제도화 과정

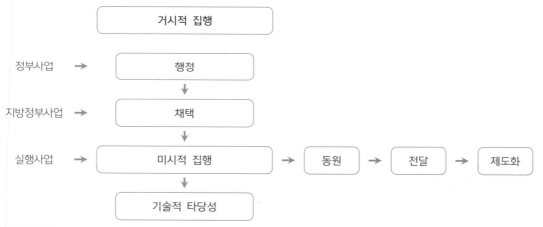

구분	프로그램(사업)	표준운영절차
부집행	불변	불변
흡수(동화)	변화	불변
기술적 학습	불변	변화
상호 적응	변화	변화

THEME 59 엘모어(R. Elmor)의 집행연구 **

(1) 전방향적 접근(→ 하향적): 중앙정부에서 시작, 단일의 공식적 목표, 일사 분란한 집행체제, 법률의 존재(→ 구조화된 상황)
(2) 후방향적 접근(→ 상향적): 지방정부에서 시작, 다차원적 목표, 전략적 상호작용의 강조, 독립적인 다수의 행위자

THEME 60 엘모어(R. Elmor)의 통합모형(1985) *

(1) 하향적 목표설정 + 집행가능성이 높은 수단(→ 상향적 접근)의 채택
(2) 상호가역성의 논리 → 집행자의 국지적 전략을 고려한 결정자의 국지적 해결책
(3) 비판: 실현가능성의 부족

(1) 상향적 접근방법의 분석단위(→ 집행현장의 다양한 하위체제) 채택
(2) 하향적 접근방법의 변수와 사회 · 경제 상황 및 법적 수단의 결합
(3) **신념체계의 강조 – 행위자 집단의 구분 기준**
　① 규범적 핵심(→ 기저 신념): 모든 정책에 적용되는 근본적 가치, 변경 가능성이 매우 희박
　② 정책핵심
　　㉠ 규범적 핵심을 달성하기 위한 기본 전략(→ 정부개입의 범위와 강도, 환경보전과 경제개발의 대립)
　　㉡ 사회경제적으로 심각한 변화가 발생하면 변화될 수 있음
　③ 부차적 측면: 정책핵심을 집행하기 위한 도구나 정보탐색규칙(→ 행정규칙, 예산배분, 규정해석 등) → 가장 쉽게 변화
(4) 정책집행에 대한 시간관의 연장 → 10년 이상의 장기적 시관
(5) 지속적인 정책변동 차원의 정책집행 → 지지연합의 정책학습, 정책중재자의 역할 강조
(6) 정책과정의 단계모형 거부 → 정책변화라는 전체 관점에서 설명

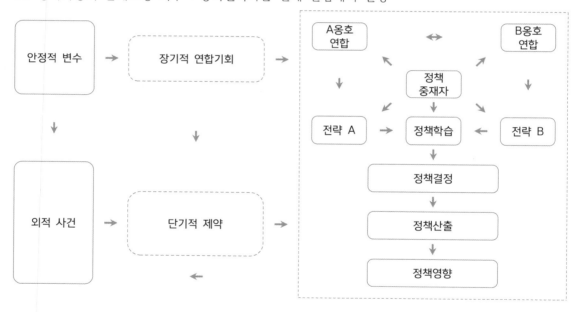

THEME 62 매틀랜드(R. Matland)의 통합모형(1995) *

(1) **관리적 집행**: 프로그램화된 결정(SOP) → 하향적 접근
(2) **정치적 집행**: 매수, 담합, 날치기 통과 등의 정치적 현상 → 대체로 하향적 접근
(3) **실험적 집행**: 학습으로서 집행, 결과는 상황적 조건에 의해 결정 → 대체로 상향적 접근
(4) **상황적 집행**: 목표와 수단의 해석으로서 집행 → 상향적 접근

구분		갈등(→ 사회적 합의)	
		낮음	높음
정책목표의 모호성 (→ 인과관계)	낮음	관리적 집행	정치적 집행
	높음	실험적 집행	상황적 집행

THEME 63 매이(P. May)의 정책학습 **

(1) **의의**: 올바른 결론을 유도할 수 있는 지식의 축적과 응용 → 정책실패를 통해 방법을 습득하는 과정
(2) **수단적 학습(내생적 학습) – 목표와 대안의 인과성 검토**
　　① 정책개입이나 집행설계의 실행가능성에 초점을 두는 학습
　　② 집행수단이나 기법에 치중
　　③ 성공 기준: 새로운 집행수단과 정책성과의 인과성
(3) **사회적 학습(외생적 학습) – 문제와 목표의 인과성 검토**
　　① 정책 또는 사회적 구성에 관한 학습
　　② 목표에 대한 태도와 정부활동의 본질적 타당성까지 검토
　　③ 성공 기준: 정책문제에 내재하는 인과이론의 이해
(4) **정치적 학습**: 주장을 더 정교하게 다듬기 위한 전략에 관한 학습

TIP 고지협재관, 효능주수체

구분	특징	정책실패 요인	정책평가 기준
고전적 기술자형	결정자에 의한 구체적 목표 제시 + 집행자의 지지 및 집행자에게 기술적 권한의 위임	수단의 기술적 결함	효과성 또는 능률성
지시적 위임가형	• 결정자에 의한 구체적 목표 제시 + 집행자의 지지 • 집행자에게 기술적·행정적 권한(→ 모든 수단) 위임 → 집행자는 기술적·행정적 수단과, 집행자 간 협상능력 보유	집행자 간 협상의 실패	능률성
협상자형	• 결정자가 목표를 제시하지만 집행자와 합의를 보지 못한 상황 • 결정자와 집행자 간 목표와 수단에 대한 협상	협상의 실패나 적응적 흡수 (→ 목표의 왜곡)	주민 만족도 (→ 유권자의 만족도)
재량적 실험가형	• 결정자가 추상적이고 일반적인 목표를 제시하지만 확실성 결여 • 결정자 간 구체적 목표와 수단에 대한 갈등 • 결정자가 집행자에게 광범위한 재량권을 위임하면 집행자는 결정자를 위해 목표와 방안을 구체화	책임의 회피나 기만	수익자(→ 고객) 대응성
관료적 기업가형	• 집행자가 정책목표를 결정하고 결정자가 이를 채택하도록 설득하거나 강요하는 모형 • 집행자가 정책과정을 지배하고 자신이 설정한 목표를 달성하기 위한 수단의 확보를 위한 결정자와 협상	정책의 사전오염 (→ 선매)	체제유지도 (→ 기관의 활력)

THEME 65 | 혹우드(W. Hogwood)와 피터스(G. Peters)의 정책변동의 유형 ***

TIP 혁유승종

(1) **정책혁신**: 새로운 문제의 발생, 새로운 정책의 창조
(2) **정책유지**: 문제의 지속, 정책의 기본 골격 유지, 정책내부의 구성 요소의 변화 또는 같은 정책의 확장과 수축은 가능
(3) **정책승계**: 문제의 변질, 정책의 기본 성격 변화, 목표는 동일 → 신·구 정책 간 유사성, 정책대체, 부분종결, 분할과 통합 등
(4) **정책종결**: 문제의 소멸, 새로운 정책으로의 대체 없이 기존 정책의 폐지

구분	정책혁신	정책유지	정책승계	정책종결
변동 과정	의도적	적응적	의도적	의도적
담당 조직	새로운 조직 탄생	조직변동 없음	하나 이상변동	기존 조직의 폐쇄
해당 법률	새로운 법률의 제정	법률개정 불필요	법률의 개정	관련 법률의 폐지
정부 예산	새로운 지출	변동 없음	대체로 유지	예산의 소멸

THEME 66 | 점증적 변동과 비점증적 변동 *

(1) **점증적 변동**: 수확체감의 법칙, 부정적 환류의 작동, 다원주의 상황(→ 교란이론, 철의 삼각, 정책하위체제모형 등)
(2) **비점증적 변동**: 수확체증의 법칙, 긍정적 환류의 작동, 자기강화기제의 작동, 단절적 균형모형, 티핑포인트

THEME 67 정책변동의 이론모형 ★★

(1) **사바티어의 정책지지연합모형**: 하위체제의 신념추구 과정에서 이루어지는 점증적 정책변동
(2) **홀의 정책패러다임변동모형**: 정책목표와 수단의 급격한 변동
(3) **킹던의 정책흐름모형**: 문제와 정치 및 정책의 흐름의 우연한 만남과 급격한 사회변화
(4) **무치아로니의 이익집단 위상변동모형**: 점증모형과 쓰레기통모형에 대한 비판 → 제도맥락의 중요성 강조

구분		제도맥락(→ 선호나 행태)	
		유리	불리
이슈맥락	유리	상승	저하
(→ 외부적 상황 요소)	불리	유지	쇠락

THEME 68 성공적인 정책집행 ★★

(1) 판단 기준
　① 내용 기준: 정책목표의 적합성과 적절성, 정책수단의 실현 가능성과 소망성(→ 노력, 능률성, 효과성, 형평성, 대응성 등)
　② 주체 기준: 합법성 명제(→ 정책의도 실현), 합리적 관료적 명제(→ 관료적 합리성), 합의 명제 (→ 관련 집단의 요구)

(2) 사바티어(P. Sabatier)와 마즈매니언(D. Mazmanian)
　① 문제의 성격: 인과관계 및 적절한 기술, 작고 분명한 대상집단, 대상집단의 단순한 행태, 적은 행태변화의 요구
　② 구조화 능력: 목표의 명확한 우선순위, 명확한 행동지침, 집행기관의 계층적 통합성, 유능한 관료, 충분한 재원
　③ 환경적 요건: 지배기관의 후원, 사회·경제·기술적 상황, 관련 집단의 지원 및 태도, 언론 및 일반대중의 지지

(3) 내적 변수와 외적 변수
　① 내적 변수: 정책의 목표, 집행기관의 구조, 집행자의 리더십, 의사소통, 집행과정과 표준운영절차, 자원 등
　② 외적 변수: 정책결정기관의 지원, 정치·경제·사회적 환경, 집행에 필요한 기술, 대상집단의 태도, 언론과 대중의 지지 등

(4) 일반적 요건

① 정책의 유형(→ 규제정책, 배분정책, 재분배정책 등), 사업계획의 성격(→ 명확성, 일관성, 소망성)

② 기타: 조직과 재원, 집행담당자의 역량, 관련 기관과의 관계

(5) 정책집단의 영향력

구분		규모 및 조직화 정도	
		강	약
집단구성	수혜집단 > 희생집단	집행 용이	집행 용이
	수혜집단 = 희생집단	집행 곤란	집행 용이
	수혜집단 < 희생집단	집행 곤란	집행 용이

THEME 69 정책대상집단의 사회적 구성 – 잉그람과 슈나이더 *

TIP 수중의탈

구분		사회적 이미지	
		긍정적	부정적
정치권력	강함	수혜집단(Advantaged) 예 기업, 과학자, 노령층, 퇴역군인	주장집단(Contenders) 예 부유층, 거대 노조, 소수자, 문화엘리트
	약함	의존집단(Dependents) 예 아동, 어머니, 장애인	이탈집단(Deviants) 예 범죄자, 약물중독자, 공산주의자, 갱(gangs)

THEME 70 순응과 불응 *

(1) 순응: 기준과 외면적 행동의 일치 → 강제적 순응, 타산적(→ 공리적) 순응, 규범적 순응

(2) 수용: 내면적 가치체계와 행동의 변화

(3) 순응의 확보전략: 정보전략, 촉진전략(→ 부담 제거), 규제전략, 유인전략, 설득전략(→ 계몽·교육·홍보·상징 등)

구분		유인	
		강함	약함
규범	강함(→ 제도화)	협력형 갈등	소극적 갈등
	약함	적극적 갈등	혼란형 갈등

(1) 협력적 갈등

① 의의: 대상집단의 의사가 충분히 반영되며, 협력적 상호작용을 통해 갈등이 관리되어 순조롭게 집행되는 모형

② 대책: 외부환경 변화와 순응 동기의 변화를 모니터링할 수 있는 제도적 차원의 갈등관리 수단의 활용

(2) 소극적 갈등

① 의의: 규범 일탈행위의 적발 가능성이 낮다면 단기적 이익을 확보하려는 기회주의 행동의 야기되는 모형

② 대책: 규범의 공식화, 참여기회의 확대, 제제수단 및 강제력의 확보 등

(3) 적극적 갈등

① 의의: 자기 이익의 극대화와 손실의 최소화를 위한 기회주의 행동이 야기되어 정부의 감독비용이 상승하는 모형

② 대책: 유인 장치의 제도화, 객관적 산출 기준의 마련, 유인 제공 절차의 적정성 확보, 유인의 다양화 등

(4) 혼란형 갈등

① 의의: 개인의 선호와 이해관계의 변화에 대한 예측이 어려워 복잡하고 혼란스러운 의사결정이 야기되는 모형

② 대책: 사례별 조정장치의 마련, 사례별 대응 매뉴얼 등 표준화의 시도, 전문인력의 양성 등

THEME 72 　정책평가의 의의 ***

TIP 목기가검

(1) **의의**: 정책이 대상에 미친 효과에 대한 검증, 정책수단(→ 원인)과 효과(→ 결과) 간 인과관계의 실증적 검증
  ① **정책분석**: 정책집행 전 활동 → 사전적 · 조망적
  ② **정책평가**: 집행과정이나 정책결과 대상 → 사후적 · 회고적

(2) **등장 배경**: 합리모형에 입각한 정책분석론의 한계

(3) **과정**: 목표의 확인, 평가 기준의 선정, 인과모형의 설정(→ 가설의 설정), 연구설계(→ 검증장치), 자료수집 및 해석, 환류

(4) **목적**: 책임성 확보(→ 법적 · 관리적 · 정치적 책임성), 환류(→ 부정적 환류 + 긍정적 환류), 학문적 기여

(5) **평가 기준 - 평가지표**
  ① **산출**
    ㉠ 정책의 1차 결과물(→ 졸업생의 수, 도로포장비율 등)
    ㉡ 능률성 지표, 형식적 · 단기적 지표, 양적 분석
  ② **결과**
    ㉠ 정책의 최종 목표(→ 취업생의 수, 주민만족도 등)
    ㉡ 효과성 지표, 실질적 · 장기적 지표, 양적 + 질적
  ③ **영향**
    ㉠ 정책의 파급효과(→ 경제 활성화 등)
    ㉡ 장기적 지표, 질적 분석

THEME 73 　나카무라(R. Nakamura)와 스몰우드(F. Smallwood)의 평가지표 **

TIP 효능주수체, 고지협제관

구분	초점	측정방법	비고
효과성	결과	기술적, 계량적	고전적 기술자형
능률성	수단극대화		지시적 위임가형
주민 만족도	유권자	질적, 비계량적	협상형
수익자 대응성	소비자		재량적 실험가형
체제 유지도	기관의 활력	혼합적(→ 포괄적)	관료적 기업가형

THEME 74 정책평가의 유형 ⭐⭐

(1) 책무성 기준
- ① 사법적 평가: 법규와 회계규정의 준수 여부
- ② 행정적 평가: 정책과 사업의 능률성과 효과성 등의 확인
- ③ 정치적 평가: 정교한 검증보다는 제도화된 시스템(→ 선거)을 통한 평가

(2) 주체별 기준
- ① 내부평가(자체평가): 집행기관에 소속된 평가자에 의한 평가
  - ㉠ 장점: 높은 정책의 이해도, 높은 평가의 활용성
  - ㉡ 단점: 낮은 평가의 신뢰성, 낮은 평가의 객관성과 자율성
- ② 외부평가: 집행기관 밖의 외부전문가에 의한 평가

(3) 평가대상별 분류

구분	총괄평가	과정평가
사전	착수직전분석	형성평가
사후	협의 총괄평가	협의 과정평가

THEME 75 총괄평가 ⭐⭐⭐

(1) 착수직전분석
- ① 개념: 사업개시를 결정하기 전에 수행되는 총괄평가
- ② 평가 내용: 사업의 수요, 개념의 적절성, 사업의 실행가능성 등에 대한 평가

(2) 협의 총괄평가
- ① 개념: 집행 후 평가 → 의도한 효과, 부수 효과와 부작용 등 사회적 영향 등의 확인
- ② 유형: 능률성 평가, 효과성 평가, 영향평가, 형평성 평가 등

(3) 메타평가(→ 평가결산)
- ① 개념: 평가의 결과에 대한 제3자의 재평가 → 주로 영향평가에 적용
- ② 메타분석: 선행연구에서 사용된 통계자료의 통계적 종합 → 경험적 연구
- ③ 평가종합: 계량적이고 질적 방법을 통한 선행연구들의 통합

THEME 76 과정평가 ★★★

(1) 평가성사정
① 개념: 평가의 가능성과 평가의 소망성 및 활용 가능성의 사전적 검토
② 목적: 평가계획에 대한 사전적 검토, 정책평가의 목적을 달성하는 수단(→ 사이비평가의 방지)

(2) 형성평가
① 개념: 프로그램의 집행 중 프로그램의 개선을 위하여 실시되는 평가
② 목적: 집행과정의 문제점 발견 → 집행전략이나 집행설계의 수정·보완, 새로운 프로그램의 설계와 개발을 위한 검증도구
③ 평가의 초점: 어디까지나 프로그램 그 자체

(3) 모니터링
① 개념: 프로그램이 당초에 설계된 대로 운용되고 있는가에 대한 평가(→ 형성평가의 한 기법)
② 목적: 프로그램의 문제점 발견과 시정, 집행의 능률성과 효과성 확보(→ 형성평가와 구별)
③ 집행모니터링(집행분석): 당초 설계된 대로 운영되는가에 대한 평가
④ 성과모니터링: 당초 기대한 성과가 산출되고 있는가에 대한 평가

(4) 협의 과정평가
① 개념: 사후적 인과관계의 확인 → 사전에 설계된 경로와 사후적으로 실현된 경로의 비교
② 목적: 총괄평가 중 효과성 평가에 대한 보완

THEME 77 양적 평가와 질적 평가 ★

(1) 양적 평가 – 평가의 신뢰성 확보
① 경험적, 실증적, 실험적 방법, 객관적, 연역법, 법칙의 발견
② 결과 중심(→ 정태적 환경), 구성 요소의 분석

(2) 질적 평가 – 평가의 타당성 확보
① 현상적, 해석적, 심층면담, 참여관찰, 주관적, 귀납법(→ 개방적 태도), 특수성(→ 이해의 증진)
② 결과 + 과정(→ 동태적 환경), 전체의 이해

THEME 78 논리모형과 목표모형 ★★

(1) 논리모형: 과정평가의 일종, 논리적 인과성의 표현에 초점, 투입·활동·산출·결과의 순, 평가의 타당성 제고(→ 소통의 장)
(2) 목표모형: 총괄평가의 일종, 목표의 달성 여부에 초점, 결과와 목표와의 일치 여부, 명확성과 단순성

THEME 79 우리나라의 정책평가 – 정부업무평가기본법 ***

TIP 중지소공

(1) **평가대상기관**: 중앙행정기관, 지방자치단체, 중앙행정기관 또는 지방자치단체의 소속기관, 공공기관

(2) **자체평가**: 중앙행정기관 또는 지방자치단체가 소관 정책 등을 스스로 평가하는 것

(3) **특정평가**: 국무총리가 중앙행정기관을 대상으로 국정을 통합적으로 관리할 목적으로 실시하는 평가

(4) **재평가**: 이미 실시된 평가에 관하여 그 평가를 실시한 기관 외의 기관이 다시 평가하는 것

(5) **정부업무평가기본계획**: 국무총리가 수립하고 최소한 3년마다 그 계획의 타당성을 검토하여 수정·보완

(6) **성과관리전략계획**
   ① 중앙: 중앙행정기관의 장이 3년마다 타당성의 검토와 수정·보완 → 필수
   ② 지방자치 및 공공기관 → 선택

(7) **정부업무평가위원회**
   ① 국무총리 소속, 위원장 2인을 포함한 15인 이내의 위원으로 구성
   ② 위원장: 국무총리와 대통령이 지명하는 자
   ③ 위원: 기획재정부장관, 행정안전부장관, 국무조정실장, 대통령이 위촉하는 자

(8) **부문별 평가총괄기관**: 정책(→ 국무조정실), 재정사업(→ 기획재정부), 조직·정보화(→ 행정안전부), 인사(→ 인사혁신처)

(9) **중앙행정기관의 자체평가**: 자체평가위원의 3분의 2이상은 민간위원이며 위원장은 민간위원 중에서 지명

(10) **재평가**: 국무총리가 자체평가의 객관성·신뢰성에 문제가 있어 다시 평가할 필요가 있다고 판단되는 때 실시

(11) **지방자치단체의 자체평가**: 지방자치단체의 장이 실시하며 자체평가위원의 3분의 2이상은 민간위원으로 구성

(12) **특정평가**: 국무총리가 2 이상의 중앙행정기관 관련 시책, 주요 현안, 혁신관리 등을 대상으로 실시

(13) **합동평가**
   ① 평가주체: 행정안전부장관이 관계 중앙행정기관의 장과 합동으로 평가
   ② 대상: 지방자치단체 또는 그 장이 위임받아 처리하는 국가사무, 국고보조사업 등
   ③ 지방자치단체합동평가위원회: 행정안전부장관 소속 기관으로 위원장은 민간위원 중에서 행정안전부장관이 지명

THEME 80 | 정책평가의 요소 **

(1) 인과관계: 독립변수와 종속변수의 관계, 정책(→ 원인)과 효과(→ 결과)의 관계
(2) 인과관계의 성립 조건 `TIP` 상시경
 ① **공동변화의 입증**: 변수 간 상시연결성(→ 규칙적 동양성)
 ② **원인변수(X)의 시간적 선행성의 입증**
 ③ **외재적 변수의 통제와 경쟁가설의 배제**
(3) 변수
 ① **독립변수(원인변수)**
  ㉠ 다른 변수의 변화와 관계없이 독립적으로 변하는 변수 → 어떤 결과를 가져오게 한 원인
  ㉡ **정책변수**: 독립변수 중 정부의 정책에 의해 조작이 가능한 변수
 ② **종속변수(결과변수)**: 원인변수에 의하여 나타난 결과
 ③ **허위변수**: 독립변수와 종속변수 모두에게 영향을 미치며 이들 사이의 공동변화를 설명하는 제3의 변수
  ㉠ 상호 무관한 독립변수(X)와 종속변수(Y)를 겉으로 관계가 있는 것처럼 만드는 변수
  ㉡ 허위변수(Z)를 제거하면 독립변수(X)와 종속변수(Y)의 관계는 사라짐
 ④ **혼란변수**
  ㉠ 독립변수(X)와 종속변수(Y) 간 상관성의 정도를 과대 또는 과소하게 만드는 변수
  ㉡ 혼란변수(Z)를 제거하면 독립변수(X)와 종속변수(Y)의 관계는 달라짐
 ⑤ **선행변수**: 독립변수에 앞서 독립변수에 유효한 영향을 주지만, 선행변수만으로는 결과를 도출할 수 없는 변수
 ⑥ **매개변수**: 독립변수의 결과이면서 동시에 종속변수의 원인 → 집행변수와 교량변수
 ⑦ **조절변수**: 독립변수와 종속변수 간에 상호작용 효과를 나타나게 하는 제3의 변수 → 모형 내 포함된 변수
 ⑧ **억제변수**: 두 변수 간 상관성이 있음에도 없어 보이게 만드는 변수
 ⑨ **왜곡변수**: 두 변수 간의 상관관계를 정반대로 보이게 하는 변수

(1) **타당성**: 측정이나 절차가 내세운 목표를 달성했느냐 하는 정도 → 효과가 있으면 있다고 평가, 효과가 없으면 없다고 평가

(2) **신뢰성**: 동일한 측정도구, 동일한 현상의 반복 측정, 동일한 결론 → 측정도구의 측정결과에 대한 일관성

(3) **타당성과 신뢰성의 관계**: 신뢰성은 타당성의 필요조건

(4) **타당성의 종류 – 쿡(D. Cook)과 캠벨(T. Campbell)** TIP 구통내외
　① **구성적 타당성**: 이론적 구성 요소들의 성공적 조작화 → 이론적 구성개념과 측정지표 간의 일치 (→ 외적 타당성의 전제)
　② **결론의 타당성**: 강력한 연구설계(→ 내적 타당성의 전제) → 검증의 정밀성, 제1종 · 제2종 오류가 발생하지 않을 정도
　③ **내적 타당성**: 정책과 결과 간 인과관계를 밝히는 것 → 1차적 의미의 타당성
　④ **외적 타당성**: 내적 타당성을 통해 얻은 결론의 일반화 가능성

(5) **신뢰성의 검증방법** TIP 재복반문
　① **재검사법**: 동일한 집단 + 같은 문제의 2회 실험 → 종적 일관성
　② **복수양식법(→ 동질이형법)**: 동일한 집단 + 상이한 유형의 2회 실험 → 종적 · 횡적 일관성
　③ **반분법**: 상이한 집단 + 유사한 문제를 각 1회 실험 → 횡적 일관성
　④ **문항 간 일관성 검사법**: 반분법의 기법을 개별 문항으로 확대하는 방법

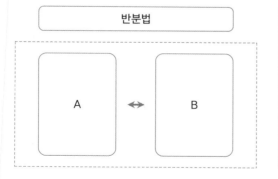

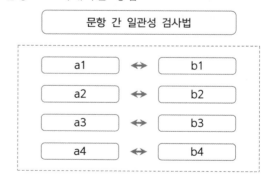

(1) 내적 타당성의 저해 요인

표본의 대표성 부족	선정 요인 (선발 요인)	• 실험집단과 통제집단 간 구성의 상이성(→ 외재적 요소) • 해결책: 무작위배정, 사전측정
	상실 요인	• 실험기간 중 구성원의 탈락으로 인한 결과 값의 변화 • 해결책: 무작위배정, 사전측정
	회귀인공 요인	• 초기의 극단적 측정값이 재측정 시 평균값으로 회귀하는 현상 • 해결책: 극단적 측정값의 회피
다른 요인의 개입	성숙 요인	• 시간의 흐름에 따른 자연스러운 변화 또는 스스로 성장 • 해결책: 통제집단의 구성
	역사 요인	• 실험기간 중 일어나는 우연한 사건 • 해결책: 실험기간의 제한
관찰 및 측정방법 요인	측정 요인 (검사 요인)	• 실험 전 측정에 의한 영향, 학습에 의한 변이 • 해결책: 솔로몬 4집단설계
	측정도구 요인	• 실험 중 사용한 측정자 · 측정기준 · 측정수단의 변화 • 해결책: 표준화된 측정도구의 개발
기타 요인	오염효과	통제집단과 실험집단의 접촉 → 모방효과와 누출효과 및 부자연스러운 반응
	단일 위협 요인들의 상호작용	선발과 성숙의 상호작용, 처치와 상실의 상호작용

(2) 외적 타당성의 저해 요인

표본의 대표성 부족	실험집단이 모집단을 대표하지 못하는 현상
크리밍 효과	효과가 크게 나타날 사람만의 배정 → 외적 타당성과 내적 타당성의 동시적 저해 요인
호손 효과	관찰되고 있음을 의식한 행동 → 실험조작의 반응 효과
다수처리에 의한 간섭	다수의 실험처리로 인한 성향 변화
실험조작과 측정의 상호작용	실험과 측정에 익숙해서 얻은 결과를 다른 상황에 적용하기 곤란함

THEME 83 정책평가의 방법 – 사회실험 **

1. 실험적 방법

(1) 진실험 – 자연과학적 실험, 이상적 실험, 인위적 실험

① 개념: 실험집단과 통제집단(→ 비교집단)을 동질적으로 배정(→ 무작위 배정)하는 실험

② 동질성의 구성 요소: 동일한 구성, 동일한 경험, 동일한 성향

③ 유형: 통제집단 사후측정, 통제집단 사전사후측정, 솔로몬 4집단설계

④ 장단점

    ㉠ 두 집단의 동질성 확보: 허위변수나 혼란변수 통제 → 높은 내적 타당성

    ㉡ 인위적 실험: 호손 효과나 표본의 대표성 부족 → 낮은 외적 타당성

    ㉢ 정치적 또는 도의적 문제 → 실험의 실행 가능성 부족

⑤ 내적 타당성 저해 요인: 오염 효과(→ 누출 효과와 모방 효과, 부자연스러운 반응), 상실 요인, 회귀인공 요인

(2) 준실험 – 사회과학적 실험, 현실적 실험, 자연스러운 상태의 실험

① 개념: 실험집단과 통제집단 간 동질성을 확보하지 않고 행하는 실험 → 짝짓기 방법 또는 시계열적 방법으로 평가

② 유형

    ㉠ 인과적 추론이 가능한 준실험: 비동질적 통제집단설계, 회귀불연속설계, 단절적 시계열설계, 통제-시계열설계

    ㉡ 인과적 추론이 어려운 준실험: 단일집단 사후측정설계, 비동질적 집단 사후측정설계, 단일집단 사전사후측정설계

③ 장단점

    ㉠ 자연스러운 상태의 실험 → 호손 효과의 제거, 높은 외적 타당성과 실행 가능성

    ㉡ 성숙 효과와 역사적 사건 등의 상이성 → 낮은 내적 타당성

    ㉢ 크리밍 효과의 발생 → 외적 타당성의 저해 가능성

④ 외생변수 통제방법

    ㉠ 축조(→ 매칭)에 의한 통제: 정책의 실시 지역이 구분되어 있어 무작위 배정이 어려울 때

    ㉡ 재귀적 통제: 정책이 전국적으로 실시되어 실험집단과 통제집단을 구분하기 곤란한 때

2. 비실험적 방법

(1) 개념: 별도의 통제집단 설계 없이 실험집단에만 정책을 처리한 후 결과를 분석하는 기법

(2) 유형: 대표적 비실험(→ 정책 전후의 비교), 통계적 비실험, 인과모형에 의한 추론

(3) 외생변수의 통제방법: 통계적 통제(→ 통계기법의 사용), 포괄적 통제(→ 표준과 비교), 잠재적 통제(→ 전문가의 판단)

(4) 장단점: 내적 타당성은 낮으나 외적 타당성과 실행 가능성은 높음

THEME 84 자연실험 *

(1) **의의**: 인위적 실험이 아닌 자연이나 사회현상 속에서 만들어진 사건이나 변화를 통해 혼란변수를 통제하는 실험

(2) **특징**: 진실험보다는 준실험 방식에 해당, 저렴한 비용, 실험에서 발생하는 윤리적 문제의 차단

(3) **형성**: 자연적인 충격(shock), 급격한 정책이나 제도의 변화

(4) **효용**
   ① 누락변수의 편의문제 차단: 직업훈련과 기술습득의 관계 → 훈련생의 열정 또는 인지능력
   ② 독립변수의 자기선택 편의의 통제: 교육과 소득의 관계 → 부모나 본인의 능력
   ③ 독립변수와 종속변수의 상호영향력 통제: 경찰관 수와 범죄율의 관계

THEME 85 기획론 **

TIP 목상전대

(1) **의의**: 목표를 달성하기 위해 장래의 활동에 관한 일련의 결정을 준비하는 과정
(2) **목적**: 미래를 합리적으로 통제하기 위한 수단의 선택
(3) **과정**: 목표의 설정, 상황의 분석, 기획의 전제 설정(→ 미래예측), 대안의 탐색 및 평가, 최적대안의 선택 순
(4) **발달요인(→ 시장실패 + 합리모형)**
　① 도시계획의 발달, 대공황과 경제계획, 소련의 경제개발계획, 세계대전과 전후복구, 개발도상국의 경제개발계획
　② 미래예측기법의 발달
(5) **특징**
　① 합리적 성격, 미래지향성 및 목표지향성, 계속적 준비 과정, 국민의 동의와 지지의 획득
　② 개인과 사회의 창의성 억제, 비민주적·통제적 성격
(6) **기획과 민주주의**
　① 반대론: 하이에크의 '노예의 길', 극히 단조로운 사회의 초래, 시장경제의 저해, 의회제도의 파괴
　② 찬성론: 파이너의 '반동에의 길'(→ 기획과 민주주의의 조화), 만하임의 '민주적 기획론', 홀콤의 '계획적 민주정부론'
(7) **기획의 유형**
　① 적용 범위별 유형
　　㉠ 정책기획(→ 기본계획): 방향과 정책의 형성, 규범적·당위적 기획, 추상적 목표의 설정
　　㉡ 전략기획(→ 전략계획): 전략의 형성, 목표의 설정과 실현성의 확보, 구체적·실천적 목표의 설정
　　㉢ 운영기획(→ 시행계획): 전술의 형성, 관리적 성격, 운영목표나 행동스케줄의 설정
　② 연동기획(↔ 고정계획)
　　㉠ 개념: 집행의 융통성 유지 → 기획의 기간은 유지하되, 매년 수정·보완하는 점진주의 기획
　　㉡ 장점: 장기와 단기의 조화, 이상과 현실의 조화, 기획과 예산의 결합
　　㉢ 단점: 호소력 약화에 따른 공약으로서의 효과성 미흡(→ 정치인이 선호하지 않음), 복잡한 절차와 많은 비용
(8) **기획의 한계 - 합리모형의 한계**
　① 수립상의 한계
　　㉠ 목표의 다원성과 무형성, 정보와 자료의 부족, 시간과 비용의 제약, 능력의 한계로 인한 미래예측의 곤란
　　㉡ 기획의 그레셤 법칙, 개인과 시장의 창의성 위축
　② 집행상의 한계
　　㉠ 기획의 경직성, 반복적 사용의 제한, 즉흥적 결정과 빈번한 수정, 행정기관 간 대립과 갈등
　　㉡ 현상타파에 대한 저항과 반발

PART 3
조직이론

PART 3 조직이론

THEME 01 조직의 의의 ***

1. 조직의 의의

(1) 의의: 일정한 목표를 달성하기 위해 형성된 분업과 통합의 활동체계를 갖춘 사회적 단위

(2) 모건(G. Morgan)의 조직의 8가지 이미지 `TIP` 기유두문정심흐지

① **기계적 장치로서 조직:** 프레데릭 황제의 군대조직, 테일러의 과학적 관리론, 페욜의 일반관리원칙, 베버의 관료제론

② **유기체로서 조직:** 호손실험에서 기인, 조직의 생존, 환경과의 관계 등에 초점, 일반체제이론, 인간관계론, 상황적합성이론

③ **두뇌로서 조직:** 사이먼의 제한된 합리성, 위너의 사이버네틱스, 프리브람의 홀로그래픽적 원리, 학습조직

④ **문화로서 조직:** 조직구성원들의 마음속에서 사회적으로 구성되는 현실 → 도구가 아닌 문화로서 조직

⑤ **정치적 존재로서 조직:** 상호 대립적인 이익을 추구하는 다양한 세력의 경쟁과 갈등의 장

⑥ **심리적 감옥으로서 조직:** 집단사고에 의한 합리적 의사결정의 저해와 관련된 개념

⑦ **흐름으로서 조직:** 조직변화의 원동력으로 자기생산, 카오스이론, 복잡성이론, 변증법적 논리 등을 강조

⑧ **지배를 위한 도구로서 조직:** 지배계층이 피지배계층을 착취하고 조정하는 도구로서 조직

2. 조직이론의 유형

(1) 서술적 이론(→ 조직을 객관적으로 기술하고 설명하는 이론)과 규범적 이론(→ 조직의 미래 상태를 처방하는 이론)

(2) 미시적 이론과 거시적 이론

① **미시적 이론**
  ㉠ 조직 내의 개인이나 소집단의 행동을 연구하는 이론
  ㉡ 학습, 지각, 성격, 태도, 욕구 및 동기, 리더십, 권력, 갈등, 의사전달 등에 초점

② **거시적 이론**
  ㉠ 조직 자체의 내부적·대환경적 행동을 연구하는 이론
  ㉡ 조직의 목표, 조직구조, 조직의 환경, 조직의 효과성, 조직문화, 조직변화와 발전 등에 초점

3. 조직이론의 전개

(1) 왈도(D. Waldo)의 분류

① **고전적 조직이론**: 과학적 관리론, 관료제론, 합리적 경제인관, 기계적 능률성, 공식적 구조, 업무 중심, 폐쇄적

② **신고전적 조직이론**: 인간관계론, 환경유관론, 사회인관, 사회적 능률성, 비공식적 요인, 인간 중심, 대체로 폐쇄적

③ **현대 조직이론**: 분화와 통합, 학제적 접근, 자아실현인 또는 복잡인, 유기적 구조, 다차원적 가치, 개방적 환경

(2) 스코트(W. Scott)의 분류

① **폐쇄합리(1900~1930)**: 폐쇄체제 + 구성원의 합리적 행동 → 고전적 행정이론

② **폐쇄자연(1930~1960)**: 폐쇄체제 + 구성원의 사회적 · 심리적 행동 → 신고전적 행정이론

③ **개방합리(1960~1970)**: 개방체제 + 구성원의 합리적 행동 → 구조적 상황이론

④ **개방자연(1970~)**: 개방체제 + 비합리적 · 권력적 · 정치적 측면 강조 → 혼돈이론, 포스트모더니즘, 와익의 모형

구분		체제의 본질	
		폐쇄적	개방적
조직의 특성	합리적	• 과학적 관리론(테일러) • 관료제론(베버) • 행정관리학파(페욜), POSDCoRB(귤릭)	• 제한된 합리성(사이먼) • 구조적 상황이론(로렌스와 로쉬) • 조직경제이론(윌리암슨)
	자연적	• 인간관계론 • 환경유관론(셀즈닉) • X-Y이론(맥그리거)	• 조직군생태론(한난과 프리맨) • 자원의존이론(페퍼와 살란식) • 사회적 제도화이론(디마지오와 포웰) • 조직화이론(와익), 쓰레기통모형(마치) • 혼돈이론

THEME 02　조직의 분류 ★★

TIP 강공규, 호기봉공, 적목통형, AGIL

(1) 에치오니(A. Etzioni)의 분류
　① 강요적 조직: 강압적 권력 + 소외적 복종
　② 공리적 조직: 공리적 권력 + 타산적 복종
　③ 규범적 조직: 규범적 권력 + 도덕적 복종

(2) 블라우(P. Blau)와 스코트(W. Scott)의 분류 – 수혜자 중심
　① 호혜조직: 구성원이 주된 수혜자, 모든 조직의 과두제 경향(➜ 집권화) ➜ 구성원의 참여 강조
　② 기업조직: 소유주나 관리자가 주된 수혜자 ➜ 능률성 강조
　③ 봉사조직: 고객이 주된 수혜자 ➜ 전문적 봉사와 행정적 절차 간 갈등의 해소 강조
　④ 공익조직: 일반대중이 주된 수혜자 ➜ 민주적 통제 장치의 강조

(3) 기능별 분류
　① 파슨스: 적응(➜ 경제조직), 목표달성(➜ 정치와 행정조직), 통합(➜ 사법과 경찰조직), 형상유지
　　(➜ 교육과 문화조직)
　② 카츠와 칸: 적응(➜ 대학, 연구소, 예술기관), 목표달성(➜ 산업), 통합(➜ 정치 및 관리), 형상유지
　　(➜ 교육과 문화조직)

(4) 콕스(T. Cox. Jr) 문화론적 조직 분류
　① 획일적 조직: 단일의 강력한 문화가 지배하는 조직
　② 다원적 조직: 다른 문화의 포용 ➜ 그러나 갈등 수준은 높은 편
　③ 다문화적 조직: 문화적 다양성의 존중 ➜ 갈등은 낮은 편

THEME 03　조직의 목표 ★★★

(1) 목표의 유형 TIP 사산체생파
　① 에치오니(A. Etzioni): 질서목표(➜ 강제적 조직), 경제목표(➜ 공리적 조직), 문화목표(➜ 규범적
　　조직)
　② 페로우(C. Perrow): 사회적 목표, 산출목표(➜ 고객), 체제목표(➜ 최고관리자), 생산목표(➜ 투자자),
　　파생적 목표

(2) 목표의 변동

① **목표의 전환(diversion)**: 기존의 목표를 달성하지 못했음에도 불구하고 새로운 목표를 설정하고 이를 추구하는 행위

② **목표대치(displacement)**

  ㉠ **개념**: 종국적 가치를 수단적 가치로 왜곡하는 현상 → 관료제 병리

  ㉡ **원인**: 무형적 목표, 사익추구 성향, 할거주의, 목표의 과다측정(→ 전시행정)

③ **목표의 승계(succession)**

  ㉠ **개념**: 기존의 목표를 달성했거나 달성이 불가능할 때 새로운 목표를 재설정하는 행위

  ㉡ 동태적 보수주의(→ 동태적 항구성), 조직이 존속하는 요인, 소아마비재단, 올림픽조직위원회(→ 국민체육시설관리공단)

④ **목표의 다원화**: 질적으로 상이한 새로운 목표의 (수평적) 추가

⑤ **목표의 확대**: 기존 목표 범위의 (수직적) 확장

⑥ **목표의 비중변화**: 복수목표에 있어 목표 간 우선순위의 변화

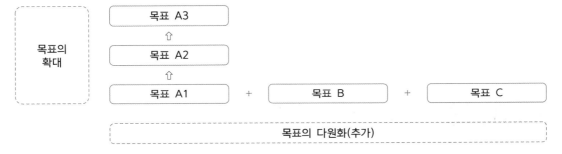

THEME 04 ┃ 거시조직이론 ★★★

(1) 의의: 조직의 전체 수준에서 목표, 구조 및 환경과의 관계 등을 연구하는 접근방법

(2) 결정론: 환경이 조직에 미치는 영향력을 중시하는 입장 → 조직의 피동성 강조

(3) 임의론: 조직의 환경에 대한 능동성 강조

구분		환경인식	
		결정론	임의론
분석수준	개별조직	구조적 상황이론	전략적 선택이론, 자원의존이론
	조직군	조직군생태학, 조직경제학, 제도화이론	공동체생태학

구분	환경결정론	수동적 적응론	자유의지론
미시수준	관료제이론	상황적합이론	전략적 선택이론, 자원의존이론
거시수준	조직경제학, 조직군생태학	제도화이론	조직 간 관계론, 공동체생태학

THEME 05 구조적 상황이론 ***

(1) 의의: 개방체제이론이나 생태론을 실용화시킨 중범위이론 → 유일 최선의 조직설계에 대한 반론

(2) 특징

    ① 개별 조직이 놓여 있는 상황과 조직구조의 적합성 강조, 업무의 과정보다는 객관적 결과의 중시

    ② 실증적·과학적 분석, 환경·기술·규모 등 다변수적 연구

(3) 주요 학자

    ① 환경: 번스와 스톡(1961), 로렌스와 로쉬(1967) 등

    ② 기술: 우드워드(1965), 톰슨(1967), 페로우(1967) 등

    ③ 규모: 블라우와 애시턴 그룹(1970)

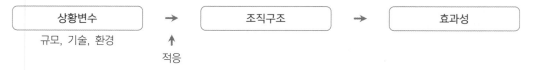

THEME 06 전략적 선택이론 – 차일드와 챈들러 **

(1) 의의: 조직이 스스로 구조를 결정할 수 있음을 강조하는 임의론 → 재량권을 지닌 관리자의 자율적 판단이나 의지의 강조

(2) 챈들러(A. Chandler): 환경 → 전략 → 구조 순으로 전개

(3) 차일드(J. Child): 지배와 통제를 유지하는 방향으로의 구조설계

상황변수	→	전략	→	조직구조

THEME 07 자원의존이론(1978) – 페퍼와 살란식 **

(1) 의의: 조직은 핵심자원을 통제하는 환경의 요구에 반응하는 존재, 조직생존의 핵심 → 자원을 획득하고 유지할 수 있는 능력

(2) 특징

    ① 전략적 선택이론과는 달리 조직의 환경에 대한 의존성 인정 → 조직과 환경과의 상호작용

    ② 환경의 제약으로부터 더 많은 자율성을 얻기 위한 전략의 설정

THEME 08 | 조직군생태론 ★★★

(1) 의의: 환경의 선택에 의한 조직의 번성과 쇠퇴를 강조하는 이론으로, 환경이 조직을 선택한다는 극단적인 환경결정론

(2) 특징

① 거시적 수준의 분석(→ 조직군 수준의 분석), 조직 쇠퇴의 원인(→ 내적·외적 요인들로 인한 구조적 타성)

② 자연도태나 적자생존의 법칙을 조직이론에 적용한 것 → 조직구조와 환경 간 1대1 관계의 강조

③ 종단분석에 의한 장기적 시관, 우연한 사건 등에 의한 대규모 사회변동을 설명하기 용이함

THEME 09 | 공동체생태학 ★★

(1) 의의: 환경의 절대성을 강조하는 환경결정론에 대한 비판 → 환경에 능동적으로 대처해 나가는 공동노력을 강조하는 입장

(2) 호혜적 관계의 형성이유: 불균형(비대칭), 필요성, 효율성, 안정성과 정당성

(1) 주인 - 대리인이론
    ① 의의: 정보비대칭(→ 주인 < 대리인)으로 인한 역선택과 도덕적 해이 현상을 설명하는 이론
    ② 대리손실: 본인과 대리인 간 이해상충으로 인해 발생 → 대리손실의 최소화가 목적

(2) 거래비용이론
    ① 의의: 생산의 주체가 아닌 거래비용의 최소화 도구로서 조직, 거래비용이 내부 조정비용보다 크다면 거래의 내부화 시도
    ② 거래비용의 발생원인: 제한된 합리성과 기회주의 행동, 자산의 특정성(→ 독점), 불확실성, 거래의 발생빈도 등

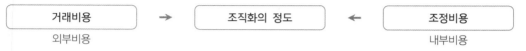

거래비용   →   조직화의 정도   ←   조정비용
외부비용   내부비용

(1) 의의: 인습적 신념에 부합하도록 강요하는 사회적·문화적 압력에 의해 특정 형태의 조직구조가 형성된다는 입장
(2) 제도: 합리성과 효율성보다는 사회적 정당성을 확보하기 위한 도구, 배태성과 동형화 원리의 강조
(3) 동형화의 유형 `TIP` 강모규
    ① 강제적 동형화: 압력 혹은 사회의 문화적 기대에 의한 동형화 현상
    ② 모방적 동형화: 불확실한 상황에서 정당성을 인정받고 있거나 성공적이라고 평가받는 조직을 닮아가는 현상
    ③ 규범적 동형화: 전문가들 사이에 조직 형태에 대한 규범이 보편화되는 현상

THEME 12 환경에 대한 조직의 대응전략 **

(1) 셀즈닉(P. Selznick)의 전략
  ① 적응적 변화: 수동적 적응, 소극적 전략
  ② 적응적 흡수: 외부 유력인사의 조직 내 영입, 적극적 전략(→ 위험 요소의 제거, 지지기반의 확대)

(2) 스코트(W. Scott)의 전략
  ① 완충전략
    ㉠ 개념: 환경의 불확실성은 주어진 것으로 보는 입장 → 소극적 · 대내적 전략
    ㉡ 유형: 분류(→ 우선순위의 설정), 비축, 형평화(→ 진폭의 조정), 예측, 배급(→ 할당), 성장
      (→ 능력의 향상)
  ② 연결전략
    ㉠ 유리한 방향으로 환경의 변화를 유도하고자 하는 입장 → 적극적 · 대외적 전략
    ㉡ 권위주의(→ 지배적 위치 확보), 계약, 경쟁, 합병, 적응적 흡수, 로비, 광고 등

THEME 13 공식조직과 비공식조직 **

(1) 공식조직: 기능적 합리성에 따라 인위적으로 만들어진 조직, 능률의 논리, 전체 질서(→ 합법적
절차에 의한 규범)
(2) 비공식조직: 현실적인 인간관계에 따라 자연발생적으로 형성된 조직, 감정의 논리, 부분 질서(→
상호접촉에 의한 규범)
  ① 순기능: 공식조직의 경직성 완화, 구성원의 행동기준 확립, 비공식적 의사전달의 통로, 심리적
    안정감 등
  ② 역기능: 공식적 권위의 약화, 부분 응집력(→ 공식조직의 응집성 약화), 비공식적 의사소통의
    역기능, 정실행위 등

THEME 14 위원회조직 **

(1) **의의**: 민주적 결정과 조정의 촉진을 위해 복수 구성원으로 구성된 합의제 조직 → 관료제 조직에 비하여 수평적 · 유기적 구조
(2) **특징**
  ① 행정의 민주성: 다수의 합의에 의한 결정
  ② 행정의 전문성: 행정부에 의한 준입법적 기능, 준사법적 기능의 수행
(3) **유형**
  ① 자문위원회
  ② 의결위원회: 의결권은 존재, 집행권은 없음
  ③ 행정위원회: 행정부 소속, 특정 업무의 독자적 수행, 의결권 및 집행권 보유
  ④ 독립규제위원회: 행정부로부터 독립되어 특정 업무를 독자적으로 수행하는 위원회
(4) **장점**: 행정의 중립성과 계속성, 권력집중의 방지, 전문지식의 활용, 신중하고 공정한 결정 등
(5) **단점**: 행정부의 무력화, 책임소재의 모호성(→ 책임의 전가), 결정의 지체, 타협적 결정(→ 보수성) 등
(6) **행정위원회의 종류**
  ① 대통령 소속: 방송통신위원회, 규제개혁위원회 등
  ② 국무총리 소속: 국민권익위원회, 공정거래위원회, 금융위원회, 원자력안전위원회, 개인정보보호위원회
  ③ 행정각부 소속: 중앙노동위원회(→ 고용노동부), 소청심사위원회(→ 인사혁신처)
  ④ 독립위원회: 중앙선거관리위원회, 국가인권위원회

THEME 15 계선(line)과 막료(staff) **

(1) **계선**
  ① 개념: 행정기관의 목표달성에 직접적으로 기여하는 기관
  ② 특징: 수직적 관계, 명령권과 집행권 행사, 일반행정가(→ 넓은 시야), 현실적 · 보수적, 부서별 시각
  ③ 장점: 권한과 책임한계의 명확성, 조직의 안정성 확보, 신속하고 능률적인 업무수행, 소규모 조직에 적합 등
  ④ 단점: 기관 책임자의 독단, 계선기관의 업무과중, 부처별 시각(→ 할거주의), 조직의 경직성 등
(2) **막료**
  ① 개념: 계선기관이 원활하게 활동할 수 있도록 지원하는 기관
  ② 특징: 수평적 관계, 명령권과 집행권 없음, 목표달성에 간접 기여, 전문행정가, 이상적 · 비판적, 조직 전체 시각
  ③ 장점: 기관장의 통솔범위 확대, 업무조정과 전문지식의 활용, 조직의 신축성 확보, 대규모 조직에 적합 등
  ④ 단점: 집권화의 우려, 계선과 참모의 갈등, 조직의 복잡성 증대, 조직의 비대화, 비용의 증가 등

THEME 16 하부조직과 소속기관 **

(1) 하부기관: 보조기관(→ 계선), 보좌기관(→ 막료)
(2) 소속기관: 부속기관, 특별지방행정기관
(3) 지방정부 소속기관: 직속기관, 사업소, 출장소, 합의제 행정기관(→ 사무의 일부 독립)

하부기관

보조기관	+	보좌기관
계선		참모

소속기관

부속기관	+	특별지방행정기관

THEME 17 행정농도 *

(1) 총인원 대비 유지관리인력(→ 두상조직)의 비율 → 직접인력 대비 간접인력의 비율
(2) (관리자 수 / 생산자 수 × 100) → 조직의 경직성
(3) (참모조직 / 계선조직 × 100) → 조직의 동태화 · 민주화

THEME 18 조직구조 ★★

(1) **의의**: 개인 및 부서에 부과된 공식적인 과업의 집합 또는 전체 구성 요소들의 체계적 배열

(2) **기능**
　① 목표를 달성하기 위한 질서의 형성, 의사소통과 조정 및 통합의 수단
　② 지위와 역할 및 권한의 규정, 계층의 수와 통솔범위의 지정

(3) **구조의 구성 요소**
　① 지위(→ 직위가 차지하고 있는 상대적 가치), 역할(→ 해야 할 것으로 기대되는 행동범주)
　② 권한(→ 정당성이 승인된 권력), 규범(→ 상호관계에 대한 당위적 규정)

(4) **구조형성의 변수** TIP 복공집, 규기환전
　① **기본변수**: 복잡성, 공식성, 집권성 등
　② **상황변수**: 규모, 기술, 환경, 전략, 권력 등

(5) **구조형성의 원리**
　① **개념**: 목표를 달성하기 위한 유일 최선의 방법을 발견하고자 했던 이론 → 고전적 조직이론에서 강조
　　㉠ **분업의 원리**(→ 기능의 동질성): 분업의 원리, 부성화의 원리, 참모조직의 원리, 동질성 원리, 기능명시 원리
　　㉡ **조정의 원리**: 조정의 원리, 계층제의 원리, 명령계통(→ 명령체계), 통솔범위 원리, 목표의 원리, 집권화 원리
　② **사이먼(H. Simon)의 비판**: 검증되지 않은 속담
　③ **현대 조직이론**: 상황변수를 고려한 구조형성의 강조

1. 분업의 원리

(1) **의의**: 기능 또는 업무의 동질성을 기준으로 과업을 할당하는 것 → 일의 전문화

(2) **장점**: 한 가지 주된 업무의 부과로 인한 빠른 업무숙련 → 능률성 제고

(3) **단점**

① 업무에 대한 흥미의 상실, 비인간화 → 인간의 부품화

② 훈련된 무능: 상황 적응력의 상실, 편협하고 좁은 시야

③ 할거주의 심화: 조정과 통합의 곤란

(4) **수평적 전문화와 수직적 전문화**

구분		수평적 전문화	
		높음	낮음
수직적 전문화	높음	비숙련(→ 단순) 직무	일선관리 직무
	낮음	전문가적 직무	고위관리 직무

2. 조정의 원리 TIP 계규계수, 정직임매프

(1) **의의**: 공동의 목적을 위해 구성원의 행동을 질서 있게 배열하는 과정, 분업화와 상반되는 원리 → 상호균형 요구

(2) **조정의 방법**

① 귤릭(L. Gulick): 계층제, 위원회 제도, 아이디어

② 톰슨(J. Thompson): 표준화(→ 안정적 환경), 계획(→ 불안정한 환경), 상호조절(→ 격동의 장)

(3) **수직적 연결기제(R. Daft)**

계층	가장 기초적 수단, 조직도표상의 선
규칙과 계획	표준정보의 제공, 직접적인 의사소통 없는 조정 → 계획이 좀 더 장기적
계층직위 추가	상관의 통솔범위 축소 → 좀 더 밀접한 의사소통
수직정보시스템	정기적인 보고서, 문서화된 정보 → 조정비용이 가장 높은 단계

(4) **수평적 연결기제(R. Daft)**

정보시스템	정보시스템을 통한 정규적인 정보교환
직접 접촉	부서 내에 존재하는 비공식적 권한 가진 연락담당자의 활용
임시작업단	일시적 문제에 대한 부서 간의 직접적인 조정장치
프로젝트 매니저	조정을 담당하는 공식적 권한을 보유한 정규 직위 → 부서 밖에 위치
프로젝트 팀	영구적인 사업단 → 가장 강력한 수평적 조정장치

3. 계층제의 원리

(1) 의의: 권한과 책임의 정도에 따른 직무를 등급화하는 원리 → 명령복종 관계의 확립

(2) 특징: 권한과 책임의 종적 분업이며, 사람 능력의 상대적 차이 반영, 통솔범위의 한계로 인하여 발생

(3) 순기능: 지시와 명령 및 권한위임, 공식적 의사통로, 내부통제의 수단, 수직적 분업, 승진의 경로, 일체감의 확보 등

(4) 역기능: 조직의 경직화, 의사소통의 왜곡, 종적 서열주의, 기관장의 독선, 민주적 인간관계의 저해, 피터의 원리 등

4. 명령통일의 원리

(1) 의의: 한 사람의 상관에게만 보고하고 명령을 받아야 한다는 원리 → 이중명령의 방지

(2) 위반 사례: 매트릭스구조, 기능직장(→ 감독의 분업), 위원회제도

(3) 순기능: 책임소재의 명확성, 지위의 안정성, 의사전달의 효율성 등

(4) 역기능: 종적 서열주의, 막료기능의 무력화, 행정의 전문화와 상충 등

5. 통솔범위의 원리

(1) 의의: 감독자가 효과적으로 통솔할 수 있는 부하의 수와 관련된 원리

(2) 원인: 인간의 주의력이나 지식 및 시간의 한계로 인해 발생되며 계층제가 형성되는 원인으로 작용

(3) 비판: 사이먼(H. Simon)의 비판 → 마술적인 숫자

(4) 통솔범위의 확대 요인 – 통제의 용이성
　① 업무의 표준화 또는 공식화, 일상적 기술, 교통·통신의 발달
　② 상관과 부하의 뛰어난 능력, 부하의 창의성이나 사기의 앙양

THEME 20 부서편성의 기준 *

TIP 목과대지

(1) 목적 · 기능별 편성
① 의의: 조직이 달성하고자 하는 목표나 기능에 따른 부서편성으로, 가장 일반적인 부서편성의 방법
② 장점: 정부의 활동에 대한 국민의 이해 용이, 업무의 중복과 충돌의 방지, 책임의 전가 방지
③ 단점: 전문기술의 발전과 전문가의 활용 곤란, 할거주의 경향과 집권화의 폐단

(2) 과정 · 절차별 편성
① 의의: 사용하는 과정 · 절차 · 기술 등에 따른 부서편성 → 통계청, 조달청, 국세청, 법제처 등
② 특징: 행정의 복잡성, 다양성, 이질성 등이 높을 때 유용
③ 장점: 전문기술과 전문가의 활용, 업무의 통합적 관리, 예산의 절감(→ 규모경제), 경력발전의 경로
④ 단점: 부처 간 조정의 어려움, 넓은 안목의 관리자 양성 곤란, 목적보다 수단의 중시

(3) 대상 · 고객별 편성
① 의의: 동일한 수혜자 또는 대상물에 따른 부서편성 → 노동부, 국가보훈처, 산림청, 문화재청 등
② 장점: 국민의 정부 접촉의 용이성(→ 서비스의 질 향상), 업무조정의 용이성, 행정절차의 간소화
③ 단점: 행정업무의 중복으로 인한 혼란, 이익단체의 간섭

(4) 지역 · 장소별 편성
① 의의: 활동이 수행되는 장소에 따라 부서를 편성하는 방법 → 세무서, 지방병무청 등
② 장점: 신속하고 종합적인 업무처리, 지역실정에 맞는 행정 → 주민에 대한 대응성 확보
③ 단점: 업무의 전국적 통일성 확보 곤란 → 지역 세력의 압력

THEME 21 | 직무설계의 방법 ***

(1) 전통적 설계
- ① 목적: 능률성 확보
- ② 특징
  - ㉠ 분업의 심화, 계층제적 통제, 업무의 단순화·표준화, 개별적 직무, 고정적 직무, 개별적 책임, 많은 규칙
  - ㉡ 집권적 구조, 분명한 명령체계, 좁은 통솔범위, 낮은 팀워크

(2) 탈전통적 설계 – 동기 집약적 직무설계
- ① 목적: 생산성 제고 + 직무만족
- ② 특징: 인적 전문화 추구, 융통성 있는 직무 정의(→ 적은 규칙), 직무에 대한 집단적 책임, 넓은 통솔범위, 높은 팀워크
- ③ 동기 집약적 직무설계

직무확장(Job enlargement)	직무 양(수)의 수평적 증가 → 위생요인
직무충실(Job enrichment)	직무의 책임성·자율성 향상, 직무 깊이의 종적(→ 질적) 심화 → 동기요인

THEME 22 | 조직구조의 변수 ***

1. 개관

2. 기본변수 TIP 복공집

(1) 복잡성
- ① 의의: 직무의 분화정도 → 수평적 분화(→ 분업 또는 부서화), 수직적 분화(→ 계층의 수), 장소적 분산
- ② 주요 가설
  - ㉠ 조직의 규모와 조직구조의 복잡성 → 정(+)의 관계
  - ㉡ 환경의 복잡성(→ 구성 요소의 다양성)과 조직구조의 복잡성 → 정(+)의 관계
  - ㉢ 조직구조의 복잡성과 의사결정의 방식 → 분권화, 좁은 통솔범위
  - ㉣ 조직구조의 복잡성과 행정농도 → 정(+)의 관계
  - ㉤ 조직구조의 복잡성과 갈등 → 정(+)의 관계(→ 조직과 업무에 대한 낮은 몰입도)

(2) 공식성

① 개념: 조직 내 규칙과 절차 그리고 지시와 의사전달의 표준화·문서화 정도

② 요인: 규모의 증대, 안정적 환경, 일상적 기술

③ 영향력: 높은 집권화, 낮은 변동률, 일의 전문화 촉진, 인적 전문화 약화

④ 장점: 예측 가능성과 안정성 제고, 객관성과 보편성 확보, 직접적인 감독의 필요성 감소, 시간과 노력의 절감 등

⑤ 단점: 조직운영의 신축성 저해, 환경변화에 대한 대응력 약화, 조직의 자율성과 창의성 저해, 번문욕례와 동조과잉 등

(3) 집권화

① 집권화 요인: 소규모 조직, 신설 조직, 위기, 결정의 중요성, 규칙과 절차의 발달, 교통과 통신의 발달 등

② 분권화 요인: 대규모 조직, 오래된 조직, 환경의 복잡성과 동태성, 신속한 서비스 제공, 인적 전문화의 심화 등

3. 상황변수 `TIP` 규기환전

(1) 규모의 증가와 조직구조

① 분화의 촉진 → 복잡성의 증대, 통합을 위한 노력

② 분권화, 공식화(→ 기계적 구조), 비정의성 증대, 보수화 경향(→ 쇄신성의 약화)

③ 낮은 직무 만족도와 조직 몰입도 → 응집력 약화

(2) 기술과 조직구조

① 기술: 조직의 투입을 산출로 전환하는 데 쓰이는 도구나 기법

② 일상적 기술: 제조업무, 낮은 복잡성, 높은 공식성, 집권적 구조 → 기계적 구조

③ 비일상적 기술: 연구업무, 높은 복잡성, 낮은 공식성, 분권적 구조 → 유기적 구조

(3) 환경과 조직구조

① 환경의 분류 기준

   ㉠ 환경의 복잡성: 구성 요소의 다양성, 단순 vs 복잡 → 조직구조의 복잡성과 연결

   ㉡ 환경의 역동성: 구성 요소의 변화 정도, 안정 vs 불안정 → 조직구조의 공식성과 연결

② 환경의 유형

   ㉠ 단순·안정: 기계적 구조, 적은 부서(→ 낮은 조직구조의 복잡성), 적은 경계관리

   ㉡ 복잡·안정: 기계적 구조, 많은 부서(→ 높은 조직구조의 복잡성), 약간의 경계관리

   ㉢ 단순·불안정: 유기적 구조, 적은 부서(→ 낮은 조직구조의 복잡성), 많은 경계관리

   ㉣ 복잡·불안정: 유기적 구조, 많은 부서(→ 높은 조직구조의 복잡성), 광범위한 경계관리

(4) 전략과 조직구조

① 저비용 전략: 기계적 구조, 내부 지향적, 안정적 전략, 효율성의 극대화 추구

② 차별화 전략: 유기적 구조, 외부 지향적, 모험적 전략, 혁신적 산출물의 개발

(1) **평온무작위**: 완전경쟁시장, 아메바, 태아, 유목민 → 환경과 관계없이 자신의 전략 수행
(2) **평온집약**: 불완전경쟁시장, 유아, 농업·광업, 1차 산업 → 장기적·전략적 계획, 집권화 경향
(3) **교란반응**: 과점시장 → 경쟁에 대응하기 위한 전략, 분권화 경향
(4) **격동의 장**: 가장 동태적인 상황 → 외부관계의 지속적 재평가

THEME 24 우드워드의 기술의 유형 – 조직 전체 기술적 복잡성과 조직구조 **

TIP 소대연

(1) 영국 남부 제조업체의 실증적 연구
(2) **기술의 유형**: 소량주문생산(→ 유기구조), 대량생산(→ 기계구조), 연속공정생산(→ 유기구조)
(3) **결론**: 기술적 복잡성과 조직구조의 낮은 상관성, 기술적 복잡성과 행정농도는 정(+)의 관련성

구분	소량주문생산	대량생산	연속공정생산
기술적 복잡성	낮음	중간	높음
기계에 의한 통제	낮음	높음	매우 높음
결과의 예측	낮음	높음	매우 높음
직접/간접 인력의 비율	9/1	4/1	1/1
감독자의 관리 폭	23	48	15
숙련공의 수	많음	적음	많음
문서화된 의사소통	낮음	높음	낮음

톰슨의 분류 – 기술과 상호의존성 ★★

구분	중개적 기술 → 기계구조	길게 연결된 기술 → 기계구조	집약적 기술 → 유기구조
상호의존성	집합적 의존성	순차적 의존성	교호적 의존성
접촉 빈도	낮음	중간	높음
갈등	낮음	중간	높음
조정 방법	표준화(→ 법규)	계획(→ 일정표)	상호적응
조정 난이도	용이	중간	곤란
복잡성	낮음	중간	높음
공식성	높음	중간	낮음
추가 방법	전담 참모 설치	위원회 설치	프로젝트팀 등
예	은행, 우체국 등	대량생산 조립라인	종합병원, 종합건설

1. 분류 기준

(1) 과제 다양성: 기대하지 못하거나 새로운 사건의 빈도 → 직무의 복잡성

(2) 분석 가능성: 객관적 분석, 표준절차에 따른 업무수행 → 직무의 난이도

구분		과제 다양성	
		낮음	높음
분석 가능성	낮음	장인기술	비일상적 기술
	높음	일상적 기술	공학적 기술

2. 기술의 유형

(1) 일상적 기술: 일상적 · 반복적 대량생산체제나 은행의 창구업무

(2) 공학적 기술: 직무의 복잡성 → 업무수행 절차와 매뉴얼의 활용

(3) 장인기술: 연주, 조각 등 업무의 분석이 어려워 광범위한 경험과 오랜 훈련이 필요

(4) 비일상적 기술: 수평적 조정의 필요성 → 수평구조

일상적 기술	공학적 기술	장인기술	비일상적 기술
기계적 구조	대체로 기계적	대체로 유기적	유기적 구조
높은 공식화	중간의 공식화	중간의 공식화	낮은 공식화
높은 집권화	중간의 집권화	중간의 집권화	낮은 집권화
적은 훈련 및 경험	공식 훈련	작업 경험	훈련 및 경험
넓은 통솔 범위	중간의 통솔 범위	중간의 통솔 범위	적은 통솔 범위
수직적 문서	문서 및 구두	수평적 구두	수평적 회의

3. 조직기술과 정보기술

(1) 정보의 불확실성: 과제의 다양성, 정보의 부재, 많은 정보 필요

(2) 정보의 모호성: 분석의 어려움, 풍성한 정보 요구

일상적 기술	공학적 기술	장인기술	비일상적 기술
적은 양적 정보	많은 양적 정보	적은 풍성한 정보	많은 풍성한 정보
보고서, 규정, 계획	하이테크	하이터치	하이테크, 하이터치
거래처리시스템	DB, MIS, DSS	관찰, 면접회의	회의, MIS, DSS

구분	기계적 구조 → 높은 공식성 · 집권성 · 복잡성	유기적 구조 → 낮은 공식성 · 집권성 · 복잡성
목적	생산성의 극대화	생산성 + 환경에 대한 적응 + 인간적 가치의 구현
특징	좁은 직무 범위, 표준화(→ 표준운영절차), 분명한 책임관계, 공식적 관계, 고층구조, 낮은 팀워크	넓은 직무 범위, 적은 규칙과 절차, 모호한 책임, 분화된 채널(→ 원활한 환류), 저층구조, 높은 팀워크

THEME 28 **민츠버그(H. Mintzberg)의 복수국면접근법 ★★**

> **TIP** 전중운기참, 단사전기임, 기사전 – 과기산, 단임 – 직상

1. 구성 요소

(1) **전략정점**: 사명과 전략을 형성하는 최고책임자 → 단순구조, 직접 감독
(2) **중간라인**: 전략부문과 운영핵심을 연결하는 중간관리자 → 사업부제, 산출물 표준화
(3) **운영핵심**: 제품이나 서비스를 생산하는 작업계층 → 전문관료제, 기술(노하우) 표준화
(4) **기술구조**: 산출 과정과 산출물 검사, 업무 과정 내 흐름의 통제 → 기계관료제, 과정 표준화
(5) **지원참모**: 운영핵심의 간접적 지원, 막료집단, 업무 과정 외 문제의 지원과 해결 → 임시체제, 상호조절

2. 구조의 유형

구분	단순구조	기계관료제	전문관료제	사업부제	임시체제
권력	전략정점	기술구조	운영핵심	중간관리자	지원참모
조정기제	직접 감독	과정 표준화	기술 표준화	산출물 표준화	상호조절
규모	소규모	대규모	가변적	대규모	가변적
기술	단순	비교적 단순	복잡	가변적	매우 복잡
환경	단순 동태	단순 안정	복잡 안정	단순 안정	복잡 동태
전문화	낮음	높음(일)	높음(사람)	중간	높음(사람)
공식화	낮음	높음	낮음	높음	낮음
집권화	집권	제한된 수평적 분권	수직적 · 수평적 분권	제한된 수직적 분권	선택적 분권
통합 필요	낮음	낮음	높음	낮음	높음

(1) 단순구조

① 전략정점과 운영핵심으로 구성되며, 전략정점의 힘이 강한 소규모 신설 조직
② 낮은 분화, 높은 집권화, 낮은 공식화, 유기적 구조, 낮은 목적의 모호성(→ 명확한 책임)
③ 단순하고 동태적인 환경에 적합, 직접 감독에 의한 조정

(2) 기계관료제

① 다섯 가지 구성 요소가 모두 발달, 특히 기술구조의 힘이 강한 조직
② 높은 종적·횡적 분화로 좁게 전문화된 업무의 수행, 높은 공식화, 뚜렷한 계선과 참모의 구분
③ 수평적 분권화, 수직적 집권화, 기능별 구성에 따른 규모의 경제, 높은 예측 가능성
④ 단순하고 안정적인 환경에 적합, 작업 과정과 절차의 표준화에 의한 조정

(3) 전문관료제

① 운영핵심의 힘이 강한 유형, 수평적으로는 세분화되어 있지만 계층의 수는 적은 조직
② 업무의 높은 수평적 분화, 고도의 훈련을 받은 전문가의 자율적 운영 및 낮은 공식화
③ 수평적·수직적 분권화, 기계적 관료제의 능률성 + 훈련된 기술을 요하는 전문화된 업무 수행, 좁은 시야와 할거주의
④ 복잡하고 안정적인 환경에 적합, 오랜 경험과 훈련에 의한 내면화된 작업기술의 표준화를 통한 조정

(4) 사업부제

① 중간관리자의 힘이 강한 유형, 사업부별로 업무를 독자적으로 처리하는 할거적 구조 혹은 분할 구조
② 중앙본부는 장기적 목적에 관심, 각 사업부서는 자율적 책임 하에 영업활동 수행
③ 사업부들이 자치권을 갖고 있어 전체 조직에 끼치는 영향은 미약, 성과관리에 적합, 산출물의 표준화에 의한 조정

(5) 임시체제

① 지원참모의 힘이 강한 유형, 느슨하고 신축적이며 자기 혁신적인 조직구조
② 기본적인 과업흐름 외에서 발생하는 조직의 문제에 대해 지원하는 모든 전문가들로 구성
③ 동태적이고 복잡한 환경에 적합, 비일상적이고 복잡한 문제의 해결에 적용, 상호조절에 의한 조정

대프트(R. Daft)의 조직구조 ***

TIP 기사매수네

기능구조(U형)	공동기능별로 부서화 방식
사업구조(M형)	산출물 기반의 부서화 방식
매트릭스구조	기능구조와 사업구조의 이중적 결합
수평구조	핵심 업무 과정 중심으로 구조화 방식
네트워크구조	핵심기능은 직접 수행하고 여타 기능은 아웃소싱하는 구조화 방식

THEME 30 기능구조와 사업구조 **

(1) 기능구조
① 의의: 조직의 전체 업무를 공동기능별로 부서화한 구조
② 특징
  ㉠ 기계적 구조, 집권적 권한, 전문화된 직무, 낮은 팀워크(→ 수평적 조정의 필요성이 낮을 때 효과적)
  ㉡ 안정적 환경과 일상적 기술, 수직적 통제와 조정, 내적 능률성 추구
③ 장점: 지식과 기술을 통합적 활용(→ 전문지식의 발전), 시설과 자원의 공유(→ 규모의 경제)
④ 단점: 기능 내 의사소통과 조정은 용이, 기능 간 조정과 협력은 곤란(→ 변화가 심한 환경에는 부적합)

(2) 사업구조
① 의의: 산출물에 기반을 둔 조직구조, 모든 기능들을 부서 내 배치하는 자기완결적 단위 또는 전략적 단위
② 특징: 불확실한 환경, 비일상적 기술, 기능 간 높은 상호의존성, 외부 지향적 목표, 기능구조보다는 분권적
③ 장점: 환경변화에 대한 신축적 대응, 보다 포괄적인 목표의식, 고객만족도 제고, 성과관리에 적합
④ 단점: 산출물별로 생산라인의 중복, 기능 직위의 부서별 분산으로 전문지식과 기술의 발전의 제약

(1) 의의: 일반적으로 베버(M. Weber)의 이념형 관료제 모형을 의미함

(2) 함의: 기능적 합리성에 입각하여 목표를 달성하기 위한 최적의 수단(↔ 도덕적 이상)을 모색하는 근대화의 상징

(3) 발달 배경

① 사회의 세속화(→ 인간 이성의 지배), 화폐경제 발달, 사회차별의 평균화[→ 계약제(↔ 신분제) 사회]

② 사무의 양적 증대와 질적 변화, 물적 관리수단의 집중화, 관료제 조직의 기술적 우위성

(4) 특징

법과 규칙(→ 이성)	순기능	공식성 제고, 객관성과 예측 가능성, 평등하고 공정한 업무수행
	역기능	동조과잉 등 목표대치, 획일성과 경직성, 형식주의와 무사안일
계층제	순기능	명령과 복종체계의 확립, 질서유지 수단, 조정의 수단, 수직적 분업
	역기능	결정과 의사전달의 지연, 책임의 회피와 분산, 권력의 집중, 상급자 권위에의 의존(→ 무사안일)
문서주의	순기능	공식성과 객관성, 결과의 보존
	역기능	형식주의, 번문욕례
비정의성 (impersonality)	순기능	공·사의 구별(→ 객관성), 공평무사
	역기능	인간관계와 성장의 저해, 메마르고 냉담한 행태
전문화(→ 분업)와 전임화	순기능	자격과 능력에 의한 충원, 능률성과 생산성의 향상
	역기능	할거주의, 훈련된 무능, 흥미상실, 구성원의 소외
연공서열과 업적	순기능	직업공무원제의 발달, 행정의 안정성과 재직자의 보호
	역기능	피터의 법칙(→ 무능력자의 승진), 민주성과 대표성 약화(→ 외부통제의 곤란)

(5) 1930년대 사회학자들의 비판

① 골드너(A. Gouldner): 목표에 대한 낮은 내면화 → 무사안일

② 블라우(P. Blau): 부서 간 비협조, 집행 과정의 융통성 부족

③ 머턴(R. Merton): 동조과잉(→ 규칙의 내면화) → 지나친 통제에 따른 경직성 초래

④ 셀즈닉(P. Selznick): 할거주의 → 권한의 위임과 전문화에 따른 하위체제의 분열

⑤ 베블런(T. Veblen): 훈련된 무능 → 한 가지 지식이나 기술에 관한 훈련 + 다른 대안에 대한 생각의 부재

THEME 32 탈관료제 ***

(1) 의의: 1970년대 이후 등장, 구조의 유연성, 환경변화에 대한 신속한 적응, 인간가치의 존중
(2) 대두 배경
  ① 환경의 불확실성과 유동성으로 인한 업무의 복잡성과 상호의존성의 증대
  ② 인본주의 성향의 대두, 다품종 소량생산시스템으로의 변화(→ 수요자 중심)
(3) 특징: 집단적 문제해결능력, 잠정적 구조배열, 경계 관념의 혁신(→ 분화된 채널), 비일상적 기술, 분권화, 낮은 행정농도

THEME 33 태스크포스와 프로젝트팀 *

(1) 태스크포스: 임시작업단, 수평적, 인적 성격, 소규모, 부문 내 설치, 법적 근거 불요, 임시적·단기적, 기존 부서에서 파견
(2) 프로젝트팀: 영구사업팀, 수직적, 물적 성격, 대규모, 부문 간 설치, 법적 근거 필요, 장기적, 기존 부서에서 탈퇴

THEME 34 매트릭스조직 – 행렬조직·복합조직 ***

(1) 의의: 기능구조(→ Unitary 구조)와 사업구조(→ Multi 구조)의 화학적(↔ 물리적) 결합
  예 NASA, 특수대학원, 종합병원, 대사관 조직 등
(2) 특징: 일상기능은 종적, 문제과업은 횡적, 기능의 통제는 수직적, 사업의 조정은 수평적 → 명령통일 원리의 위반
(3) 적용 영역
  ① 중간 정도의 조직규모 → 부족한 자원의 공유 압력의 존재
  ② 기술적 전문성(→ 기능구조)과 수시적 제품개발(→ 사업구조)의 압력의 동시적 요구
  ③ 수직적 조정과 수평적 조정의 동시적 요구
(4) 장점: 전문성과 신축성의 동시적 확보, 조직 내의 인력의 공동활용, 다양한 경험(→ 넓은 시야) + 전문기술
(5) 단점: 이중의 권한과 이중보고(→ 결정의 지연과 시간의 지체), 기능부서와 사업부서의 갈등해결을 위한 시간과 노력의 낭비

(1) **의의**: 수직적 계층과 부서 간 경계가 실질적으로 제거된 평면구조의 형태
(2) **특징**: 구성원들을 핵심 업무 과정을 중심으로 구조화 → 보완적인 소수가 공동의 목표를 위해 협력하는 형태
(3) **구성 단위**: 자율적인 팀(→ 자원에 대한 접근권한과 의사결정권한 보유), 각 과정의 조정자에 의한 업무 과정의 조정
(4) **적용 영역**: 신설된 조직, 동태적 환경, 복잡하고 다기능적인 과업, 관리보다는 현업이 강한 조직

THEME 36 네트워크조직 ***

(1) **의의**: 자체 기능은 핵심 역량 위주로 합리화하고 나머지 기능은 아웃소싱하는 조직구조
(2) **특징**
  ① 독자성을 지닌 단위부서나 조직들 사이의 협력적 연계장치(→ 가상조직과 임시체제의 속성), 비대칭적 설계
  ② 공동의 목적과 독립적 구성원, 자발적이고 다방면적인 연결, 타인과의 자유로운 연결, 역량 있는 다수의 지도자가 존재
  ③ 다원적이고 분산적인 상호작용과 높은 과정적 자율성을 지니고 있어 연계자의 역할이 강조됨
  ④ 문제해결능력을 중시하는 실무자 중심의 언더그라운드 조직, 시행착오를 통해 문제해결능력을 향상하는 학습조직
(3) **장점**: 최저 비용과 최고 품질 + 간소한 조직구조, 신속한 새로운 제품의 출시, 정보통신망에 의한 조정(→ 감독비용 절감)
(4) **단점**: 모호한 조직경계(→ 낮은 정체성과 응집력), 외부 계약기관의 통제 곤란, 기회주의 행동(→ 조정과 감시비용 증가)

THEME 37 관료제와 가상조직 *

(1) **관료제**: 모더니즘(→ 분화의 논리), 계층제(→ 물리적 경계), 규모의 경제, 선형적 진화(→ 안정적 질서)
(2) **가상조직**: 포스트모더니즘(→ 총체적 연계), 전자네트워크, 속도의 경제, 변혁적 진화(→ 역동적 질서)

THEME 38 린덴(Linden)의 이음매 없는 조직 *

(1) **편린적 조직**: 협소한 직무(→ 낮은 자율성), 기능구조, 명확한 역할, 통제지향, 생산자 중심, 소품종 대량생산, 투입 중심
(2) **이음매 없는 조직**: 넓은 직무(→ 높은 자율성), 팀 구조, 모호한 역할, 분권화 지향, 소비자 중심, 주문 생산, 성과 중심

THEME 39 인간관과 관리전략 **

(1) **합리적·경제적 인간관 – 원자적 존재, 개인주의**
① 과학적 관리법 등 고전적 조직이론에서 강조하는 인간관
② 욕구의 획일성(→ 경제적·물질적 욕구), 직무수행의 피동성, 외재적 동기유발
③ 구조 중심의 관리전략(→ 직무조직의 합리적 설계), 교환모형(→ 경제적 보상이나 물리적 제재를 통한 통제)
(2) **사회적 인간관 – 집단의 일원**
① 인간관계론 등 신고전적 조직이론에서 강조하는 인간관
② 욕구의 획일성(→ 비합리적·감성적 측면), 직무수행의 피동성, 외재적 동기유발
③ 자생적 집단이나 소집단의 영향력 강조, 집단적 유인 중시, 교환모형(→ 사회적 욕구에 근거한 좀 더 부드러운 통제)
(3) **자아실현적 인간관 – 자율적 존재**
① 성장이론에 기반을 둔 인간관(→ 후기인간관계론), 인간의 능동성과 성장욕구 등 내재적 요인에 의한 동기부여 강조
② 외적 보상보다는 내적 보상 중시(→ 성취감 또는 만족감), 도전적인 직무설계와 참여관리의 강조
③ 통합모형: 조직의 목표와 구성원 목표의 통합
(4) **복잡한 인간관 – 샤인(E. Schein)의 Z이론**
① 인간욕구의 복잡성과 변이성에 기반, 인간의 욕구의 다원성과 경험을 통한 욕구의 학습을 강조하는 모형
② 관리전략(→ 개인차의 감지와 존중 등 상황적응적 관리), 관리자의 역할(→ 훌륭한 진단가 또는 상담가)

THEME 40 인간의 성격 *

(1) 프레스더스(R. Presthus) 모형
    ① 상승형(조직인형): 보상에 관심 + 규칙의 준수
    ② 무관심형(외부흥미형): 보상에 무관심 + 규칙의 준수
    ③ 애매형(모호형, 독립인형)
        ㉠ 보상에 관심 + 규칙의 무관심
        ㉡ 비극적 존재, 내성적 성격, 원만하지 못한 대인관계, 전통적 권위의 배격

(2) 다운스(A. Downs) 모형 **TIP** 출보열창경
    ① 출세형(등반형): 최고관리층에서 주로 나타나는 유형
    ② 보전형: 중간관리층에서 주로 나타나는 유형
    ③ 열성형: 한정된 정책이나 사업에 충실 → 낙천적 · 정력적 · 내향적
    ④ 창도가형: 포괄적 기능이나 조직 전체에 충성 → 관료 제국주의
    ⑤ 경세가형: 사회 전체를 위하여 충성 → 공직에서 가장 이상적인 유형

(3) 코튼(C. Cotton) 모형 – 권력균형이론
    ① 조직인형: 자신의 가치를 높이는 전략 → 상승형과 유사
    ② 독립인형: 조직에 대한 의존성 약화 전략 → 모호형과 유사
    ③ 외부흥미형: 조직 또는 업무 외적 요인을 강조하는 전략 → 무관심형과 유사
    ④ 동료형: 가장 이상적인 모형

THEME 41 동기부여이론 ***

(1) **의의**: 직무행동을 유발하고 방향과 강도 등을 결정하는 요인을 연구하는 이론
(2) **배경**: 욕구의 획일성과 외재성을 가정했던 고전적 이론과 신고전적 이론의 한계를 극복하기 위해 등장
(3) **특징**: 정신적 · 관념적 구성물, 생산성에 영향을 주는 요소, 동태적이고 가변적인 개념
(4) **관련 개념**
    ① 직무만족: 직무에 대한 개인적 태도
    ② 직무관여: 기본적 요구 수준을 넘어서서 자발적 직무수행
    ③ 조직몰입: 조직에 대한 태도, 직무만족에 비해 보다 포괄적이고 장기적인 성격

(5) 유형

① 내용이론
　㉠ 의의: 욕구의 충족과 동기부여 간 직접적 인과관계 긍정, 동기를 유발하는 내용에 초점을 맞춘 이론
　㉡ 연구대상: 인간의 욕구, 욕구의 배열, 욕구에서 비롯되는 충동, 유인체계 등
　㉢ 주요 학자: 매슬로우, 앨더퍼, 맥그리거, 아지리스, 리커트, 허즈버그, 맥클리랜드, 머레이, 맥코비 등

② 과정이론
　㉠ 의의: 욕구의 충족과 동기부여 간 직접적 인과관계 부정, 동기유발의 경로규명에 초점을 맞춘 이론
　㉡ 주요 학자: 기대이론(→ 브롬, 포터와 롤러 등), 아담스, 로크, 해크맨과 올햄, 학습이론(→ 스키너 등)

THEME 42 동기부여 내용이론 ★★★★

1. 매슬로우(A. Maslow)의 욕구5단계이론(1954) TIP 생안사존자

(1) 욕구를 5단계로 계층화, 욕구계층에 따른 순차적 발로(→ 만족 – 진행), 욕구가 부분적으로 충족되면 다음 단계로 이행
(2) 가장 우선순위가 높은 욕구(→ 생리적 욕구), 가장 궁극적 욕구(→ 자아실현의 욕구), 하급욕구일수록 보다 구체적
(3) 하나의 욕구가 하나의 행위를 유발한다고 가정, 동기로 작용하는 욕구(→ 충족되지 않은 욕구)
(4) 욕구의 단계

결핍의 욕구	생리적 욕구	의식주, 성욕, 보수(→ 기본급), 근무환경
	안전의 욕구	후생복지(→ 연금), 신분보장(→ 정년), 직업의 안정성
	사회적 욕구 (→ 관계 또는 애정)	우정, 친교, 인사상담, 고충처리
성장의 욕구	존경의 욕구	행위결과에 대해 느끼는 감정 → 명예, 지위, 인정, 신망, 성취감, 자신감, 자율성 등
	자아실현의 욕구	지속적인 능력발전에 대한 욕구 → 성장의 욕구

(5) 한계
① 욕구의 퇴행성을 간과, 욕구체계의 획일성 가정, 욕구계층의 개인적 차이 간과
② 복합적 욕구가 하나의 행위를 유발할 수 있음을 간과, 욕구 외의 습관이나 성격의 영향력 간과
③ 충족된 욕구도 동기유발 요인으로서 의미를 상실한 것은 아님

2. 앨더퍼(C. Alderfer)의 ERG이론(1972)

(1) 욕구를 충족시키는 행동의 추상성을 기준으로, 매슬로우(A. Maslow)의 다섯 가지 욕구계층을 세 가지로 통합
(2) **주요 원리**: 욕구충족의 원리, 욕구강도의 원리, 욕구좌절의 원리
(3) 두 가지 이상의 욕구가 동시에 작용하여 하나의 행동을 유발하는 복합연결형 욕구를 주장함
(4) 만족 – 진행 요소뿐만 아니라 좌절 – 퇴행 요소도 함께 고려, 욕구의 출발점이 개인마다 다를 수 있음을 수용
(5) **욕구계층**

생존(E)욕구	생리적 욕구 + 안전의 욕구(→ 물질적 안전)
관계(R)욕구	안전의 욕구(→ 정신적 안전) + 사회적 욕구 + 존경의 욕구(→ 외적 자존심)
성장(G)욕구	존경의 욕구(→ 내적 자존심) + 자아실현의 욕구

3. 맥그리거(D. McGregor)의 X · Y이론

(1) 외재적 통제를 강조하는 X-이론을 비판하고 참여관리와 같은 Y-이론적 관리를 강조하는 이론
(2) **한계**: 지나친 2분법적 시각, Y이론의 이상성 강조(→ 성선설), 과학성 미약(→ 직관적으로 추론된 가정들로 구성)

X-이론 (교환모형)	권위주의 리더십, 집권적 의사결정, 명령과 점검, 처벌, 경제적 보상, 관용과 설득, 대인관계 개선
Y-이론 (통합모형)	포괄적 직무설계, 민주적 리더십, 분권화와 권한위임, 내부규제와 통제의 완화, 참여에 의한 목표관리

4. 아지리스(C. Argyris)의 성숙인 · 미성숙인(1957)

(1) **갈등악순환모형**: 인간은 미성숙에서 성숙으로 성장하지만 관료제는 미성숙한 관리방식을 고수하여 나타나는 현상
(2) 성숙한 인간을 관리하는 방식의 강조 → 조직발전과 조직학습

5. 허즈버그의 2요인론 – 동기 · 위생이론

(1) **이원적 욕구구조**: 불만과 만족은 별개의 개념으로, 상호 독립되어 있으며, 계층적으로 서열화된 것도 아님
(2) 불만요인(→ 위생요인)은 동기부여의 필요조건 → 불만요인의 제거는 작업손실의 방지에 기여하지만 생산성 향상과는 무관
(3) **동기요인과 위생요인**

동기요인 (만족요인)	내재적 요인, 직무 그 자체(→ 보람 있는 직무), 성취감과 인정, 책임감과 승진, 성장과 발전
위생요인 (불만요인)	외재적 요인, 조직의 정책과 행정 및 감독, 보수와 지위 및 안전, 대인관계와 작업조건

(4) **한계**
① 기사나 회계사 등 전문가들 중심으로 연구하고 있어 연구대상의 일반화가 곤란하며, 개인차를 고려하지 못함
② 중요사건기록법에 의해 자료를 수집하고 있어 내적 요인인 동기요인이 과대평가됨

6. 맥클리랜드(D. McClelland)의 성취동기이론

(1) 누구나 공통의 욕구계층을 가진다는 매슬로우(A. Maslow) 견해를 비판하는 이론
　① 인간의 욕구체계가 선천적으로 주어진 것이 아니라 사회화 과정에서 경험적으로 형성
　② 욕구는 사회적 과정에서 학습되는 것으로 개인마다 계층의 차이가 존재

(2) 욕구의 유형(→ 상위욕구 중심): 권력욕구, 친교욕구, 성취욕구

(3) 성취욕구가 높을수록 생산성 향상에 기여하므로 관리자는 성취욕구의 자극에 중점을 두어야 한다고 주장

(4) 성취욕구의 향상방안: 중간 수준의 적당한 목표, 계산된 위험, 구체적 피드백

7. 머레이(H. Murray)의 명시적 욕구 이론(1964)

(1) 욕구는 선천적으로 주어진 것이 아니라 성장하면서 배우고 학습됨을 강조하는 이론

(2) 욕구의 계층성을 부정하며, 어떤 욕구든지 언제나 그리고 여러 욕구가 동시에 발로되기도 함
　→ 복잡인관

THEME 43 동기부여 과정이론 ****

1. 해크맨과 올햄의 직무특성이론(1976) TIP 다정중자환, 의책결

(1) 긍정적 동기는 직무특성과 성장욕구 수준에 부합될 때 형성된다는 이론, 복잡인관(→ 성장욕구 수준이라는 개인차 고려)

(2) 개인의 성장욕구 수준이 직무특성과 심리상태 및 성과를 조절하는 변인으로 작용 → 직무특성 → 심리상태 → 성과 순

(3) 잠재적 동기지수 = (기술다양성 + 직무정체성 + 직무중요성) / 3 × 자율성 × 환류 → 자율성과 환류가 가장 중요한 요인

(4) 동기부여 방법

　① 성장욕구 수준이 높을 때: 내재적 동기부여 → 높은 자율성과 환류
　② 성장욕구 수준이 낮을 때: 정형화된 단순 직무

성장욕구의 수준
↓

직무특성	→	심리상태	→	결과 및 성과
기술다양성 직무정체성 직무중요성	→	의미감		동기의 상승 작업의 질 향상 높은 만족도 이직률 저하 결근율 저하
자율성	→	책임감	→	
환류	→	결과에 대한 지식		

2. 브롬(V. Vroom)의 기대이론(1964)

(1) 욕구의 충족과 동기유발 간 직접적 인과성 부정 → 전통적인 욕구이론에 주관적 기대(→ 가능성)라는 개념의 추가

(2) 성과에 영향을 미치는 요인: 노력, 직무수행능력, 환경요인 등

(3) 보상의 내용이나 실체보다는 보상에 대한 개인적 매력에 초점 → 내용이론의 보완

(4) 동기유발 과정 TIP 기수유

기대(expectancy)	노력이 1차 수준의 성과를 가져온다는 주관적 확률(→ 0~1)
수단성(instrumentality)	1차 결과가 보상을 가져올 것이라는 믿음의 강도(→ -1~+1)
유인가(valence)	2차 수준의 결과(→ 보상)에 대한 개인적 선호의 강도(→ -n~+n)

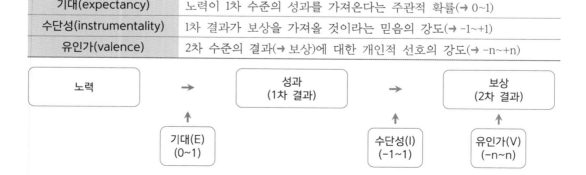

3. 포터와 롤러의 업적 – 만족이론

(1) 보상에 대한 개인의 만족감을 변수로 하여 브룸의 기대이론을 보완한 모형

(2) **기존의 이론**: 만족 → 동기부여 → 업적 순

(3) **업적 – 만족이론**: 업적 → 보상 → 보상에 대한 공평성(만족) → 동기부여 순

(4) **보상**

　① 외재적 보상: 보수, 승진, 지위, 안전 등 → 직무성취 외에 다른 요인의 개입

　② 내재적 보상: 개인 스스로 부여한 가치 → 외부의 교란 요인에 영향을 덜 받음

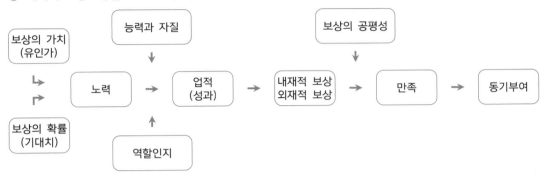

4. 조고풀로스(B. Georgopoulos)의 통로 – 목표이론

(1) 근로의욕은 조직의 활동이 개인목표 달성의 통로로서 유효한지 여부에 달려 있다는 모형

(2) **결정 요인**: ⓐ × ⓑ

　ⓐ 추구하는 목표가 개인의 욕구를 충족시켜 줄 수 있는지 정도

　ⓑ 생산성 제고 노력이 목표를 얼마나 잘 달성할 수 있는지 정도

5. 애트킨슨(J. Atkinson)의 기대이론

(1) **동기부여**: 성공적 수행 동기 × 실패의 회피 동기

(2) **성공을 바라는 경우의 선택**: 성공 동기의 강도, 성공의 가능성, 성공하였을 경우의 유인가

(3) **실패를 회피하려는 경우의 선택**: 회피 동기의 강도, 회피의 가능성, 회피하였을 경우의 유인가

6. 아담스(J. Adams)의 공평성(형평성)이론

(1) 준거인물과 비교하여 자신의 노력(→ 투입)수준을 결정한다는 이론 → 준거인과의 공평성 추구

(2) 노력과 보상 간 불일치를 지각하면 이를 제거하는 방향으로 동기가 유발됨

(3) **투입(→ 노력):** 동원된 노력, 기술, 교육, 경험, 사회적 지위 등

(4) **산출(→ 보상):** 보수, 승진, 직무만족, 학습기회, 작업조건 등

(5) **행동유발 요인:** 호혜주의(→ 준거인과 공평한 교환을 추구하는 성향), 인지일관성(→ 생각과 행동을 일치시키려는 경향)

(6) **과소보상:** 편익의 증대 요청, 노력(→ 투입)의 감소, 인식의 변경, 준거인물의 교체 등

(7) **과다보상:** 노력(→ 투입)의 증대, 준거인물의 교체 등

7. 로크(E. Locke)의 목표설정이론(1968)

(1) 개인의 성과는 목표의 특성(→ 구체성 및 난이도)에 의해서 결정됨

(2) 영향의 정도는 상황요인(→ 환류, 보상, 직무성격, 능력, 경쟁 등)에 따라 달라짐

(3) **기본변수:** 구체적 목표(→ 개인에게 노력의 방향 제시), 곤란성이 높은 도전적 목표(→ 노력의 강도 제고)

(4) **상황변수:** 환류(→ 동기의 유발, 높은 수준의 목표설정 유도), 참여적 목표(↔ 지시적 목표)(→ 목표의 수용과 몰입의 촉진)

(1) **의의:** 학습된 행동이 유발되는 과정을 설명하는 이론
(2) **학습의 요인:** 동기화(motivation)와 행동의 반복
(3) **학습 요인의 구성:** 외적 자극 또는 내적 인지 및 사회적 관찰 등
(4) **행동주의 학습이론**
    ① 고전적 조건화: 파블로프의 조건반사이론(1927) → 자극이 있으면 반응한다는 이론
    ② 조작적 조건화: 스키너의 연구(1953) → 반응을 이끌어내기 위해 자극을 조작하는 이론
        ㉠ 올바른 행동의 유도: 적극적 또는 긍정적 강화(→ 혜택의 부여), 소극적 또는 부정적 강화
            (→ 부담의 제거)
        ㉡ 잘못된 행동의 제거: 소거 또는 중단(→ 혜택의 박탈 또는 중지), 처벌(→ 부담의 부과)
(5) **인지학습이론**
    ① 의의: 학습에 있어 강화와 반복보다는 인지구조의 전환을 강조하는 이론
    ② 잠재학습(latent learning) → 강화물이 없는 상태에서도 학습이 진행됨을 강조
(6) **사회학습이론:** 다른 사람의 행동이나 상황을 관찰하거나 모방한 결과 → 반두라의 관찰학습
(7) **강화의 일정**
    ① 연속적 강화: 성과가 나올 때마다 강화물을 제공하는 방법 → 초기 단계에는 효과적
    ② 단속적 강화

간격 강화 → 시간		비율 강화 → 행동	
고정간격	변동간격	고정비율	변동비율
규칙적 간격	불규칙적 간격	일정한 비율	불규칙적 비율

(1) **의의:** 금전적 · 물질적 보상보다 지역공동체나 국가, 인류를 위해 봉사하려는 이타심에 주목하는
    이론
(2) **동기의 유형**
    ① 합리적 차원: 정책형성 과정의 참여, 공공정책에 대한 동일시, 특정 이해관계에 대한 지지
    ② 규범적 차원: 공익봉사 욕구, 전체에 대한 충성, 사회적 형평성 추구
    ③ 감성적 차원: 정책의 사회적 중요성에 기인한 정책몰입, 선의의 애국심

THEME 46 Z-이론 **

(1) **의의**: X-이론과 Y-이론의 이분법적 한계를 극복하고자 등장한 이론으로, 현대인의 복잡한 심리를 묘사 → 복잡인관

(2) **주요 모형**
    ① **룬드스테드**: 권위형 관리(→ X-이론), 민주형 관리(→ Y-이론), 자유방임형 관리(→ Z-이론)
    ② **라모스**: 작전인(→ X-이론), 반응인(→ Y-이론), 괄호인(→ 비판적 성향, Z-이론)
    ③ **롤리스**: 상황적응적 관리모형
    ④ **베니스**: 탐구형 인간 → 가설적인 사고와 실험정신의 강조

(3) **오우치(W. Ouchi)의 Z-이론(1981)**
    ① **A형(→ 미국식)**: 빠른 승진, 공식적 통제, 조직 내 역할, 개인적 결정, 개인적 책임, 단기고용, 전문화된 경력 경로
    ② **J형(→ 일본식)**: 느린 승진, 비공식적 통제, 총체적 관심, 집단적 결정, 집단적 책임, 종신고용, 순환보직
    ③ **Z형(→ 미국에서의 일본식 관리)**
        ㉠ 느린 승진, 비공식적 통제, 총체적 관심, 집단적 결정
        ㉡ 개인적 책임, 장기고용, 다기능적 경력 경로
    ④ **결론**: J형이나 Z형이 A형보다 성과가 높다는 주장

THEME 47 의사전달 **

1. 의사전달의 유형

(1) **공식성 기준**
    ① 공식적 의사전달
        ㉠ **개념**: 규정된 통로와 수단을 통한 의사전달
        ㉡ **특징**: 책임소재의 명확성, 의사전달 확실성·편리성, 정보와 근거 보존, 상관의 권위 유지 등
    ② 비공식적 의사전달
        ㉠ **개념**: 소문·풍문 등 현실적 접촉을 통한 의사전달
        ㉡ **특징**: 신속성과 적응력, 배후사정의 소상한 전달, 소외감 극복, 개인욕구 충족, 공식적 의사전달의 보완 등

(2) **흐름 기준**
    ① **하향적 의사전달**: 명령(→ 지시, 훈령, 예규, 공고, 고시 등), 일반정보(→ 편람, 기관지, 뉴스레터, 게시판 등)
    ② **상향적 의사전달**: 보고, 품의, 의견조사, 제안제도, 상담제도 등
    ③ **수평적 의사전달**: 사전심사, 사후통보, 회람, 회의, 위원회, 레크레이션 등

2. 의사전달망

(1) 구성 요소: 집중도(→ 정보나 권한이 집중되는 중심 인물 존재 여부)와 개방도(→ 의사전달을 위한 채널의 수)

(2) 전달망의 유형

구분	고전적 의사전달				
	연쇄형	Y형	바퀴형	원형	개방형 (전체경로형)
속도	중간		빠름	느림	빠름
리더	중간		높음	없음	
집권성	중간	높음	가장 높음	낮음	가장 낮음
적응력	느림		가장 느림	빠름	
왜곡	가장 높음	중간		높음	가장 낮음
집중도	높음			낮음	
개방도	낮음			높음	

3. 의사전달의 장애

(1) 인적 요인: 가치관과 사고기준의 차이, 지위의 차이, 원만하지 못한 대인관계, 의식적 제한과 자기방어 등

(2) 구조 요인: 집권적 구조, 전문화와 할거주의, 정보전달 채널의 부족 등

(3) 매체 요인(→ 언어와 정보): 매체의 불완전성, 정보의 유실 또는 과다, 다른 업무의 압박, 지리적 거리, 환류의 봉쇄 등

THEME 48 갈등 ★★★

1. 의의

(1) 개념
① 서로 대립되는 두 개 이상의 욕구가 동시에 만족될 수 없는 심리적 상태
② 한 사람 또는 집단의 기대나 목표지향적 행동이 타인이나 타집단에 의해 차단되는 상황

(2) 과정
① 선행 조건: 잠재적 갈등 → 의사소통, 구조, 개인적 요인
② 인지와 개인화: 지각된 또는 감지된 갈등
③ 의도: 갈등의 처리 → 경쟁, 협동, 타협, 회피, 순응(→ 수용)
④ 행동: 표면적 갈등
⑤ 결과: 성과의 향상 또는 성과의 저하

(3) 갈등관의 변천
① 전통적 견해(→ 인간관계론): 갈등의 역기능 강조
② 행태론적 견해: 불가피한 현상(→ 필연적 현상)으로서 갈등 → 순기능 + 역기능
③ 현대적 견해: 갈등의 순기능 강조 → 갈등조장론, 갈등의 상호작용론

(4) 갈등의 기능
① 역기능 – 전통적 견해
  ㉠ 소비적 갈등, 파괴적 갈등
  ㉡ 조직의 불안, 반목과 적대감, 쇄신과 발전의 저해, 위계질서의 문란, 구성원의 사기 저하 등
② 순기능 – 현대적 견해
  ㉠ 생산적 갈등, 건설적 갈등 → 기능적 갈등, 상호작용론 또는 갈등조장론
  ㉡ 선의의 경쟁(→ 조직발전의 새로운 계기), 문제해결능력과 창의력의 향상, 조직의 융통성과
    적응력 향상 등

2. 갈등의 분류

(1) 마치(J. March)와 사이먼(H. Simon)의 분류 TIP 수비불, 문설협정

개인적 갈등	비수락성	결과에 만족하지 못할 때, 해결책 → 새로운 대안의 탐색
	비비교성	결과는 알지만 무엇이 좋은지 모를 때, 해결책 → 우선순위의 명확화
	불확실성	결과를 모를 때, 해결책 → 결과의 예측
집단적 갈등	문제해결	가치는 합의 사실에 대한 갈등(→ 과학적 해결), 객관적·분석적 대안의 모색
	설득	가치는 합의 사실에 대한 갈등(→ 과학적 해결), 공동의 목표에 입각한 하위 목표의 모순 제거
	협상	가치에 대한 갈등(→ 정치적 해결), 이해당사자 간 직접적인 양보와 획득
	정략	가치에 대한 갈등(→ 정치적 해결), 제3자의 도움에 의한 갈등의 해결

(2) 밀러(N. Miller)와 도랄드(J. Dollard)

접근 - 접근 갈등	바람직한 가치를 지닌 두 대안 중 하나를 선택해야 하는 상황
회피 - 회피 갈등	바람직하지 못한 가치를 지닌 두 대안 중 하나를 선택해야 하는 상황
접근 - 회피 갈등	바람직한 가치와 그렇지 못한 가치 중 하나를 선택해야 하는 상황

(3) 로빈슨(S. Robbins)의 분류

업무갈등(→ 역기능 + 순기능)	업무의 내용과 목적에 관한 갈등(→ 상위목표 제시, 상사의 명령 및 중재, 상호타협)
관계갈등(→ 역기능)	인간관계에 관련된 갈등(→ 의사전달의 장애요소 제거, 소통의 기회 제공)
과정갈등(→ 역기능 + 순기능)	업무가 완수되는 방법에 관한 갈등(→ 의사소통 증진, 조직구조의 변경, 자원의 증대)

(4) 토마스(K. Thomas)의 갈등관리 - 갈등의 처리

① 경쟁: 신속한 결정, 긴급한 상황, 조직에 매우 중요한 문제, 인기 없는 조치가 요구되는 경우
② 회피: 쟁점이 사소할 때, 갈등해소에 따른 부작용이 너무 클 때
③ 순응: 자기의 잘못일 때, 다른 사람에게 더 중요한 사항일 때
④ 협동: 양자에게 매우 중요한 경우, 통합적 해결책만이 수용될 때
⑤ 타협: 잠재적인 문제가 더 클 때, 일시적 해결책

구분		상대방 이익(→ 협조)		
		낮음		높음
자기 이익(→ 독단)	낮음	회피		순응(→ 동조)
			타협	
	높음	경쟁		협동(→ 제휴)

3. 갈등관리

(1) 갈등의 원인(→ 잠재적 갈등): 업무의 상호의존성, 공동의 의사결정, 권력의 동등성, 제로섬 상황, 역할의 수평적 분화

(2) 조장전략: 권력의 재분배, 정보의 억제 또는 과다공급, 의사전달 통로의 변경, 수평적 분화, 개방형 임용 등

(3) 해소전략: 권한과 책임의 명확화, 상호의존성 감소, 우선순위 설정, 공동의 적, 상위목표 제시, 조직의 개편, 자원의 확충 등

THEME 49 · 협상의 종류 *

(1) **분배적 협상**: 한정된 자원을 나누어야 하는 협상, 상반된 이해관계, 관계의 단기성 → 제로섬 상황
(2) **통합적 협상**: 전체 자원의 증대로 연결되는 협상, 조화 또는 수렴된 이해관계, 관계의 장기성 → 넌제로섬 상황

THEME 50 · 조직시민행동(↔ 직장 무례함) *

(1) **의의**: 강제는 아니지만 지키면 좋은 행동기준, 재량에 의해 행해지는 동료나 조직에게 도움이 되는 친사회적 행동
(2) **특징**: 공식적 업무 외의 행동(→ 직무기술서에 명시되지 않음), 보상의 부여와 무관, 훈련받지 않은 행동
(3) **원인**: 리더에 대한 신뢰, 절차의 공정성에 대한 지각, 명확한 역할기대, 직무만족과 조직몰입, 원만하고 성실한 성격 등
(4) **유형** `TIP` 이예, 양신공
　① 개인에 대한 조직시민행동
　　㉠ 이타적 행동: 타인을 도와주려는 친사회적 행동
　　㉡ 예의적 행동: 다른 사람의 권리 존중 또는 피해를 주지 않도록 미리 배려하는 행동
　② 조직에 대한 조직시민행동
　　㉠ 양심적 행동: 조직이 요구하는 이상의 봉사나 노력
　　㉡ 신사적 행동(→ 스포츠맨십): 악담이나 단점, 불평, 불만, 험담 및 과장해서 이야기 하지 않는 정당한 행동
　　㉢ 공익적 행동: 업무에 대한 책임의식과 능동적 참여

THEME 51 · 권력과 권위 **

`TIP` 신동제정

(1) **권력**: 다른 개인 등의 행태에 영향을 미칠 수 있는 잠재적 능력
　① 에치오니(A. Etzioni): 강제적 권력, 공리적(→ 보상적) 권력, 규범적 권력
　② 프렌치(J. French)와 라벤(B. Raven)
　　㉠ 조직: 강요적 권력, 공리적 권력, 정통적 권력(→ 직위에 기반을 둔 합법적 권력)
　　㉡ 개인: 전문적 권력(→ 전문적 기술이나 지식), 준거적 권력(→ 개인적 카리스마)

(2) **권위**: 제도화되고 정당화된 권력, 정당성이 부여된 권력
    ① 베버(M. Weber): 카리스마적 권위, 전통적 권위(→ 가산관료제), 합법적 권위(→ 근대관료제)
    ② 사이먼(H. Simon): 신뢰의 권위(→ 경험과 능력), 동일화 권위(→ 일체감), 제재의 권위, 정당성의
      권위(→ 규범과 관습)
(3) **영향력**: 잠재적 능력을 실제의 행동으로 옮기는 동적 개념
(4) **권위의 특징**: 수용자의 공감과 자발성, 상대방의 존재(→ 사회적 개념), 리더십 발휘의 성공 요건
(5) **권위의 수용**
    ① 바나드(C. Barnard)의 무관심권: 아무런 문제제기 없이 받아들이는 상황
    ② 사이먼(H. Simon)의 수용권: 충분한 검토 없이 따르거나 잘못된 것을 알면서도 따르는 상황

THEME 52 리더십 ***

(1) **의의**: 구성원들을 자발적이고 적극적으로 행동하도록 영향을 미치는 리더의 기술
(2) **배경**: 동기부여나 행태를 중시했던 인간관계론의 등장으로 인해 강조
(3) **리더십과 헤더십**
    ① 리더십: 지도력, 사람의 권위, 심리적 권위, 자발적 복종, 동태적 성격, 상호적 교류
    ② 헤더십: 직권력, 직위의 권위, 제도적 권위, 강제적 복종, 정태적 성격, 일방적 교류
(4) **리더십의 기능**
    ① 목표달성을 위한 자원과 상징의 동원 및 관리기능 → 공식적 구조와 설계의 보완
    ② 추종자에 대한 심리적 지원기능 → 활동의 통제와 조정 및 조직의 일체감 확보
(5) **리더십이론의 변천**
    ① 속성이론: 리더의 자질에 초점을 둔 접근
    ② 행태이론: 리더의 행태와 부하의 반응에 초점을 둔 접근
    ③ 상황이론: 리더십 행사에 영향을 주는 상황적 요인에 초점
    ④ 신속성론: 리더가 조직 또는 부하에게 주는 영향력에 초점

THEME 53 리더십 자질론 **

(1) **의의**: 리더의 개인적 속성이 리더십의 성패를 좌우한다는 이론
(2) **단일적 자질론**: 단일적·통일적 자질이 존재한다는 이론
(3) **성좌적 자질론**: 상황에 따른 가변적 자질의 강조하는 이론

THEME 54 리더십 행태이론 – 행동유형론 ***

(1) **의의**: 리더의 자질보다는 리더의 행동유형을 강조하는 이론
(2) **초점**: 리더의 행태와 추종자의 업무성취도 및 만족 간 상관성에 초점을 둔 연구
(3) **1차원적 리더십(→ 인간 중심)**: 아이오와 대학(→ 권위형, 민주형, 방임형), 미시간 대학(→ 업무 중심과 직원 중심)
(4) **2차원적 리더십(→ 인간 + 업무)**: 오하이오 대학(→ 구조와 배려), 관리그리드(→ 생산과 인간)

THEME 55 리더십 상황이론 ***

1. 피들러(F. Fiedler)의 상황적응모형

(1) **기준**: 가장 싫어하는 동료(LPC)
(2) **유형**
　① 과업지향형: 싫어하는 동료를 부정적(→ LPC 점수가 낮음)으로 평가할 때
　② 관계지향형: 싫어하는 동료를 긍정적(→ LPC 점수가 높음)으로 평가할 때
(3) **상황변수**: 리더와 부하의 관계, 직위권력, 과업구조
(4) **적합한 리더십**: 매우 유리하거나 불리한 경우(→ 과업지향 리더), 중간인 경우(→ 관계지향 리더)

2. 허시와 블랜차드의 3차원 모형 TIP 지설참위

(1) **오하이오 대학의 연구와 레딘(W. Redden) 모형의 종합**
　① 과업 중심 리더십: 목표의 수립, 조직화, 시간의 정립, 지시와 통제
　② 관계 중심 리더십: 후원, 의사소통과 상호작용, 청취, 피드백
(2) **상황변수**: 부하의 성숙도 → 직무상 능력과 심리적 성숙도(→ 의욕)
(3) **life-cycle 가설** - 부하의 성숙도는 성장주기(→ 생애주기)에 따라 달라진다는 이론

구분		심리상 의욕	
		낮음	높음
직무상 능력	낮음	지시(telling) 리더십	설득(selling) 리더십
	높음	참여(participating) 리더십	위임(delegating) 리더십

164 해커스공무원 학원·인강 gosi.Hackers.com

3. 하우스와 애반스의 경로 – 목표모형 **TIP** 시원참성

(1) 리더의 역할: 보상을 받을 수 있는 경로의 명확한 설정

(2) 리더의 유형: 지시적 리더십(→ 구조), 지원적 리더십(→ 배려), 참여적 리더십, 성취적 리더십

(3) 상황변수: 과업의 환경, 부하의 특성

① 구조화된 과업(→ 지원적 리더십), 구조화되지 않은 과업(→ 지시나 참여적 리더십)

② 집단의 초기(→ 지시적 리더십), 안정기(→ 지원이나 참여적 리더십)

③ 공식화된 규칙의 존재(→ 참여적 리더십), 공식화된 규칙의 부재(→ 지시적 리더십)

④ 능력의 부족에 대한 인식(→ 지시적 리더십), 외적 통제(→ 지시적 리더십), 내적 통제(→ 참여적 리더십)

⑤ 생리와 안전욕구(→ 지시적 리더십), 소속과 존경욕구(→ 지원적 리더십), 성취욕구(→ 참여나 성취적 리더십)

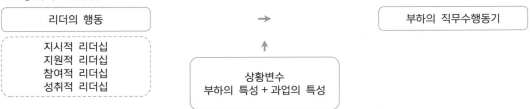

4. 커와 저미어의 리더십 대체물접근법

(1) 리더의 행동이 중요하지 않다는 이론, 리더십의 중요성을 감소시키는 상황적 요인으로 대체물과 중화물을 제시

① **리더십 대체물**: 리더십을 불필요하게 만드는 요인

② **리더십 중화물**: 리더십의 필요성을 약화시키는 요인

(2) 리더십의 유형: 지시적 리더십(→ 구조), 지원적 리더십(→ 배려)

(3) 상황변수

① **부하의 특성**: 경험과 훈련(→ 지시), 전문가적 성향(→ 지시와 지원), 보상에 대한 무관심(→ 지시와 지원의 중화물)

② **과업의 특성**: 구조화된 과업(→ 지시), 빈번한 환류(→ 지시), 도전적인 업무(→ 지원)

③ **조직의 특성**: 높은 응집성(→ 지시와 지원), 규칙과 규정(→ 지시), 공간적 거리(→ 지시와 지원의 중화물)

(1) **의의**: 1980년대 미국적 위기를 대처하기 위해 등장, 리더의 자질보다 리더가 조직과 구성원에게 미친 영향력에 초점

(2) **유형**: 변혁적 리더십, 카리스마 리더십, 발전적 리더십, 문화적 리더십 등

(3) **변혁적 리더십 – 번스(J. Burns)와 바스(B. Bass)**

    ① 안정보다는 변화를 유도하는 최고관리층의 리더십 → 합리적 교환관계를 토대로 하는 거래적 리더십과 대비

    ② 다양성과 적응성이 요구되는 유기적 조직에 적합

    ③ 변혁적 리더의 특징

        ㉠ 창의성과 다양성의 존중, 구성원들 간 신뢰관계의 구축 → 분화보다는 통합의 강조

        ㉡ 새로운 비전의 창출과 비전이 현실이 될 수 있는 지지의 확보

    ④ 변혁적 리더십의 속성 **TIP** 카영지개

        ㉠ 카리스마: 사명감의 부여와 자긍심의 고취

        ㉡ 영감: 높은 기대감의 전달, 노력의 촉진, 목표의 명확한 표현력

        ㉢ 지적 자극: 지능과 합리성의 부여, 신중한 문제해결의 촉진

        ㉣ 개별적 배려: 구성원에 대한 개별적인 지도와 충고

    ⑤ 거래적 리더십의 특징: 폐쇄체제, 기계적 관료제, 교환모형, 예외에 의한 관리, 조건적 보상 등

(4) **서번트 리더십**

    ① 리더를 부하에게 지시하는 관리자가 아닌 부하를 섬기는 자로서 간주하는 이론

    ② 부하들이 영향력을 행사할 수 있도록 결정권을 나누어 주는 리더십

    ③ 원칙(→ 그린리프): 존중, 봉사, 정의, 정직, 공동체 윤리 등

    ④ 특징(→ 스피어스): 경청, 감정이입, 치유, 환경 인식, 설득, 개념화, 예지능력, 청지기 의식, 공동체의 설계 등

(5) **문화적 리더십**: 리더의 역할과 가치관에 따라 조직의 문화가 유지되고 변화한다는 이론

(6) **촉매적 리더십**: 부하의 창의적 사고를 유도하는 촉매제로서 리더

(7) **분배된 리더십**: 부하들에게 힘을 실어주는 공동의 리더십 → 비전의 공유, 합의의 강조

(8) **셀프리더십**: 스스로 문제를 발견하고 해결해 나가는 리더십

(9) **슈퍼리더십**: 셀프리더십을 자극하고 활성화하는 리더십

(10) **상호연계적 리더십**: 공유된 비전, 지속적인 학습의지를 강조하는 리더십 → 정보화 사회의 리더십

(11) **진성리더십**: 명확한 자기 인식, 확고한 가치와 원칙, 투명한 관계의 형성, 구성원들에게 긍정적인 영향을 미치는 리더십

    ① 자아 인식(self-awareness)

    ② 내면화된 도덕적 신념(internalized moral perspective)

    ③ 균형 잡힌 정보처리(balanced processing of information)

    ④ 관계의 투명성(relational transparency)

(1) **의의**: 구성원들이 공유하는 보편적 생활양식 또는 행동양식의 총체 → 구성원의 가치체계, 신념체계, 사고방식의 복합체
(2) **특성**: 인간이 만든 인위적 산물, 역사적 유산, 학습에 의해 공유, 변화 저항적이고 안정적인 성향
(3) **구성 요소**: 규범, 철학(→ 조직의 신념), 지배적 가치관(→ 주류적 입장), 행태 규칙성(→ 공통적 양식)
　　① 샤인(E. Schein): 기본적 믿음 ↔ 가치관 ↔ 인공적 창작물
　　② 해치(M. Hatch)
　　　　㉠ 구성 요소: 기본적 믿음 가치관, 인공물 상징물
　　　　㉡ 과정: 인식화(기본적 믿음 ↔ 가치관), 의미화(기본적 믿음 ↔ 상징물), 상징화(상징물 ↔ 인공물), 현시화(인공물 ↔ 가치관)
(4) **순기능**: 조직의 안정성·계속성 및 정체성 제공, 구성원의 사회화 도구, 구성원의 통합, 일탈의 통제 등
(5) **역기능**: 변화에 대한 저항, 집단사고로 인한 창의성 저하, 개별문화에 따른 통합의 저해 등
(6) **조직문화의 유형화**
　　① 해리슨(R. Harrison) 모형: 조직의 이념적 지향성 기준 → 권력지향 문화, 역할지향 문화, 과업지향 문화, 인간지향 문화
　　② 오우치(W. Ouchi): 조직 내 거래비용 기준 → 시장문화, 관료제 문화, 파벌문화
　　③ 케네디(A. Kennedy): 위험 수용과 대응 속도 기준 → 남성적 문화, 일하고 노는 문화, 사운을 거는 문화, 과정 문화
　　④ 존스(G. Jones): 현실의 인지 수준과 변화 기준 → 정태적 동질문화, 정태적 이질문화, 변화적 동질문화, 변화적 이질문화
　　⑤ 홉스테드(G. Hofstede): 장기와 단기, 남성(과업)과 여성(인간), 불확실성 선호와 회피, 개인과 집단, 권력거리, 쾌락과 절제
　　⑥ 7S 모형: 공유가치(shared value), 관리기술(skill), 구조(structure), 전략(strategy), 제도(system), 구성원(staff), 스타일
　　⑦ 대프트(R. Daft): 적응문화, 사명문화, 동류문화, 관료문화

구분		전략의 초점	
		외부	내부
환경 요구	안정성	사명문화	관료문화
	유연성	적응문화	동류문화

THEME 58 퀸(R. Quinn)과 로보그(J. Rohrbaugh)의 경쟁가치모형 **

TIP 합내개인

구분		조직운영의 초점	
		외부 → 조직	내부 → 인간
선호도	통제	합리목표모형 → 과업문화, 합리문화	내부과정모형 → 위계문화
	유연성	개방체제모형 → 혁신문화, 발전문화	인간관계모형 → 관계문화, 집단문화

THEME 59 조직의 효과성 **

(1) 전통적 접근방법
① 목표모형 – 산출
   ㉠ 효과성: 의도하는 목표 달성도를 기준으로 조직의 효과성을 평가하는 모형 → 이상(목표)과 실제의 비교
   ㉡ 주요 이론: 고전적 행정이론과 목표관리(MBO) 등
② 체제모형 – 투입(→ 수단)
   ㉠ 효과성: 체제로서의 기능적 요건을 수행하는 정도를 기준으로 조직의 효과성을 평가하는 모형 → 실적과 실적의 비교
   ㉡ 환경으로부터 자원을 획득하는 능력에 초점 → 체제자원접근법
   ㉢ 결과보다는 과정의 중시 → 조직발전(OD) 등
③ 내부과정모형 – 전환
   ㉠ 효과성: 조직 내 인적자원 상태 즉, 인적자원의 관리 및 인간관계 등에 초점을 두고 효과성을 평가하는 이론
   ㉡ 한계: 심리적이고 감정적인 요소와 관련되어 있어 측정이 곤란함

(2) 현대적 접근방법
① 참여자 이익모형 – 전략적 이해관계자 접근법
   ㉠ 효과성: 조직에 참여하는 내·외 이해관계자의 만족도를 기준으로 효과성을 평가하는 모형
   ㉡ 한계: 참여자의 다양성, 심리적 만족을 측정할 수 있는 기준의 부재
② 경쟁가치접근법(1983): 합리목표모형, 내부과정모형, 개방체제모형, 인간관계모형
③ 균형성과표(BSC): 재무지표, 고객지표, 내부과정지표, 학습과 성장

경쟁가치접근법(1983) – 퀸(R. Quinn)과 로보그(J. Rohrbaugh) ★★

TIP 합내개인, 창집공정

(1) 유형

① 합리목표모형: 목표 → 생산성과 능률성, 수단 → 기획, 목표설정, 합리적 통제

② 내부과정모형: 목표 → 안정성과 통제 및 균형, 수단 → 정보관리와 의사소통

③ 개방체제모형: 목표 → 성장과 자원의 획득 및 환경에 대한 적응, 수단 → 유연성과 융통성, 혁신 및 외적 평가

④ 인간관계모형: 목표 → 인적자원의 개발, 능력발휘, 만족, 수단 → 응집력과 사기

(2) 조직의 발전단계와 효과성모형

① 창업 단계: 개방체제모형 → 혁신과 창의

② 집단공동체 단계: 인간관계모형 → 의사전달 및 협동심

③ 공식화 단계: 합리목표모형 + 내부과정모형 → 안정성

④ 구조정교화 단계: 개방체제모형 → 환경에의 적응 및 성장

구분		조직운영의 초점	
		외부 → 조직	내부 → 인간
선호도	통제	합리목표모형	내부과정모형
	유연성	개방체제모형	인간관계모형

(1) 의의: 기업의 사명과 전략을 측정하고 관리할 수 있는 포괄적 측정지표

(2) 배경: 전통적 지표인 재무적 관점의 한계 → 전략(→ 미래)과의 연관성 부족, 과거의 정보(→ 사후적 결과만 강조)

(3) 특징

① **위계적 체계**: 추상성이 높은 비전에서부터 구체적 성과지표까지 서열화 → 하향적 설계

② 재무적 측면과 더불어 비재무적 측면까지 강조하므로, 현재의 상황뿐만 아니라 미래에 대한 경고의 역할도 담당

③ 측정지표의 균형성 강조, 비전과 전략과의 유기적 연계, 무형자산에 대한 고려, 환류과정 중시

(4) 핵심지표 `TIP` 재고내학

재무	전통적 지표, 과거 시각, 후행지표, 공공조직은 제약조건으로 작용 예 수익성, 성장률, 주주의 가치 등
고객(→ 수혜자)	외부 시각, 공공조직에서 가장 강조되는 지표 예 고객만족도, 정책의 순응도, 신규 고객의 수 등
내부과정	내부 시각, 업무 처리의 모든 과정 예 시민참여, 적법절차, 커뮤니케이션 등
학습과 성장	미래 시각, 다른 세 관점의 토대가 되는 가장 하부적 요소 예 학습동아리 수, 제안건수, 직무만족도 등

(5) 목표관리(MBO)와 균형성과표(BSC) – 평가, 참여, 환류

목표관리(MBO)	균형성과표(BSC)
구체적·단기적·상향적 시각	거시적·장기적·하향적 시각
내부 시각	내부 시각 + 외부 시각
양적 지표의 중시	양적 지표 + 질적 지표

THEME 62 조직진단

(1) 의의: 조직의 문제점을 진단하고 환경에 적응하면서 조직효과성을 증대시킬 수 있는 방향으로의 처방을 내리는 과정

(2) 주체: 내부진단과 외부진단

(3) 수준: 조직 수준의 진단, 집단 수준의 진단, 개인 수준의 진단

(4) 이론적 모형

① 해리슨모형
   ㉠ 구성 요소: 투입, 산출, 기술, 환경, 목적, 행태 및 과정, 문화, 구조
   ㉡ 평가 기준: 하부체제 간 적합성, 하부체제 간 상호의존성, 기대성과와의 차이

② 와이버드의 여섯 상자모형 – 공식조직 + 비공식조직의 진단과 융합
   ㉠ 목표: 조직의 목표는 공유되고 있고, 환경에 적합한가?
   ㉡ 구조: 업무를 어떻게 구분할 것인가?
   ㉢ 관계: 구성원들 간 협조와 갈등관리는 적합한가? 구성원과 조직 내 기술은 잘 조화되는가?
   ㉣ 보상: 모든 필요한 임무들은 적합한 보상체계를 갖추고 있는가?
   ㉤ 리더십: 누군가 조직의 균형을 잡아주면서 환경에 적응하는 노력을 기울이고 있는가?
   ㉥ 보조메커니즘: 기획, 예산, 통제 등의 통합을 위한 메커니즘이 적합한가?

③ 매킨지의 7S모형: 전략, 구조, 제도, 구성원, 관리기술, 조직스타일, 공유가치

④ OAI 지표
   ㉠ 진단의 유형: 조직 전체, 작업집단과 부서, 개인적 업무와 업무, 개인의 관계
   ㉡ 평가지표: 성취도 차원, 거시조직적 차원, 조직부서 차원, 업무설계 차원, 부서 간 차원

⑤ 기타 모형
   ㉠ 스왓(SWOT) 분석: 환경의 기회(S)와 위협(W) + 조직의 약점(O)과 강점(T)
   ㉡ 페스트(PEST) 분석: 정치(P), 경제(E), 사회(S), 기술(T)
   ㉢ 스테퍼(STEPPER) 분석: 사회(S), 기술(T), 환경(E), 인구(P), 정치(P), 경제(E), 자원(R)

THEME 63 조직의 성장과 위기관리 *

> **TIP** 창지위조협, 리자통괄탈

PART 3 조직이론

THEME 64 과학적 관리법 ★★★

(1) **기본 가정**: 업무의 과학적 분석, 명확한 목표와 반복적 업무, 경제적 유인, 생산성 향상
(2) **특징**: 기계적 능률성, 합리적 경제인, 기계적 구조, 폐쇄체제
(3) **테일러(F. Tayllor) 시스템과 페욜(H. Fayol) 시스템**

테일러(F. Tayllor) 시스템 → 과업관리	• 과업관리 핵심기법: 시간 및 동작연구(→ 업무의 표준화), 차별적 성과급제도, 감독의 분업, 예외에 의한 관리 • 기업관리 4대원칙: 유일 최선의 방법 발견, 과학적 선발과 훈련, 일과 사람의 적정한 결합, 관리자와 근로자의 책임분담
페욜(H. Fayol) 시스템 → 전체관리	• 일반 및 산업관리론(1916): 조직 전반의 관리기법 연구, 14대 관리원칙 제시 → POSDCoRB에 영향 • 하향적 접근: 테일러(F. Taylor)와는 달리 최고위층의 역할 강조

(4) **과학적 관리법의 공헌과 한계**
① 공헌: 고전적 조직이론의 토대, 기계적 능률성의 향상, 관리기법의 발전, 행정학 성립의 토대 등
② 한계: 인간에 대한 편협한 인식, 인간의 기계화·도구화, 비공식적 측면의 간과, 폐쇄체계 등

THEME 65 인간관계론 ★★

(1) **의의**: 인간의 정서와 감정적 요인에 역점을 둔 경영기법
(2) **등장 배경**: 과학적 관리법의 한계(→ 인간의 도구화), 경제대공황과 새로운 관리론 등장
(3) **함의**
① 사회적 인간, 사회적 규범의 중요성 인식, 비경제적 요인과 비공식적 요인의 중요성 인식
② 집단 구성원으로서 개인, 의사소통의 강조, 그러나 궁극적 목적은 생산성의 향상 → 젖소 사회학
(4) **호손실험** TIP 조계면뱅
① 조명실험: 물리적 작업조건과 생산성의 낮은 상관성
② 계전기 조립실험: 물리적 자극과 생산성의 낮은 상관성
③ 면접실험: 감정과 생산성의 높은 상관성
④ 뱅크선 작업실험: 비공식적 집단의 합의에 의한 생산성
(5) **공헌**: 인간에 대한 인식 변화, 사회체제로서의 조직, 인간주의 관리기법의 발전, 행태주의 발전의
토대 등
(6) **한계**: 지나친 이원주의와 감정주의, 폐쇄체제 시각, 공식적 요인의 중요성 간과, 관리자를 위한
조종의 기술 → 젖소 사회학

(7) 과학적 관리론과 인간관계론

구분	과학적 관리론	인간관계론
유사점	생산성 증진 + 수단으로서 인간, 하위직 또는 작업계층 중심의 연구, 인간의 피동성, 동기부여 외재성, 폐쇄체제	
차이점	구조 중심	인간 중심
	공식 조직관	비공식 조직관
	합리적 경제인관	사회인관
	기계적 능률성	사회적 능률성

THEME 66 | 목표관리(MBO) ***

(1) 의의: 자발적 참여를 통해 효과성을 증진시키려는 민주적 관리기법, 성과와 능률을 중시하는 결과지향적 관리기법

(2) 배경: 닉슨 행정부에서 계획예산(PPBS)의 대안으로 도입(1973), 우리나라는 김대중 정부에서 근무성적평정기법으로 도입

(3) 과정: 참여를 통한 조직과 개인목표의 설정, 업무의 수행과 평가, 환류를 통한 개선

(4) 특징

① Y-이론적 관리[→ 관리의 민주화 · 인간화(→ 통합모형)], 결정보다는 집행, 과정보다는 결과
② 안정된 상황에 적합: 단기적이고 가시적이며 계량적인 목표의 중시

(5) 장점

① 명확한 조직목표(→ 목표달성의 집중력), 조직목표와 개인목표 통합(→ 목표와 역할 간 갈등 감소)
② 평가의 객관적 기준(→ 책임한계의 명확성), 참여적 관리(→ 조직발전과 사기 제고), 관료제의 경직성 보완 등

(6) 단점

① 목표가 모호한 복잡한 환경에는 적용 곤란, 과다한 시간과 노력 및 비용의 소모
② 양적 · 단기적 · 가시적 목표 강조(→ 목표대치의 가능성), 행정의 특수성(→ 행정목표의 다원성 · 무형성)

(7) 목표관리(MBO)와 계획예산(PPBS)

목표관리(MBO)	계획예산(PPBS)
부분적 · 단기적 · 분권적 · 상향적	종합적 · 장기적 · 집권적 · 하향적
계선 중심	막료 중심
일반관리기법	체제분석기법
내적 시각	외적 시각
산출량 중심	비용 대 편익
정책집행	정책결정
환류기능 강조	환류기능 미흡

(1) **의의**: 구성원의 행태를 개선하여 조직의 개혁을 이룩하려는 혁신기법
(2) **개혁의 대상**: 가치관·신념·태도 등 구성원의 행태 → 조직문화의 변화도 포함
(3) **주요 기법**: 감수성 훈련, 관리망 훈련, 팀빌딩 기법, 태도조사환류기법 등
(4) **특징**
   ① 평가와 환류의 중시(→ 효과성 평가에 대한 체제모형), 지속적이고 순환적이며 장기적인 과정
   ② 인간에 초점을 맞춘 개혁(→ 경험적 자료에 바탕을 둔 임상과학), Y-이론적 관리(→ 개인목표와 조직목표의 통합)
   ③ 개인보다 집단, 결과보다는 과정의 강조, 외부전문가가 주도하는 하향적 변화기법
(5) **한계**
   ① 행태에만 초점(→ 구조적·기술적 요인의 간과), 많은 시간과 비용 소모, 효과의 지속성 불확실
   ② 문화적 편견의 개입, 사생활 침해 가능성, 상담자에 의존하는 선량주의 경향(→ 고도의 인간 조종기술)
(6) **목표관리(MBO)와 조직발전(OD)**

구분	목표관리(MBO)	조직발전(OD)
유사점	Y-이론적 관리, 인간발전의 강조, 통합모형	
차이점	계선 중심	외부 전문가 중심
	상향적 관리	하향적 관리
	목표달성(단기적 결과)	행태변화(장기적 과정)
	일반관리기법	행태과학기술
	효과성의 목표모형	효과성의 체제모형
	폐쇄체제	개방체제

(1) **의의**: 외부로부터 차단된 인위적 상황에서 비정형적 접촉을 통해 대인관계 능력을 향상시키는 기법
(2) **특징**: 인위적 상황, 소수의 낯선 사람들, 비정형적인 접촉
(3) **목적**
   ① 정서적 접촉을 통한 대인관계의 이해와 관계의 개선 → 대인적 지각과 수용능력의 제고에 초점
   ② 집단의 상호작용에 대한 이해의 증진 → 경험과 감성의 중시
   ③ 비정형적 상황에서 어떻게 배울 것인가를 배우게 하는 기법

(1) 의의: 고객의 만족을 위해 모든 구성원의 참여를 통해 과정과 절차 및 태도 등을 지속적으로 개선하는 관리기법

(2) 방법: Total(→ 업무처리의 전 과정), Quality(→ 양보다는 질), Management(→ 품질향상을 위한 관리기법)

(3) 특징

① 품질의 최종 결정자로서 고객(→ 서비스 변이성 방지), 사전적이고 예방적인 품질관리

② 통합주의(→ 모든 구성원의 참여, 개인보다는 팀워크 중시), 사실에 기초한 품질관리(→ 통계적 자료와 과학적 절차)

③ 환류의 강조: 과정과 절차의 지속적 개선(→ 장기적·거시적 시각)

(4) 전통적 관리와 총체적품질관리

전통적 관리	총체적품질관리
전문가 중심	고객 중심
사후수정	사전예방
경험과 직관의 강조	통계적 자료와 과학적 절차
수직적·집권적 구조	수평적·분권적 구조
개인 중심	팀 중심
단기적 목표	장기적 목표

(5) 목표관리와 총체적품질관리

목표관리	총체적품질관리
단기적, 미시적, 양적	장기적, 거시적, 질적
대내 지향	대외 지향
사후적 관리	예방적 관리
계량화 중시	통계기법의 활용
결과 지향	과정·절차·문화 중시
개인별 보상	집단 보상

THEME 70 　리엔지니어링(BPR) *

(1) **의의**: 업무의 과정과 절차를 정비하여 가장 합리적인 업무수행 과정을 찾고자 하는 개혁기법
(2) **특징**: 기본적으로 다시 생각할 것, 근본적으로 수정할 것, 극적 향상을 꾀할 것
(3) **주요 처방**
　　① 정보기술의 활용을 통한 이음매 없는 구조의 설계
　　② 고객이나 절차 중심의 설계, 정보수집창구의 단일화, 절차의 병렬화 등

THEME 71 　전략적 관리(SM) *

구분		환경	
		기회(O)	위협(T)
역량	강점(S)	공격적 전략(→ SO 전략)	다양화 전략(→ ST 전략)
	약점(W)	방향전환 전략(→ WO 전략)	방어적 전략(→ WT 전략)

THEME 72 　정보사회론 ***

(1) **개념**
　　① 자료: 평가되지 않은 메시지
　　② 정보: 특정한 상황에서 평가된 자료
　　③ 지식: 일반적 상황에서 평가된 자료
　　④ 지능: 지식의 원리를 이해하여 계속하여 응용하는 것

(2) **지식 · 정보의 특징**: 비이전성, 비소멸성, 누적효과성, 신용가치성, 무형성과 매체의존성 등
(3) **산업혁명의 진화**
　　① 1차 산업혁명: 1784년 영국에서 시작된 증기기관과 기계화로 대표되는 단계
　　② 2차 산업혁명: 1870년 전기를 이용한 대량생산이 본격화된 단계
　　③ 3차 산업혁명: 1969년 인터넷이 이끈 컴퓨터 정보화 및 자동화 생산시스템이 주도하는 단계
　　④ 4차 산업혁명: 가상 물리 시스템의 구축이 기대되는 단계 → 초연결, 초지능, 초융합

(4) **산업사회와 정보사회**
　　① 산업사회: 모더니즘(→ 획일성), 소품종 대량생산, 수직적 계층구조, 의회민주주의(→ 대의민주주의)
　　② 정보사회: 포스트모더니즘(→ 다양성), 다품종 소량생산, 수평적 네트워크구조, 직접민주주의

(5) 정보기술의 발전단계 `TIP` 고지실형

① 웹(web) 1.0: 정보를 일방적으로 제공하는 포털
② 웹(web) 2.0: 사용자 중심의 플랫폼 환경
③ 웹(web) 3.0: 빅데이터에 기반을 둔 개인별 맞춤 서비스 → 고객지향성, 지능성, 실시간성, 형평성

(6) 정보사회의 새로운 조직구조

① 후기기업가조직: 대규모 조직 + 신속한 행동, 창의적 탐색, 더 많은 신축성, 직원과 고객과의 밀접한 관계
② 삼엽조직: 소규모 전문직 근로자, 계약직 근로자, 신축적 근로자로 구성된 조직형태
③ 혼돈조직: 혼돈이론, 비선형동학, 복잡성이론 등을 적용한 조직형태
④ 공동화조직: 조정, 기획 등과 같은 핵심기능은 직접 수행하고 여타 기능은 외부로 이전된 형태의 조직구조

(7) 지식정보사회와 행정

① 내부
　㉠ 수평적 네트워크 또는 가상조직의 등장, 결정체제의 단순화, 창구서비스의 강화, 업무 처리의 신속성
　㉡ 중간관리자의 감소, 계선과 참모의 모호성, 낮은 행정농도, 상호 연계적 리더십, 모델링 기법(→ 합리모형)
　㉢ 비동시적·선택적·비대면적 의사전달, 기획과 통제의 중요성 증대(→ 집권화가 촉진되는 측면도 존재)

② 외부
　㉠ 원스톱(one-stop)·논스톱(non-stop) 서비스, 종이 없는 행정, 다품종 소량생산, 범위의 경제
　㉡ 다양한 매체(→ 수단), 단일의 접속점(→ 포털), 표준화된 서식, 다양한 서비스의 제공
　㉢ 전자민주의(→ 정보통신기술을 활용은 직접 참여), 모자이크 민주의(→ 다양한 주체, 다양한 통로, 전체로 조화)

(8) 지식정보사회의 부작용

① 정보의 그레셤 법칙(→ 나쁜 정보만 유통되는 상황), 개인정보의 집적(→ 사생활 침해)
② 국가 및 관료제에 의한 정보독점(→ 전자 파놉티콘), 마타이효과(→ 개인·지역·정부 간 정보의 정보격차)
③ 감시와 통제의 일상화, 인간성 상실, 컴퓨터 범죄 확산, 인포데믹스(infordemics)(→ 부정확한 정보의 급속한 확산)
④ 집단극화 현상(→ 책임의 분산으로 인한 극단적 결정), 선택적 정보접촉(→ 자신의 관점에 부합하는 정보의 선별적 선택)

THEME 73 의사결정지원시스템(DSS)과 전문가시스템(ES) *

(1) **의사결정지원시스템**: 의사결정의 지원, 임시적 성격, 의사결정 지향, 인간이 기계에게 질의, 인간에 의한 결정
(2) **전문가시스템**: 전문가 역할의 대체, 반복적 성격, 전문지식의 이전, 기계가 인간에게 질문, 시스템에 의한 결정

(1) **의의**: 정보통신기술을 활용한 정부업무의 혁신 → 미국 클린턴 정부의 Access America에서 제시
(2) **기술의 발전**: 인터넷 → 모바일 → 유비쿼터스 및 스마트 순
(3) **전자정부의 발전단계(UN)**: 자동출현 → 출현조정 → 상호작용 → 상호거래 → 연계

전자정부 1.0	전자정부 2.0	전자정부 3.0
정부 중심	국민 중심	개인 중심
인터넷	모바일	유무선 통합
포털	플랫폼	플랫폼
일방적 정보제공	쌍방적 정보제공	개인별 맞춤 서비스

(4) **전자정부의 유형**

3능률형(G2G)	협의 전자정부, 대내적 효율성 제고에 초점 예 정보공유, 사무자동화, 전자문서, 전자서명, 재택근무, 온 - 나라시스템 등
서비스형 (G2B 또는 G2C)	수요자 중심의 대국민 서비스 제공에 초점 예 정부민원포털 민원24, 국민신문고, 전자조달 나라장터, 전자통관시스템
민주형	광의 전자정부, 참여와 같은 대외적 민주성 제고에 초점

(5) **전자민주주의**
　① **전자거버넌스**: 전자정보화(→ 정보의 일방적 공개), 전자자문(→ 전자적 의사소통), 전자결정
　② **온라인 시민참여의 유형**
　　㉠ **정보제공모형**: 정보공개법
　　㉡ **협의모형**: 행정절차법, 옴부즈만, 민원관련법령
　　㉢ **정책결정모형**: 전자국민투표, 국민의 입법제안

(1) **목적**: 행정의 생산성, 투명성 및 민주성 제고
(2) **중앙사무관장기관**: 국회사무처, 법원행정처, 헌법재판소사무처, 중앙선거관리위원회사무처, 행정안전부
(3) **주요 용어**
　① **정보자원**: 행정정보, 정보시스템, 정보기술, 정보화예산 및 정보화인력 등 구성 요소
　② **정보기술아키텍처**: 조직 전체의 구성 요소들의 관계를 구조적으로 정리한 체제 또는 구성 요소들을 최적화하기 위한 방법
　③ **정보시스템**: 정보기기와 소프트웨어의 조직화된 체계
(4) **전자정부의 원칙**
　① 대민서비스의 전자화 및 국민편익의 증진, 행정업무의 혁신 및 생산성·효율성의 향상
　② 정보시스템의 안전성·신뢰성의 확보, 개인정보 및 사생활의 보호
　③ 행정정보의 공개 및 공동이용의 확대, 중복투자의 방지 및 상호운용성 증진

(5) **전자정부기본계획**: 중앙사무관장기관의 장(→ 행정안전부장관)이 5년마다 수립

(6) **정보기술아키텍처 기본계획**: 행정안전부장관이 3년 단위로 수립

(7) **전자정부의 날**: 매년 6월 24일

(8) **주요 내용**
① 전자적 민원처리 신청, 구비서류의 전자적 확인(→ 법령에서 정한 수수료를 냈을 경우)
② 방문에 의하지 아니하는 민원처리, 전자적 고지·통지, 통합전자민원창구를 통한 생활정보의 제공(→ 동의한 경우)
③ 유비쿼터스 기반의 전자정부서비스 도입·활용, 지능형 전자정부서비스의 제공, 행정정보 공동 이용센터

THEME 76 민원사무 - 민원사무처리에 관한 법률 **

(1) **민원의 종류**
① 법정민원(→ 법령 등에 의한 요건의 규정), 질의민원(→ 행정기관의 설명이나 해석의 요구)
② 건의민원(→ 행정제도 및 운영의 개선 요구), 고충민원(→ 권리침해 또는 부담을 주는 사항의 시정 요구)
③ 복합민원(→ 여러 행정기관의 공동관할 민원), 다수인관련민원(→ 5세대 또는 5명 이상의 공동 이해 민원)

(2) **주요 내용**
① 사전심사청구제도, 민원1회 처리제도, 민원후견인제도, 복합민원 일괄처리
② 민원사무 우선처리, 민원사무 지연처리 금지, 민원사무 절차강화 금지, 불필요한 서류요구 금지

THEME 77 지식관리 **

1. 의의

(1) **개념**: 개인의 잠재된 지식을 조직의 자산으로 전환하는 과정, 알고 있는 것을 토대로 새로운 것을 발전시키고 강화하는 것

(2) **노나카**: 암묵지를 형식지로 바꾸는 것
① 암묵지: 주관적·내면적 지식, 경험을 통한 축적, 대화와 학습공동체를 통한 전파
② 형식직: 언어로 표현된 객관적 지식, 언어를 통해 습득, 데이터 마이닝을 통한 전파

(3) **특징**: 공공재 성격, 누적효과성(→ 시너지 효과), 소비자 중심

(4) 대두 배경: 무형자산에 대한 인식의 변화(→ 암묵지의 중요성), 정보통신기술의 발달(→ 정보공유의 가능성 증대)

(5) 성공 요인: 암묵지 활성화, 정보시스템과 네트워크, 신뢰와 협력 문화, 수평구조와 네트워크구조 활용 등

(6) 전통적 관리와 지식관리

① 전통적 관리: 계층제, 지식의 개인사유, 지식의 분절화·파편화, 지식의 중복활용

② 지식관리: 학습조직, 지식의 공동재산, 지식의 공유를 통한 확대 재생산, 지식의 공동활용

(7) 지식관리자의 유형

① 정보관리자(CIO): 기술지향, 정보기술, 데이터베이스

② 지식관리자(CKO): 전략지향, 조직전략, 지식의 발굴과 공유

③ 학습관리자(CLO): 인력지향, 학습조직, 분임토의

2. 지식관리의 과정 – 각 과정의 순환 `TIP` 사외조내

구분		변환되는 지식	
		암묵지	형식지
지식의 원천	암묵지	사회화 → 암묵지의 공유	외부화 → 암묵지의 축적과 전수
	형식지	내면화 → 새로운 지식의 체득	조합화 → 형식지의 수집과 결집

THEME 78 빅 데이터(Big Data) **

(1) 의의: 디지털 환경에서 생성되는 대규모 데이터 → 문자, 영상 등을 포함하는 정형적 또는 비정형적 데이터

(2) 특징: 방대한 양(volume), 다양한 형태(variety), 빠른 생성속도(velocity), 새로운 가치(value)

(3) 등장 배경: 디지털 혁명과 소셜미디어의 등장

(4) 한계: 개인의 모든 행동패턴의 분석 → 사생활의 침해

THEME 79 학습조직 ***

(1) 의의: 모든 구성원이 시행착오를 거치면서 지속적으로 실험하고 그 결과를 공유할 수 있는 조직

(2) 특징: 인간 존중의 정신, 단기보다는 장기적 시각, 표출과 환류의 중시, 사려 깊은 리더십, 모든 구성원의 자발적 참여

(3) 학습의 유형

① 단일고리학습(→ 목표와 실적), 이중고리학습(→ 기본적 규범과 목표), 삼중고리학습(→ 새로운 원리의 발견)

② 적응적 학습(→ 수동적 대응), 생산적 학습(→ 능력의 확장을 통한 능동적 발견)

③ 유지보수학습(→ 기존보다 좀 더 나은 방법), 충격학습, 예측학습(→ 장기적 변화의 대처)

(4) 학습조직의 요건

① 일반적 요건: 능력의 지속적 신장, 개방적인 사고방식, 공동 갈망의 자유로운 분출, 함께 배우는 방법의 습득

② 셍게(P. Senge) **TIP** 자사공집시

  ㉠ 자기완성(personal mastery)(→ 개인적 숙련): 개인의 비전을 명확히하고, 에너지를 집중하고, 현실을 보는 것

  ㉡ 사고의 틀(mental model): 내부 그림을 발굴하고 그것이 행동을 형성하는 방법의 이해

  ㉢ 공동의 비전(shared vision): 개인의 비전을 공유 비전으로 전환

  ㉣ 집단학습(team learning): 판단을 중단하고 대화 만들기

  ㉤ 시스템적 사고(systems thinking): 네 가지 학습 분야를 융합 → 부분을 보는 것부터 전체를 보는 것까지

THEME 80 하이퍼텍스트조직 *

(1) 관료제의 장점(→ 효율성과 안정성)과 프로젝트조직의 장점(→ 역동성과 창조성)을 결합한 조직

(2) 지식의 창조와 활용 및 축적을 심화시키는 조직구조

(3) 중간관리자의 주도 → Middle-Up-Down 관리방식

(4) **역할**: 프로젝트조직(→ 지식의 창조), 관료제(→ 지식의 활용), 지식기반층(→ 지식의 축적과 교환)

THEME 81 지능정보화기본법 *

(1) **지능정보사회 종합계획**: 과학기술정보통신부장관이 3년 단위로 수립

(2) **지능정보사회 실행계획**: 중앙행정기관의 장과 지방자치단체의 장이 매년 수립

(3) **지능정보화책임관**: 중앙행정기관의 장과 지방자치단체의 장이 임명

(4) **지능정보화책임관 협의회 의장**: 과학기술정보통신부장관 및 행정안전부장관

PART 4

인사행정

PART 4 인사행정

THEME 01 인사행정의 의의 **

(1) **개념**: 인적 자원의 동원(→ 임용)하고 관리(→ 능력발전·사기)하는 활동 → 효율성 제고
(2) **특징**: 정책을 실행하는 보조수단(→ 참모기능), 조직의 전략적 관리와 연계, 인접 학문과 교류하는 종합학문
(3) **인사관리(→ 경영)와의 비교**
　① 공공성·정치성, 비시장성, 다양성·복잡성, 법정주의
　② 제약성 → 기회의 균등, 정치적 중립, 신분보장 등
(4) **활동국면**: 인력계획, 임용, 능률발전, 사기, 통제 등

THEME 02 직업공무원제 ***

(1) **의의**: 공직에 종사하는 것이 전 생애 직업이 되도록 운영되는 인사제도
(2) **등장 배경**
　① 절대국가: 중앙집권적 통일국가의 유지를 위해 도입
　② 현대적 의미
　　㉠ 행정의 복잡성과 전문성에 대처하기 위해 등장 → 민주적·전문적 봉사자
　　㉡ 공직의 전문화로 인한 행정의 능률성 확보, 신분보장에 따른 공무원의 사기앙양
　　㉢ 정치적 변혁(→ 정권교체)의 완충장치 → 행정의 안정성과 계속성 유지
　　㉣ 정치적 폐단의 차단 → 행정의 중립성과 공정성 증대
(3) **특징**: 채용 당시의 능력보다는 장기 발전가능성 중시, 젊은 인재의 유치와 일생 동안의 근무
(4) **확립 요건**
　① 공직에 대한 높은 사회적 평가를 통한 젊고 유능한 인재의 채용
　② 계급제와 폐쇄형 인사제도 및 일반행정가 중심의 인력운영
　③ 장기적 인력계획의 수립, 보수의 적정화와 연금제도의 확립
(5) **장점**: 신분보장(→ 행정의 안정성과 계속성), 전문직업으로서 공직(→ 직업윤리 확립), 넓은 시각을 지닌 고급관리자 양성
(6) **단점**: 특권집단화·보수화에 따른 민주적 통제의 곤란, 순환보직에 따른 행정의 전문성 저해

THEME 03 실적주의와 직업공무원제 **

(1) 직업공무원제: 절대국가시대부터 발달, 폐쇄형(→ 계급제) 임용, 연령과 학력의 제한(→ 기회균등의 제약), 일반행정가

(2) 실적주의: 행정국가 등장 이후 발달, 개방형 + 폐쇄형, 완전한 기회균등 보장, 일반행정가 또는 전문행정가

(3) 결론: 능력 중심의 인사, 신분보장 등은 공통적이지만 개방형 실적주의는 직업공무원제로 정착되기 곤란함

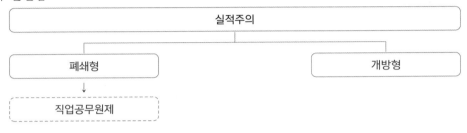

THEME 04 엽관주의 ***

(1) 의의: 집권정당에 대한 공헌도와 충성도를 기준으로 공직을 임용하는 제도

(2) 배경: 민주정치와 정당정치의 발전, 행정의 단순성과 비전문성

(3) 특징: 관료기구와 국민의 동질성 확보수단 → 공직의 개방, 공직경질제도

(4) 도입 과정
   ① 5대 먼로(J. Monroe): 4년 임기법(1820)
   ② 7대 잭슨(A. Jackson): 공식적으로 천명(1829) → 잭슨 민주주의
   ③ 우리나라: 정무직과 일부 별정직과 같은 특수경력직에 적용

(5) 장점
   ① 공직의 대중화(→ 민주주의 평등이념), 공직순환(→ 관료의 특권화 방지)
   ② 행정의 민주성과 대응성 향상, 정당정치의 발전, 정치지도자의 통제력 강화(→ 공약의 강력한 실천)

(6) 단점
   ① 실적주의 대비 기회균등 원리의 약화, 행정의 공정성과 중립성 저해
   ② 행정의 일관성과 안정성 저해, 행정의 비능률성과 비전문성 및 부패의 야기

THEME 05 | 엽관주의와 정실주의 **

(1) 정실주의: 영국에서 발달한 인사제도로, 개인적 친분이나 귀속성(→ 학연·지연·혈연 등)에 의거한 공직임용
　① 은혜적 정실주의: 1714년 이전, 국왕과의 개인적 친분
　② 정치적 정실주의: 명예혁명 이후, 정당 지도자의 정치적 고려

(2) 엽관주의와 정실주의
　① 엽관주의: 미국, 정당에 대한 공헌도와 충성도, 대량교체, 실적주의로의 전환(→ 1883년 펜들턴법)
　② 정실주의: 영국, 개인적 충성, 종신직, 실적주의로의 전환(→ 1870년 제2차 추밀원령)

THEME 06 | 실적주의 ***

(1) 의의: 개인의 능력·자격·업적에 입각한 공직임용제도
(2) 배경: 행정의 능률화·전문화 요청, 엽관주의와 정당정치의 폐해
(3) 근거: 청교도 윤리, 개인주의, 평등주의, 과학주의, 분리주의 등
(4) 확립 요건
　① 능력·자격·업적 중심의 공직임용, 공개경쟁시험(→ 공직임용의 기회균등)
　② 정치적 중립성, 공무원의 신분보장, 초당파적 중앙인사기관의 설치(→ 인사행정의 독립성과 집권성)
(5) 펜들턴법(1883)의 주요 내용
　① 인사위원회의 설치(→ 독립·합의형 중앙인사기관), 공개경쟁채용시험의 도입, 조건부 임용(→ 시보제도)
　② 정치활동의 금지, 제대군인에 대한 특혜, 민간과 정부와의 인사교류
(6) 소극적 실적주의와 적극적 실적주의
　① 소극적 실적주의: 무능력자의 배제, 엽관주의 폐해 극복, 공개경쟁시험, 신분보장, 정치적 중립, 독립된 중앙인사기관
　② 적극적 실적주의: 유능한 인재의 등용, 정치적 중립의 완화, 엽관주의 임용의 활용, 신분보장의 완화, 인사권의 분권화
(7) 장점
　① 실적에 의한 임용(→ 능률성), 신분보장(→ 행정의 계속성과 안정성), 임용의 기회균등(→ 평등 이념에 부합)
　② 정치적 중립(→ 행정의 공정성), 중앙인사기관의 설치(→ 인사행정의 통일성·전문성)
(8) 단점
　① 형식적·소극적 인사행정, 신분보장에 따른 관료의 특권화(→ 정치적 통제의 곤란), 행정의 대응성·책임성 약화
　② 집권적 인사행정(→ 인사행정의 관리측면 경시), 정책의 강력한 추진 곤란, 형식적 기회균등 등
(9) 위협 요인(→ 집단주의 요소의 도입): 전문직업주의, 직업공무원제도, 노동조합, 대표관료제 등

중앙인사기관 ★★★

(1) 의의: 정부의 인사행정을 전문적·집권적·총괄적으로 담당하는 기관
(2) 필요성: 인사행정의 전문성과 통일성 및 공정성과 중립성, 공무원 권익보호, 직업공무원제와 실적주의의 확립 요건
(3) 기능
　① 전통적 기능: 소극적·방어적 기능, 엽관주의 폐해의 방지, 부처 할거주의 방지 등
　② 현대적 기능: 감시와 자문, 연구와 조사, 효율적인 국정관리 수단, 참모기능의 강화 등
(4) 유형 및 성격 – 독립성, 합의성, 집권성

구분	독립성	합의성	집권성
장점	• 정치적 중립 • 인사권자의 전횡방지 • 인사행정의 공정성	• 인사행정의 신중성과 민주성 • 독단의 방지 • 정책의 지속성과 일관성	• 실적주의의 확립 • 인사행정의 통일성
단점	• 책임한계의 모호성 • 임용권자의 관리수단 미비	• 책임소재의 모호성 • 타협적·정치적 결정 • 결정의 지연 • 시간과 비용의 낭비	• 적극적 인사행정의 곤란 • 인사행정의 경직화 • 임용권자의 관리수단 미비

(5) 미국(1978)
　① 인사관리처(OPM): 비독립단독형(→ 관리)
　② 실적제도보호위원회: 독립합의형(→ 권익보호)
(6) 우리나라의 중앙인사기관
　① 인사혁신처: 국무총리 소속의 비독립단독형
　② 소청심사위원회: 인사혁신처 소속의 행정위원회(→ 비독립합의제), 공무원의 권익구제(→ 준사법적 기능) 담당
　③ 중앙징계위원회: 국무총리 소속의 의결기관

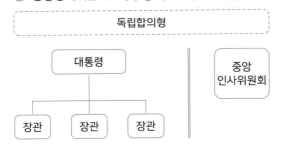

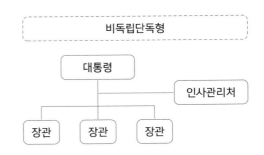

THEME 08 | 적극적 인사행정 **

(1) 의의: 엽관주의의 신축적 수용과 인간관계론 요소의 가미 → 실적주의와 엽관주의 조화(→ 능률성과 민주성의 조화)

(2) 배경

① 실적주의의 소극성·비융통성·집권성을 극복하기 위해 등장한 적극적·신축적·분권적 인사행정

② 공직침체 및 관료주의화를 방지하고 직업공무원에 대한 효율적 통제를 위해 도입

(3) 방안

① 적극적 모집과 개방형 임용, 정치적 중립의 완화(→ 엽관주의의 부분적 허용, 대표관료제의 가미)

② 인사권의 분권화, 공무원의 능력발전, 공무원단체의 허용, 공직윤리의 강조 등

(4) 관리융통성모형

① **의의:** 운영의 자율성과 융통성의 높인 인사관리로, 일반관리와 인사행정의 연계성 강화를 목적으로 함

② **배경:** 최고책임자의 관리도구로서 중앙인사기관의 역할 강조

③ **방안:** 직위분류제와 계급제 조화, 실적주의와 엽관주의 조화, 임용의 신축성 확보, 교육훈련 강화, 퇴직관리의 활성화

(1) 의의: 사회의 여러 세력들을 인구비례로 충원하고 배치하는 관료제

(2) 배경

① 재량권의 확대에 따른 관료들에 대한 외부통제의 한계와 객관적 책임의 한계

② 직업공무원들의 대표성을 확보하는 장치로, 관료제 내에 민주적 가치를 주입하려는 의도로 도입

(3) 가정: 관료들이 출신 집단의 가치와 이익을 정책에 반영할 것이라는 가정에 기반을 둔 제도

(4) 특징: 외재적 책임의 확보수단이지만 형식적으로는 비공식적 내부통제

(5) 학자들의 견해

① 킹슬리(D. Kingsley)(1944): 대표관료제의 구성적 측면의 강조

② 반 라이퍼(Van Riper): 사회적 특성 외에 사회적 가치의 대표까지도 포함

③ 크랜츠(H. Kranz): 대표관료제의 개념을 비례대표까지 확대할 것을 주장

(6) 소극적 대표와 적극적 대표

① 소극적 대표: 인구 구성비율의 반영, 구성적·형식적·배경적 대표성

② 적극적 대표: 출신 집단의 가치와 이익의 대변, 정책적·실질적·역할적·태도적 대표성

(7) 장점: 민주성과 책임성 확보, 비공식적 내부통제(→ 대중통제의 내재화), 실질적 기회균등, 수직적 형평성 확보 등

(8) 단점: 할당제와 역차별, 자유주의와 실적주의 침해, 전문성과 생산성 저해, 정치적 중립 침해, 재사회화의 간과

(9) 각국의 초점

① 영국: 학벌 대표 중심

② 미국: 인종 대표 중심 → 적극적 조치(Affirmative Action), 고용평등정책

③ 한국: 성별 및 지역별 대표 중심 → 균형인사지수

(10) 우리나라 균형인사지수

① 양성평등채용목표제, 여성관리자 채용목표제, 장애인채용목표제(→ 정원의 3.4% 이상), 이공계 전공자 우대

② 지역인재채용목표제, 지역인재추천채용제, 사회통합형 인재(→ 저소득층 채용)

(11) 엽관주의와 실적주의 및 대표관료제

엽관주의	실적주의	대표관료제
정당 중심	개인 중심	집단 중심
민주성 확보(→ 공직경질제)	능률성 확보(→ 공개경쟁시험)	형평성 확보(→ 임용할당제)
정당에 대한 봉사	형식적 기회균등과 정치적 중립	실질적 기회균등과 정치적 중립

THEME 10 다양성관리 ★★

(1) 의의: 이질적인 구성원을 채용하고 유지하며, 보상과 함께 역량개발을 증진하기 위한 체계적이고 계획적인 노력

(2) 다양성관리의 구체적인 정책
  ① 채용 프로그램: 구성원의 선발 과정에서 인적구성의 다양성을 대표하고 있는지 여부
  ② 차이에 대한 인식: 이질적 구성원 간 소통과 교류를 통한 이해의 극복과 이질성에 대한 수용
  ③ 실용적 관리방안: 다양성을 통해 조직의 효과성을 향상시키고 구성원의 만족도를 높이기 위한 방안

(3) 장점: 다양한 정보의 관점에서 이해, 정보의 양과 질 향상, 조직의 효과성 확보, 외적 위험으로부터 조직의 탄력성 제고

(4) 단점: 조직 내 이질적인 집단의 확산 → 조직의 응집성 저해와 소통의 위축

(5) 멜팅팟(melting pot) 접근
  ① 구성원 간의 이질성을 지배적인 주류에 의해 동화시키는 방법
  ② 다양성으로 인한 조직응집성의 저하를 방지하기 위한 소극적 방법으로 이해

(6) 샐러드볼(salad bowl) 접근
  ① 각기 다른 특성을 갖는 구성원들이 자신의 특성을 유지할 수 있도록 지원하는 방법
  ② 다양성을 통한 조직의 탄력성을 극대화하기 위한 적극적 방법으로 이해, 최근에 강조되는 접근방법

(7) 다양성의 유형화와 관리전략 – 가시성과 변화 가능성
  ① 가시성: 구성원 간의 이질성이 얼마나 쉽게 확인될 수 있느냐에 따른 기준
  ② 변화 가능성: 구성원이 가지고 있는 이질성이 고정적인지 혹은 변화 가능한 부분인지에 따른 기준

구분		변화 가능성	
		높음	낮음
가시성	높음	직업(사무직/생산직), 직위와 직급, 숙련도(업무수행 능력), 전문성, 언어(외국어 능력)	성별, 인종, 민족, 연령(세대), 장애(→ 육체적)
	낮음	교육 수준(→ 학력), 노동지위(정규직/비정규직), 자녀 유무, 가치관, 장애(→ 정신적)	고향, 출신 학교(→ 전공), 가족 배경, 성격, 종교, 성적 지향, 사회화 경험, 동기 요인, 혼인 여부

THEME 11 경력직과 특수경력직 ★★★

(1) 경력직

① 의의: 실적과 자격에 따라 임용되고, 신분이 보장되며, 평생 동안 근무하는 공무원(→ 임기제 공무원 포함)

② 일반직 – 직업공무원의 주류

  ㉠ 기술·연구 또는 행정일반에 대한 업무를 담당하며, 직군·직렬별로 분류되는 공무원
  ㉡ 1급부터 9급까지 계급으로 구분되지만, 고위공무원단은 직무등급으로 구분됨

③ 특정직: 법관, 검사, 외무, 경찰, 소방, 교육, 군인, 군무원, 국가정보원 직원 등 법률에서 특정직으로 지정한 공무원

(2) 특수경력직

① 의의

  ㉠ 경력직 이외의 공무원으로, 정치적 임용 혹은 특수한 직무를 담당하는 공무원
  ㉡ 국가공무원법과 실적주의의 적용영역 대상 → 보수와 복무규정만 적용

② 정무직: 선거로 취임하거나 임명할 때 국회의 동의, 정책결정 업무를 담당하거나 보조하는 공무원(→ 차관급 이상)

③ 별정직

  ㉠ 직무의 성질이 공정성과 기밀성을 요하는 공무원 또는 임용에 있어 특별한 신임이 요구되는 공무원
  ㉡ 국회 수석전문위원, 광역자치단체 정무부단체장(→ 서울시 제외), 지방의회 전문위원 등

THEME 12 인사청문회제도 ★

(1) 인사청문특별위원회 – 대정부 구속

① 임명에 있어 국회의 동의를 요하는 공무원
② 대법원장과 대법관 전원, 헌법재판소장, 국무총리와 감사원장
③ 국회선출 헌법재판소 재판관 3인, 국회선출 중앙선거관리위원회 위원 3인

(2) 소관상임위원회 – 구속력 없음

① 헌법재판소 재판관 6인, 중앙선거관리위원회 위원 6인, 국무위원
② 방송통신위원장, 국가정보원장, 국세청장, 검찰총장, 경찰청장, 합동참모총장, 한국은행 총재 등

THEME 13　전문경력관 제도 *

(1) **지정 대상**: 일반직 공무원 직위 중 순환보직이 곤란하거나 장기재직 등이 필요한 특수 분야
(2) **지정 절차**: 소속장관이 지정(→ 임의규정)
(3) **직위 구분**: 직무의 특성과 난이도 및 요구되는 숙련도를 기준으로 가·나·다군으로 구분
(4) **전직**: 전문경력관과 일반직 공무원 간 상호 전직 가능 → 전직 시험

THEME 14　임기제 공무원 *

(1) **일반임기제공무원**: 경력직 공무원의 정원에 해당하는 직위에 임용되는 공무원 + 책임운영기관의 장
(2) **전문임기제공무원**: 특정한 분야에 대한 전문지식이나 기술 등이 요구되는 업무를 담당하는 공무원
(3) **시간선택제임기제공무원**: 통상 근무시간보다 짧은 시간(→ 주 15시간 이상 35시간 이하) 근무하는 공무원
(4) **한시임기제공무원**
    ① 휴직이나 30일 이상 병가나 특별휴가를 받은 공무원의 업무 대행하는 공무원
    ② 1년 6개월 이내의 기간 동안 임용되는 공무원으로 통상적인 근무시간보다 짧은 시간 근무

THEME 15　계급제 ***

(1) **의의**: 사람의 능력이나 자격을 기준으로 공직을 분류하는 제도
(2) **배경**: 농업사회(→ 신분제 사회, 소규모 조직) 전통이 강한 국가에서 발전
(3) **특징**
    ① 4대 계급제: 공직의 분류가 교육제도나 신분계층과 연관
    ② 폐쇄형 인사제도: 계급군의 최하위 직급에만 신규임용 가능
    ③ 고급공무원의 엘리트화: 계급 간 차이의 심화
    ④ 일반행정가: 폭넓은 시야를 가진 일반능력자 선호
(4) **장점**: 넓은 교양(→ 장래 발전 가능성), 수평적 융통성, 직업공무원제의 확립, 저렴한 관리비용, 인사권자의 리더십 등

THEME 16 ▶ 직위분류제 ★★★

(1) 의의: 직무의 종류와 곤란성 및 책임성에 따른 일 중심의 공직분류 → 개방형 임용

(2) 배경

① 관료제의 전통이 오래되지 않은 미국에서 발달 → 산업사회(→ 평등사회, 대규모 조직)

② 엽관주의에 의한 보수 불평등의 해소, 과학적 관리법의 영향 → 직위분류법(1923)

(3) 구조

① 직위(position): 한 사람이 담당할 수 있는 직무와 책임의 양

② 직무분석: 종류와 성질 기준의 종적 분류

직류(sub-series)	같은 직렬 내에서 담당 분야가 같은 직무의 군
직렬(series)	종류는 유사하나 책임성·곤란성은 상이한 직급의 군
직군(group)	종류 또는 성질이 유사한 직렬의 군

③ 직무평가: 책임도와 난이도 기준의 횡적 분류

직급(class)	• 종류와 책임성·곤란성이 모두 유사한 직무의 군 • 인사행정에서 동일하게 취급되는 직무의 군
(직무)등급(grade)	• 종류는 다르지만 책임성·곤란성이 상당히 유사한 직무의 군 • 보수만 유사

(4) 직위분류제의 수립 절차

① 직무조사: 직무에 대한 객관적 정보의 수집과 기록, 방법(→ 질문지법, 면접법, 관찰법 등)

② 직무분석

㉠ 직무의 종류와 성질에 따른 직류·직렬·직군별 분류 과정

㉡ 초점: 직렬의 수와 폭에 대한 결정 및 혼합직의 분류

㉢ 직무평가: 직무의 책임도와 곤란성에 따라 직급별·등급별로 분류하는 과정 → 직무의 상대적 가치(→ 직무급)

㉣ 직무명세서(job specification)

• 모집, 선발, 훈련, 근무성적평정 등 인사관리의 기준을 제시 → 직급명칭, 직책개요, 최소 자격 요건, 채용방법, 보수액 등

• 직무기술서: 직무의 내용에 관한 개략적 기술

• 직무명세서: 직무와 직무수행에 필요한 인적 요건까지 세밀한 기술 → 정급의 기준

(5) 장점: 행정의 전문화, 합리적 인사 기준 제공, 직무급 수립(→ 보수의 형평성), 효율적 정원관리 (→ 업무분담의 합리화)

(6) 단점: 수평적 융통성 저해(→ 할거주의), 상위직·혼합직 적용 제한, 신분보장 약화, 직업공무원제 확립 곤란

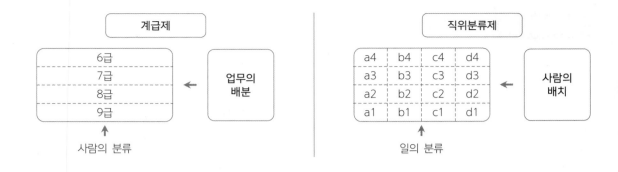

직무평가의 방법 **

TIP 서분점요

(1) 서열법: 직무의 상대가치를 종합적으로 비교하여 서열을 정하는 방법

(2) 분류법
 ① 사전에 정해 놓은 등급표기준표에 각 직무를 비교해 평가하는 방법
 ② 정부와 같은 대규모 조직에서 사용

(3) 점수법
 ① 직무를 구성 요소로 나누고 요소별로 점수를 평가 기준표에 배치하는 방법 → 분류법의 발전
 ② 가장 많이 사용

(4) 요소비교법
 ① 가장 늦게 고안된 방법 → 서열법의 발전
 ② 직무를 요소별로 계량화한 후 기준직무(→ 대표직위)와 비교하는 방식
 ③ 직위의 상대적 수준을 보수액과 관련시켜 평가 → 금액가중치법

구분	직무와 등급표(→ 절대평가)	직무와 직무(→ 상대평가)
비계량적(→ 직무 전체)	분류법	서열법
계량적(→ 구성 요소)	점수법	요소비교법

THEME 18 개방형과 폐쇄형 ★★★

(1) 폐쇄형
　① 개념: 신규임용이 계급군 내의 최하위 계층에서만 가능한 제도
　② 특징: 신분보장, 최하위직만 신규임용 허용, 내부 최적격자 승진, 일반능력 중시, 계급제 구조 등

(2) 개방형
　① 개념: 모든 계급이나 직위에 신규임용이 가능한 제도
　② 특징: 신분의 불안정, 전 등급에서 신규임용 허용, 내·외 최적격자의 승진, 전문능력 중시, 직위분류제 구조 등
　③ 장점: 외부 우수 인재의 확보, 신진대사의 촉진, 소극적 행태의 시정, 정치적 리더십의 강화 등
　④ 단점: 직업공무원제 확립 곤란, 행정의 안정성 저해, 승진의 적체, 충성심 약화, 임용구조의 복잡성, 정실인사 등

THEME 19 개방형 직위와 공모직위 ★★

(1) 개방형 직위
　① 요건: 전문성의 요구 또는 효율적인 정책수립에 필요한 직위, 1급~3급 공무원 중 임기제 공무원으로 보할 수 있는 직위
　② 대상(➜ 인사혁신처장과 협의): 고위공무원단 직위 총수의 20%와 과장급 직위 총수의 20% ➜ 일반직·특정직·별정직
　③ 시·도 ➜ 1~5급의 10%, 시·군·자치구 ➜ 2~5급의 10% ➜ 인사혁신처와의 협의는 폐지
　④ 지정 기준: 전문성, 중요성, 민주성, 혁신성(➜ 변화 필요성), 조정성
　⑤ 선발: 공직 내부와 외부에서 공개모집에 의한 시험
　⑥ 신분: 원칙적으로 임기제 공무원 ➜ 임용 당시 경력직 공무원은 경력직 공무원으로 임용
　⑦ 임용 기간: 5년 범위 안에서 소속장관이 지정하되 최소 2년 이상 ➜ 외부임용은 최소 3년 이상
　⑧ 경력개방형 직위: 직위를 공직 외부에서만 적격자를 선발하는 개방형 직위(➜ 선택)

(2) 공모직위
　① 요건: 효율적 정책수립 또는 관리에 필요한 직위
　② 대상(➜ 인사혁신처장과 협의): 경력직으로 보할 수 있는 고위공무원단 직위 총수의 30%와 과장급 직위의 20%(➜ 필수)
　③ 지정 기준: 직무공통성, 정책통합성, 변화필요성(➜ 혁신성)
　④ 임용 방법: 부처 내·외 공개모집 ➜ 전보·승진·전직 또는 경력경쟁채용시험
　⑤ 임용된 날부터 2년 이내에 다른 직위에 임용 불가

(1) 의의: 실 · 국장급 공무원(→ 1~3급)을 중 · 하위직 공무원과 분리하여 범정부적 차원에서 관리하는 제도

(2) 미국(1978): 직위분류제의 문제점 해소 + 엽관주의 요소의 도입(→ 정치적 통제의 필요성)

(3) 우리나라: 노무현 정부 때 도입

(4) 핵심 요소: 직위분류제와 계급제의 결합, 엽관주의 요소의 가미, 성과관리 요소의 가미

(5) 특징 – 한국

① 신분보다 일 중심의 인사관리 → 직위분류제 요소 + 성과주의 요소 + 엽관주의 요소

② 계급과 연공서열보다는 업무와 성과에 따른 보수의 지급의 강조

③ 범부처적 관리: 소속 장관은 소속에 관계없이 전체 일반직 고위공무원단 중에서 적임자 임명제청

④ 직업공무원제도의 완화

㉠ 개방형 임용, 직무성과연봉제, 계급의 철폐와 직무등급(→ 가등급 나등급)의 도입

㉡ 다만, 실적주의와 정치적 중립, 정년과 신분보장 제도 등 직업공무원제도의 근간은 유지

(6) 장점: 인사교류 촉진, 인사권자의 재량권 확대, 정책 추진력 확보, 업무와 성과 중심 인사관리 등

(7) 단점: 정치적 압력, 직업공무원제 약화, 신분의 불안정과 승진의 적체, 외부임용자의 조직 장악력 약화 등

THEME 21 우리나라 고위공무원단 ***

(1) 대상
 ① 행정부 소속 국가공무원(→ 지방공무원 제외) → 일반직·특정직(→ 외무직)·별정직 공무원
 ② 지방에서 근무하는 1~3급 상당의 국가공무원 포함, 감사원(→ 고위감사공무원단제도의 별도 운영)
 ③ 입법부, 사법부, 헌법재판소, 중앙선관위 소속 공무원은 제외

(2) 구성: 계급 없이 직무등급(→ 2등급)과 직위 중심으로 편성

(3) 임용: 소속 장관은 소속에 관계없이 전체 일반직 고위공무원 중에서 임용제청 가능 → 임용권은 대통령의 권한

(4) 충원: 개방형 직위(→ 20%), 공모직위(→ 30%), 자율공모직위(→ 50%)

(5) 부처의 인사 자율권 확대: 계급별 승진심사에서 진입할 때에만 중앙인사기관의 심사

(6) 고위공무원에 대한 평가
 ① 사전평가: 선 후보자 교육, 후 역량평가(→ 신규채용, 승진임용 또는 전보 전에 실시)
 ② 사후평가: 적격심사

(7) 능력발전 및 성과관리
 ① 후보자 교육의 강화(→ 문제해결식 교육), 2년의 최소보임기간
 ② 성과계약 등 평가의 도입 → 3등급 이상의 상대평가
 ③ 직무성과연봉제의 도입: 기본급(→ 기준급과 직무급)과 성과급의 결합

(8) 적격심사 – 고위공무원단에 속하는 일반직 공무원
 ① 사유: 최하위 등급 2년, 무보직 기간 1년, 최하위 등급 1년 + 무보직 기간 6개월, 조건부 적격자의 과제 불이행
 ② 부적격 결정 → 직권면직 가능

THEME 22 　인력계획과 인적자원관리(HRM) ★★

(1) 인력계획
　　① **개념**: 조직의 목표를 달성하기 위한 최적의 인력공급 방안을 모색하는 활동
　　② **특징**: 장기적·통합적(→ 정책과 관리 및 인사행정의 연계성 강화) 성격
　　③ **필요성**: 정부업무와 인력관리의 연계성 강화, 인력의 원활한 공급, 구성원의 질적 저하 방지

(2) 인적자원관리
　　① **개념**: 구성원의 잠재력을 개발해 조직의 목표와 구성원의 직무만족을 동시에 높이고자 하는 전략
　　② **처방**: 참여적 의사결정, 탈관료제 지향, 내부 의사소통의 확대, 상황적응적 보상 등
　　③ 전통적 인사관리와 인적자원관리

(3) 전통적 인사관리: 비용으로서 인력, 과학적 관리론, 직무에 적합한 인재 선발, 소극적·경직적·집권적, 투입 중심, 교환모형

(4) 인적자원관리: 자산으로서 인력, 후기인간관계론, 변화에 대비한 능력 개발, 적극적·신축적·분권적, 성과 중심, 통합모형

THEME 23 　연공주의와 성과주의 ★

(1) 연공주의: 정기 및 신입사원 채용, 일반적 선발기준, 태도와 근속연수 중심의 평가, 직급과 연차 중심, 평생고용

(2) 성과주의
　　① 수시 및 경력사원 채용, 전문성과 창의성 기준, 성과와 능력 중심의 평가
　　② 직급 파괴, 성과·역량 중심, 조기퇴직, 전직의 지원

THEME 24 　임용 ★★

(1) 의의: 공무원의 관계를 발생·변경·소멸시키는 일체의 행위

(2) 원칙: 실적주의(→ 시험성적·근무성적, 그 밖의 능력의 실증) + 대표관료제의 가미(→ 균형인사지수)

(3) 결원의 보충방법: 신규채용, 승진, 강임(↔ 강등), 전직과 전보 등

(4) 임용의 유형
　　① **외부임용(→ 신규채용)**: 공개경쟁채용, 경력경쟁채용
　　② **내부임용(→ 재배치)**
　　　　㉠ 수직적 임용(→ 승진, 강임), 수평적 임용[→ 배치전환(→ 전입, 전직, 전보 등)]
　　　　㉡ 기타: 휴직, 복직, 직위해제, 징계 등

THEME 25 휴직의 종류 *

(1) 강제휴직: 장기요양, 징집 또는 소집, 생사 또는 소재의 불명, 의무의 수행, 공무원 노조의 전임자
(2) 의원휴직: 민간기업 등에 임시채용, 국외유학, 연구 또는 연수, 자녀 양육, 임신과 출산, 부모·
　　　배우자·자녀의 간병

THEME 26 모집 **

(1) 모집의 유형
　① **소극적 모집:** 부적격자의 배제에 초점 → 실적주의에서 강조
　② **적극적 모집:** 유능한 인재를 유치에 초점 → 현대 적극적 인사행정에서 강조
　　ㄱ 공직에 대한 사회적 평가의 제고, 과학적·장기적 인력계획의 수립, 기회균등의 보장
　　ㄴ 지원자격의 완화와 수험절차 간소화, 모집공고의 개선 및 적극적 홍보, 개방형 및 임기제의
　　　 활용 등
(2) 자격요건
　① **소극적 요건:** 외형적 기준 → 학력·연령·성별·국적·거주지 등
　② **적극적 요건:** 내재적 기준 → 지식·기술·경험·가치관·태도 등

THEME 27 시험 ★★★

1. 시험의 효용성

(1) **타당성**: 시험의 목적달성도
(2) **신뢰성**: 시험결과의 일관성 → 타당성의 필요조건
(3) **객관성**: 채점의 공정성 → 신뢰성의 조건
(4) **난이도**: 시험의 변별력
(5) **실용성**: 비용의 저렴성, 실시와 채점의 용이성

2. 시험의 타당성

(1) **기준타당성(criterion validity)**
① 하나의 측정도구를 이용하여 측정한 결과와 다른 기준을 적용하여 측정한 결과의 상관성
② 어떤 개념의 측정지표와 이미 타당성이 검증된 다른 기준(→ 근무성적평정)과의 상관성 정도로 측정
③ 시험이 직무수행능력을 얼마나 정확하게 예측하였는가와 관련된 타당성
④ 시험과 미래의 업무수행 능력의 상관성을 측정하고자 하는 경험적 타당성
⑤ 유형

예측적 타당성 검증	시험합격자의 시험성적과 일정 기간 후 근무실적의 비교
동시적 타당성 검증	재직자의 시험성적과 근무실적의 동시 비교

(2) **내용타당성(content validity)**
① 시험이 장래 직무수행에 필요한 능력요소를 얼마나 정확하게 예측할 수 있는가와 관련된 타당성
② 측정도구(→ 시험)가 측정대상(→ 직무)이 지닌 무수한 속성들을 얼마나 대표할 수 있는지의 여부
③ 직무에 정통한 전문가 집단이 시험의 구체적 내용이나 항목의 적합성 정도를 판단하여 검증

(3) **구성타당성(construct validity)**
① 시험이 이론적으로 추정한 능력요소를 얼마나 정확하게 측정할 수 있는가와 관련된 타당성
② 연구에서 이용된 이론적 구성개념과 이를 측정하는 측정수단(→ 측정지표) 간의 일치 정도로 측정
③ 특정한 시험이 무엇을 측정하는지를 설명하기 위해 심리학자들이 도입한 개념
④ 추상적 개념의 성공적 조작화와 관련되며, 고도의 계량분석기법 및 행태과학적 조사에 기반
⑤ 유형

수렴적 타당성(→ 집중)	같은 개념을 측정하는 경우 그 측정값이 하나의 차원으로 수렴할 것
차별적 타당성(→ 판별)	상이한 개념을 측정하는 경우 그 측정값에는 차별성이 나타나야 할 것

3. 시험의 신뢰성

(1) 의의: 시험이 측정도구로서 갖는 일관성의 정도 → 시기·형식이나 방법·장소 등에 따라 점수가 영향을 받지 않는 정도

(2) 타당성과의 관계
① 타당성이 시험과 다른 기준과의 관계이지만 신뢰성은 시험 그 자체의 문제
② 타당성의 필요조건: 신뢰성이 높다고 해서 반드시 타당성이 높은 시험은 아님

(3) 측정방법 **TIP** 재복반문

재검사법	동일한 집단 + 같은 문제의 2회 실험 → 종적 일관성
복수양식법(동질이형법)	동일한 집단 + 상이한 유형의 2회 실험 → 종적·횡적 일관성
반분법	상이한 집단 + 유사한 문제를 각 1회 실험 → 횡적 일관성
문항 간 일관성 검사법	반분법의 기법을 개별 문항으로 확대하는 방법

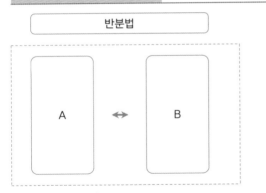

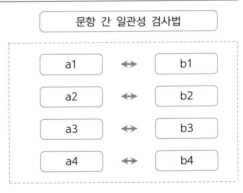

(1) 임기제공무원

① 일반임기제공무원: 직제 등 법령에 규정된 경력직 공무원의 정원에 해당하는 직위에 임용되는 임기제공무원

② 전문임기제공무원: 전문적 지식이나 기술 등이 요구되는 업무를 수행하기 위해 임용되는 임기제공무원

③ 시간선택제임기제공무원: 통상적인 근무시간보다 짧은 시간을 근무하는 공무원으로 임용되는 임기제공무원

④ 한시임기제공무원: 공무원의 업무를 대행하기 위해 1년 6개월 이내의 기간 동안 임용되는 공무원

(2) 시간선택제채용공무원 – 일자리 나누기 정책

① 통상적인 근무시간보다 짧은 시간을 근무하는 일반직 공무원

② 근무시간: 15시간 이상 35시간 이하의 범위에서 임용권자 또는 임용제청권자가 규정

③ **통상적인 공무원으로의 임용:** 어떠한 우선권도 인정하지 아니함

(3) 균형인사기본계획: 인사혁신처장이 5년마다 수립

(4) 채용후보자 명부의 유효기간: 2년

(5) 승진소요 최저연수: 4급(→ 3년), 5급(→ 4년), 6급(→ 3년 6개월), 7급 및 8급(→ 2년), 9급(→ 1년 6개월)

(6) 대우공무원 및 필수실무관 – 승진적체 해소책

① 대우공무원: 일반직 공무원 중 승진소요최저연수 이상 근무하고, 근무실적이 우수한 사람을 상위 직급으로 대우

② 필수실무관: 6급 공무원인 대우공무원 중 필수실무관으로 지정

(7) 근속승진: 7급(→ 11년 이상), 8급(→ 7년 이상), 9급(→ 5년 6개월 이상)

(8) 겸임

① 고등학교 이상의 각급 학교의 교육공무원과 직무 내용이 유사한 일반직 공무원 간

② 연구직렬 공무원과 직무 내용이 유사한 다른 일반직 공무원 간

③ 일반직 공무원과 직무 내용이 관련이 있는 다른 일반직 공무원 간

④ 겸임기간: 2년 이내로 하며, 특히 필요한 경우 2년의 범위에서 연장 가능

(9) 필수보직기간: 원칙적으로 3년, 3급 또는 4급 공무원, 연구관 및 지도관과 고위공무원단은 2년

(10) 면접시험의 평정 요소

① 공무원으로서의 정신자세, 예의·품행 및 성실성

② 전문지식과 그 응용능력, 의사표현의 정확성과 논리성, 창의력·의지력 및 발전 가능성

THEME 29 시보임용 ★★

(1) **의의**: 임용후보자에게 일정기간 업무수행 후 적격성을 판단하는 제도
(2) **목적**: 시험의 연장선, 실적주의 보완책, 부적격자의 사후적 배제
(3) **대상**: 신규 채용되는 5급 이하 공무원 → 5급은 1년, 6급 이하는 6개월
(4) **신분보장**: 근무성적이나 교육훈련성적이 나쁠 때 면직이나 면직제청 가능 → 신분보장의 약화
(5) **심사위원회의 의결**: 정규 공무원으로 임용 또는 임용제청하거나 면직 또는 면직제청하려는 경우

THEME 30 교육훈련 ★★★

(1) **인재육성교육과 인력관리교육**
　① **인재육성**: 성과 지향적 교육 과정 개발, 인력육성계획의 수립과 실행, 합리적 평가 기준의 개발, 계획적 경력개발 활용
　② **인력관리**: 신규 인력의 채용 및 선발기준, 기존 인력에 대한 승진·보상, 역량 보유자의 식별, 적절한 인력배치의 기준

(2) **교육훈련의 방법**
　① **강의식**: 가장 일반적이고 보편적인 방법 → 시간과 비용의 절약, 흥미상실과 동기결여
　② **역할연기**: 타인에 대한 이해력 증진
　③ **모의실험**: 업무수행 능력의 향상 → 관리연습·정보정리연습·사건처리연습
　④ **직장훈련(OJT)**(↔ **교육장훈련**): 직무순환, 멘토링, 임시배정, 인턴십 등
　⑤ **역량기반교육훈련**: 멘토링, 학습조직, 워크아웃 프로그램, 액션러닝 등
　　㉠ **멘토링**: 개인 간의 신뢰와 존중, 조직 내 발전과 학습이라는 목표의 달성을 도모
　　㉡ **워크아웃 프로그램**: 조직의 수직적·수평적 장벽의 제거, 자발적 참여를 통한 신속한 의사결정과 문제해결
　　㉢ **액션러닝**
　　　• 소집단의 팀워크를 바탕으로 실제 문제의 해결을 통해 학습방법을 학습하는 과정
　　　• 목적: 목표달성의 수단(↔ 개인의 지식 축적), 문제해결의 수단(↔ 지식전달의 수단), 수요자 중심(↔ 공급자 중심)

(3) **전통적 교육훈련과 창조형 교육훈련**
　① **전통적 교육훈련**: 정형적 교육훈련(→ 폐쇄체제), 교수(teaching) 중심(→ 커리큘럼 사고), 강의식 교육
　② **창조형 교육훈련**: 비정형적 교육훈련(→ 개방체제), 학습(learning) 중심(→ 학습체제), 참여와 체험식 교육

THEME 31 근무성적평정 ★★★

(1) **의의**: 근무실적과 직무수행능력 및 직무수행태도의 체계적·정기적 평가와 환류 → 직위분류법이 도입되면서 도입(1923)

(2) **비교개념**

① 근무성적평가: 업적에 대한 평가, 주관적, 성과급의 기준

② 직무평가: 직무에 자체에 대한 평가, 객관적, 직무급의 기준

(3) **근무성적평정의 기능**: 인사관리의 합리적 기준, 직무수행능력 향상, 감독자와 부하 간 의사소통의 수단 등

(4) **평가항목**: 근무실적, 직무수행능력, 직무태도 등

(5) **전통적 평정과 현대적 평정**

① 전통적 평정: 징벌적 접근(→ 하향적), 감시와 통제, 하위직 중심, 실적과 능력 중심, 비공개

② 현대적 평정: 임상적 접근(→ 참여적·협동적), 동기유발과 능력의 향상, 상위직·전문직까지 확대, 행태 중심, 공개

(6) **평정의 방법**

도표식평정척도법	평정요소별 등급표시, 한계(→ 평정요소 및 등급기준의 모호성, 연쇄효과의 야기 등)
강제배분법	성적분포비율의 설정(→ 상대평가), 분포상 오차의 방지
강제선택법	2~5개 서술항목 중 선택 → 연쇄오차의 방지
사실표지법	행태적 특성을 Yes 또는 No로 표시하는 방법 → 평가가 아닌 보고
중요사건기록법	평가자가 평가대상자의 근무실적에 영향을 주는 중요사건들의 기술하는 방법
행태기준척도법	과업행태의 등급표시 → 중요사건기록법 + 도표식평정척도법
행태관찰척도법	행태기준척도법 + 사건의 빈도수(→ 도표식평정척도법)

(7) **다면평가**

① 의의: 상사·동료·부하·고객 등 다수 평가자의 입체적 평가 → 실적평가보다는 업무행태에 초점

② 우리나라: 선택사항(→ 채택여부 및 결과의 공개 등), 온라인 평정, 인사행정의 참고자료

③ 장점

㉠ 객관성·공정성(→ 결과의 수용), 자기개발의 촉진, 커뮤니케이션의 활성화, 탈관료제 조직 구조와 부합

㉡ 충성심의 다원화, 분권화 촉진, 참여적 조직문화 등

④ 단점: 비용의 증대, 관리의 복잡성, 인기투표화(→ 포퓰리즘), 평가방향의 불안정성, 상급자의 소신 제약 등

(1) 연쇄 효과

 ① 한 평정요소(→ 가장 중시하는 요소)의 결과가 다른 평정요소에 영향을 미치는 효과

 ② 대상자의 전반적 인상이 평정에 영향을 미치는 경향 → 후광 효과 또는 헤일로 효과

 ③ 방지책: 요소마다 다른 용지를 사용하는 방법 또는 강제선택법의 활용

(2) 분포상의 오차

 ① 관대화 경향: 평정점수가 우수한 쪽으로 집중되는 착오

 ② 집중화 경향: 무난하게 평균에 가까운 중간점수를 부여하는 착오

 ③ 엄격화 경향: 평정점수가 불량한 쪽으로 집중되는 착오

 ④ 방지책: 강제배분법의 활용

(3) 시간적 오차

 ① 첫머리 효과: 초기의 업적에 크게 영향을 받는 경향

 ② 막바지 효과(근접 효과): 최근 실적에 크게 영향을 받는 경향

 ③ 방지책: 독립된 평정센터의 설치, 목표관리(MBO)의 활용, 중요사건기록법의 활용

(4) 규칙적 오차(일관적 오차): 일관성 있는 분포상의 착오

(5) 총계적 오차(불규칙 오차): 일관성 없는 분포상의 착오

(6) 논리적 오차: 평정요소 간 존재하는 논리성으로 인한 착오

(7) 상동오차: 유형화(→ 집단화·정형화), 고정관념, 선입관이나 편견 등 평정요소 외의 요인에 의한 착오

(8) 대비오차: 직전의 평정 대상자와의 비교로 인한 착오

(9) 유사성 착오(투사): 자신의 감정 등을 다른 이에게 전가하는 착오

(10) 기대성 착오(피그말리온 효과): 기대에 근거한 무비판적 지각

(11) 근본적 귀속의 착오: 타인에 대한 평가 → 성공하면 상황 요인, 실패하면 개인 요인 강조

(12) 지존적 착오(이기적): 자신에 대한 평가 → 성공하면 개인 요인, 실패하면 상황 요인 강조

(13) 선택적 지각의 오차: 모호한 상황에서 부분적 정보만을 받아들여 판단하는 오차

(14) 방어적 지각의 착오: 판단자의 지각에 어긋나는 정보를 회피하거나 변형시켜 이해하는 오차

(1) **의의**: 행동의 원인이 그 사람 내적 요인(→ 자신 탓)인지 외적 요인(→ 환경 탓)인지를 밝히려는 이론
(2) **기준** `TIP` 일내특합외
  ① **일관성(consistency)**: 동일한 사람이 시간이 경과되어도 동일한 방식으로 행동하는 정도
  ② **특이성(distinctiveness)**: 동일한 사람이 상이한 상황에 따라 다른 행동을 보이는 정도
  ③ **합의성(consensus)**: 동일한 상황에 직면한 다른 사람들과 동일한 방식으로 행동하는 정도

일관성		특이성		합의성	
높음	**낮음**	**높음**	**낮음**	**높음**	**낮음**
내재적	외재적	외재적	내재적	외재적	내재적

THEME 34 우리나라의 근무성적평정 ***

(1) **성과계약평가**
  ① 원칙적으로 4급 이상(→ 고위공무원단 포함), 연 1회, 성과목표 달성도의 평가
  ② 절대평가 원칙(→ 고위공무원단은 상대평가), 이중평정, 공개와 이의신청 가능
(2) **근무성적평가**
  ① 원칙적으로 5급 이하, 연 2회 또는 수시, 근무실적 및 직무수행능력 평가 + 근무태도 추가 가능
  ② 상대평가, 이중평정, 공개와 이의신청 가능, 근무성적평가위원회(→ 조정)

THEME 35 역량평가 **

(1) **역량**: 뛰어난 직무수행 능력을 보이는 고성과자의 특성 → 공통역량, 직무역량, 관리역량
(2) **대상**: 모든 공무원, 고위공무원단 직위(2006)와 과장급 직위(2015)는 필수(→ 임용 전 실시)
(3) **요소** `TIP` 문전성변고조
  ① **고위공무원단 직위(→ 관리자, 대외적 대응)**: 문제인식, 전략적 사고, 성과지향, 변화관리, 고객만족, 조정과 통합
  ② **과장급 직위(→ 감독자, 대내적 감독)**: 정책기획, 성과관리, 조직관리, 의사소통, 이해관계조정, 동기부여
(4) **평가센터(Assessment Center) 기법**: 구조화된 모의상황(→ 외적 변수의 통제), 다양한 실행과제, 다수 평가자의 합의 등

THEME 36　경력평정 *

(1) **경력**: 직업상의 경험과 근무연한 → 가장 객관적이고 수치화된 제도
(2) **원칙 − 우대 경력**
　　① **근시성의 원칙**: 최근 경력의 우대
　　② **습숙성의 원칙**: 상위직 경력의 우대
　　③ **친근성의 원칙**: 유사한 경력의 우대
　　④ **발전성의 원칙**

THEME 37　경력개발제도(CDP) *

(1) **의의**: 구성원의 장기적인 경력목표의 수립하고 이를 달성하기 위한 계획
(2) **목적**
　　① **미국(1955)**: 직위분류제의 협소한 시각의 극복
　　② **한국(2005)**: 순환보직의 문제점 해소(→ 행정의 전문성 강화)
(3) **대상**: 고위공무원단을 제외한 3급 이하 모든 경력직 공무원
(4) **원칙**: 적재적소의 배치, 승진경로의 확인, 인재육성, 자기주도, 직무와 역량(↔ 직급) 중심

THEME 38　승진 **

(1) **의의**: 직무 책임도 · 난이도가 더 높은 직급 또는 등급으로의 이동
(2) **승급**: 동일 직급에서 호봉이 올라가는 것으로 근속급과 관련되며, 승급기간은 원칙적으로 1년
(3) **기능**: 공무원의 능력발전 수단, 공무원의 사기앙양 수단, 직업공무원제의 확립 요건
(4) **승진의 범위**
　　① **폐쇄주의(비교류형)**: 동일 부처 내 경쟁, 직무에 대한 용이한 적응, 행정의 침체, 부처 간 승진
　　　　기회의 불균등 등
　　② **개방주의(교류형)**: 타 부처까지 확대, 유능한 인재의 확보, 할거주의 방지, 부처 간 승진기회의
　　　　형평성 등
(5) **승진의 기준**: 경력기준 + 실적기준(→ 시험과 근무성적)
　　① **경력**: 근무연한, 학력, 경험 등, 객관성과 안정성, 정실인사의 방지, 행정의 침체, 부하 통솔의
　　　　어려움
　　② **근무성적**: 실적, 능력, 태도 등, 능력에 따른 승진, 주관성의 개입(→ 정실인사)

THEME 39 | 우리나라의 승진제도 *

(1) 기준: 근무성적평정, 경력평정, 그 밖에 능력의 실증
(2) 승진임용의 방법
    ① 1급 공무원: 바로 하급 공무원
    ② 2급 및 3급 공무원: 같은 직군 내의 바로 하급 공무원
    ③ 4급 이하 공무원: 같은 직렬의 바로 하급 공무원
(3) 요소별 배점비율
    ① 근무성적평가: 70점 만점 → 80% 배점비율(→ 95%까지 가산반영 가능)
    ② 경력평정: 30점 만점 → 20% 배점비율(→ 5%까지 감산반영 가능)
    ③ 가점평정: 5점 범위 내
(4) 승진시험: 일반승진시험(→ 시험성적 + 승진후보자명부), 공개경쟁시험(→ 5급 공무원 승진에 한정, 시험성적만 반영)
(5) 승진임용의 제한 사유
    ① 징계의결 중, 징계처분 중, 직위해제 중, 휴직 또는 시보임용 기간 중
    ② 징계처분: 강등과 정직(→ 18개월), 감봉(→ 12개월), 견책(→ 6개월)
(6) 승진적체의 단기 해소책: 대우공무원, 필수실무요원(→ 6급), 복수직급, 통합정원, 근속승진

THEME 40 | 강임(↔ 강등) **

(1) 개념: 하위 직급으로의 임명 또는 고위공무원단에 속하는 일반직 공무원을 고위공무원단 직위가 아닌 직위로 임명
(2) 사유: 직제 또는 정원의 변경이나 예산의 감소 등으로 과원이 된 경우와 본인이 동의한 경우

THEME 41 　배치전환 ★★

(1) **의의**: 담당 직위의 수평적 변동 → 동일 계급 내 인사이동
(2) **목적**: 인적자원의 효율적 활용, 구성원의 발전 및 직업생활의 질적 향상
(3) **유형**
　① **전입**: 인사 관할을 달리하는 곳으로의 인사이동
　② **전직**: 상이한 직렬의 동일 등급으로의 이동 → 전직시험
　③ **전보**: 동일 직렬의 동일 등급으로의 이동, 필수보직기간(→ 원칙 3년, 4급 이상 2년)
　④ **파견**: 소속의 변동 없는 임시적 배치전환, 파견기간(→ 원칙 2년, 5년 범위에서 연장 가능)
　⑤ **겸임**: 한 사람에게 둘 이상의 직위 부여
(4) **긍정적 용도**: 능력발전과 교육훈련의 수단, 보직 부적응 해소, 적재적소 배치, 공직 침체 방지,
　 할거주의 방지 등
(5) **부정적 용도**: 징계의 수단, 사임의 강요수단, 부패방지의 수단, 개인적 특혜의 제공 등

THEME 42 　사기 ★★

(1) **의의**: 조직의 목표를 달성하려는 자발적이고 지속적인 근무의욕
(2) **사기실재론**: 사기와 생산성의 직접적인 관련 → 전통적 견해
(3) **사기명목론**: 사기와 생산성의 직접적인 관련성 부인
(4) **특성**: 가변적이고 상대적인 특성, 개인적 만족감의 총합 이상
(5) **기능**: 조직의 목표달성, 조직에 대한 일체감과 충성심 확보
(6) **사기측정법**
　① 기록조사법(→ 출·퇴근률, 결근률, 생산고, 사고율, 이직률 등), 태도조사법(→ 의견조사, 여론
　 조사 등)
　② 사회측정법(→ 소시오메트리)(→ 구성원 상호 간의 선호관계도 조사), 투사법(→ 무의식적으로
　 나타나는 반응의 측정)
(7) **결정 요인**: 물질(→ 보수, 연금, 작업환경), 사회적 요인(→ 귀속감, 일체감, 대인관계), 심리(→ 인정감,
　 성취감, 참여감)

THEME 43 유연근무제 ★★

(1) **의의**: 통상의 근무시간·근무일을 변경하는 근무 또는 온라인 원격근무
(2) **유형**
  ① **시간선택제전환**: 주40시간 보다 짧은 시간 근무 → 주 15시간 이상 35시간 이하
  ② **탄력근무제**: 주 40시간 근무하되, 출퇴근시각·근무시간·근무일을 자율 조정
    ㉠ **시차출퇴근**: 1일 8시간 근무체제 유지, 출퇴근시간 자율 조정
    ㉡ **근무시간선택**: 일 8시간에 구애받지 않음(→ 일4~12시간 근무), 주 5일 근무 준수
    ㉢ **집약근무**: 일 8시간에 구애받지 않음(→ 일4~12시간 근무), 주 3.5~4일 근무
    ㉣ **재량근무**: 출퇴근 의무 없이 프로젝트 수행으로 주40시간 인정
  ③ **원격근무**: 특정한 근무 장소를 정하지 않고 정보통신망을 이용하여 근무
    ㉠ **재택근무**: 사무실이 아닌 자택에서 근무 → 초과근무 불인정, 시간외근무수당 실적분은 지급 불가(→ 정액분은 가능)
    ㉡ **스마트워크근무**: 자택 인근 스마트워크센터 등 별도의 사무실에서 근무
    ㉢ **불가사항**: 심각한 보안위험, 안전점검·장비점검·사고처리 등의 사무, 민원사무의 접수와 처리 등

THEME 44 고충처리 ★★

(1) **의의**: 직장 생활과 관련된 고충을 심사하고 그 해결책을 강구하는 활동 → 신분상 불이익에 한정되는 소청심사보다 그 범위가 넓음
(2) **목적**: 신분보장, 사기앙양, 하의상달 촉진 등
(3) **우리나라의 고충심사**
  ① **중앙고충심사위원회**: 소청심사위원회에서 관장
  ② **보통고충심사위원회**: 임용권자 또는 임용제청권자 단위로 설치
  ③ **결정기간**: 청구서를 접수한 때에는 30일 이내 → 30일을 연장 가능
  ④ **결정방법**
    ㉠ **보통고충심사위원회**: 위원 5명 이상의 출석과 출석위원 과반수의 합의
    ㉡ **중앙고충심사위원회**: 위원 3분의 2 이상의 출석과 출석위원 과반수의 합의
  ⑤ **결정의 효력**: 권고적 성격

THEME 45 제안제도 *

(1) **의의**: 조직의 운영이나 업무에 대한 창의적 의견의 채택과 보상 → 상향적 의사전달의 통로
(2) **목적**: 행정능률의 향상, 문제해결능력 및 사기의 제고, 행정관리의 민주화
(3) **유형**: 아이디어 제안, 실시 제안, 공모 제안, 채택 제안, 중앙우수 제안, 자체우수 제안 등
(4) **장점**: 능률성 제고, 예산의 절약, 근무의욕 고취, 창의력과 문제해결력 향상, 환류의 촉진, 참여의 수단(→ 하의상달)
(5) **단점**: 조직 내 경쟁심의 자극(→ 인간관계의 저해), 심사의 객관성·공정성 곤란, 실질적 제안자의 식별 곤란

THEME 46 보수 **

(1) **의의**: 근로에 대한 금전적 보상 → 봉급(→ 기본급)과 수당(→ 부가급)의 합
(2) **보수의 양면성**: 직무에 대한 반대급부 + 생활보장 급부
(3) **특징**: 법정주의(→ 경직성), 비시장성, 사회적·윤리적 성격, 정치적 성격(→ 합리성의 제약)
(4) **보수결정의 기준**: 직무의 곤란성과 책임성 → 계급별·직위별 또는 직무등급별로 규정
　① **대외적 균형**: 민간부문과의 적절한 균형 → 표준생계비, 물가수준, 그 밖의 사정
　② **대내적 균형**: 경력직 공무원 간 균형, 경력직과 특수경력직 간 균형
(5) **결정 요인**
　① 생계비(→ 사회윤리요인)(→ 보수액의 하한선 결정), 정부의 지불능력(→ 경제적 요인)(→ 보수의 상한선 결정)
　② 모범적 고용주로서 정부: 민간의 임금수준과 물가에 대한 영향력 고려
(6) **기본급 체계 – 봉급**
　① **생활급**: 개인의 연령과 가족상황 등
　② **연공급**(→ 근속급): 근무연한 → 계급제와 관련
　③ **직능급**: 직무수행능력(→ 현재 + 잠재) → 노동력의 가치
　④ **직무급**: 일의 상대적 가치 → 노동의 가치, 직위분류제와 관련
　⑤ **성과급**(→ 능률급): 직무수행의 현실화된 기여도, 변동급적 성격
(7) **보수표**
　① **보수등급**: 우리나라 9등급(→ 계급별 호봉제), 미국 18등급
　② **보수폭**: 같은 등급 내 최고 금액과 최저 금액의 차이
　③ **등급 간 중첩**: 하위등급의 보수가 상위등급의 보수를 초과하는 현상 → 장기 근속자에 대한 우대

THEME 47 신축적 보수제도 – 신공공관리론 **

(1) 연봉제 – 5급 이상 공무원

① 개념: 능력과 성과 등을 고려한 계약에 의한 임금 결정방법 → 연봉월액에 따라 월 단위로 지급

② 평가

    ㉠ 성과주의와 직위분류제의 강화되지만 직업공무원제와 계급제는 약화

    ㉡ 동기부여, 성과 중심 인사관리, 공동체 의식이나 팀 정신 약화, 목표의 전환(→ 단기성과에 집착)

③ 구성

    ㉠ 기본연봉: 개인 경력과 누적성과 + 계급 + 직무의 곤란성

    ㉡ 성과연봉: 전년도 업무실적의 평가

④ 종류

    ㉠ 고정급적 연봉제: 정무직 공무원

    ㉡ 직무성과급적 연봉제: 고위공무원단 → 기본연봉(→ 기준급 + 직무급) + 성과연봉(→ 전년도 실적)

    ㉢ 성과급적 연봉제: 1~5급 공무원과 임기제 공무원

(2) 성과상여금 – 6급 이하 공무원

① 개념: 예산의 범위 안에서 지급되는 성과급의 일종

② 기준: 전년도 실적 → 근무성적평가와 다면평가의 결과

THEME 48 공무원 연금 **

(1) 의의: 공무원의 사회보장제도로, 공무원 후생복지의 핵심적 장치

(2) 목적: 사회보장적 측면, 사기앙양과 부패방지 등 인사관리 측면

(3) 본질: 은혜설(→ 공로보상), 거치보수설(→ 후불임금, 공무원의 정당한 권리)

(4) 연금의 조성방식

① 기여제(→ 공무원 소득월액의 9%, 정부 보수예산의 9%)와 비기여제

② 기금제와 비기금제

    ㉠ 기금제(→ 적립식): 미국과 한국, 기금수익의 발생(→ 재정의 안정성), 인플레이션의 영향에 취약

    ㉡ 비기금제(→ 부과식): 영국과 독일, 저렴한 관리비용, 인구구조 변화의 영향에 취약

THEME 49 우리나라의 공무원 연금 **

(1) **주관**: 인사혁신처장
(2) **대상**: 국가공무원법, 지방공무원법, 그 밖의 법률에 따른 공무원 및 직원
(3) **제외**: 군인, 선거에 의하여 취임하는 공무원
(4) **유형**
　① 단기급여: 공무상요양비, 재해부조금, 사망조의금
　② 장기급여: 퇴직급여, 장해급여, 유족급여, 퇴직수당(→ 전액 국가 또는 지방자치단체 부담)
(5) **특징**: 사회보험원리 + 부양의 원리, 최초의 특수직역 연금(1960), 적립식 방식, 기여금의 존재
(6) **급여의 제한**
　① 재직 중의 사유로 금고 이상 형의 선고, 탄핵 또는 징계에 의하여 파면된 경우
　② 금품 및 향응수수, 공금의 횡령·유용으로 징계 해임된 경우

탄핵과 파면	(금전 관련) 해임
• 5년 미만 재직: 4분의 1	• 5년 미만 재직: 8분의 1
• 5년 이상 재직: 2분의 1	• 5년 이상 재직: 4분의 1
• 퇴직수당: 2분의 1	• 퇴직수당: 4분의 1

THEME 50 공적 연금의 기여금과 부담률 *

구분		총 부담률	분담 비율
공무원연금		기준소득월액의 18%	공무원 9% + 국가 9%
군인연금		기준소득월액의 14%	군인 7% + 국가 7%
사립학교교직원연금		기준소득월액의 18%	개인 9% + 법인 9%
국민연금	사업장 가입자	기준소득월액의 9%	근로자 4.5% + 사용자 4.5%
	지역 가입자	기준소득월액의 9%	가입자 9%

THEME 51 신분보장 ***

(1) **의의**: 법에 정한 사유에 의하지 않고는 신분상 불이익을 당하지 않는 것
(2) **법이 정한 사유(→ 국가공무원법)**: 형의 선고, 징계처분, 기타 국가공무원법이 정하는 사유
(3) **예외**: 1급 공무원, 고위공무원 중 직무등급이 가장 높은 직위에 임용된 공무원
(4) **공헌**: 실적주의와 직업공무원제 확립, 심리적 안정감, 행정의 계속성·중립성, 행정의 능률성·전문성, 부패의 방지
(5) **한계**: 공직의 특권집단화, 관료침체 및 무사안일, 공직에 대한 민주통제 곤란, 관리자의 감독 곤란

THEME 52 공무원의 신분변동 ★★★

1. 징계

(1) 의의: 법령·규칙·명령의 위반에 대한 처벌로서 신분의 변경 또는 상실

(2) 사유
① 국가공무원법이나 국가공무원법에 의한 명령의 위반
② 직무상의 의무위반 또는 직무태만, 직무 내·외를 불문하고 체면 또는 위신의 손상

(3) 징계의 유형 **TIP** 경감정등해파, 해3파5

견책	전과에 대하여 훈계하고 회개
감봉	1개월 이상 3개월 이하 → 보수의 3분의 1 삭감
정직	1개월 이상 3개월 이하 → 보수의 전액 삭감
강등	1계급 아래로 직급 하락 → 3개월 간 직무에 종사금지 및 보수의 전액 삭감
해임	원칙적으로 퇴직금에는 영향이 없음 → 3년 이내 재임용 금지
파면	퇴직금의 2분의 1 감액 → 5년 이내 재임용 금지

경징계		중징계 → 직위해제			
견책	감봉	정직	강등	해임	파면
교정징계				배제징계	

2. 직위해제

(1) 의의: 공무원으로 신분은 유지, 직위를 부여하지 않는 제도, 출근 의무도 없고 보수도 삭감 → 징계는 아님

(2) 사유
① 직무수행능력이 부족하거나 근무성적이 극히 나쁜 자, 일반직 고위공무원으로 적격심사의 요구받은 자
② 파면·해임·강등·정직(→ 중징계)에 해당하는 징계의결이 요구 중인 자
③ 형사 사건으로 기소된 자(→ 약식명령이 청구된 자는 제외), 금품비위, 성범죄 등으로 인하여 수사 중인 자

(3) 대기명령
① 대상: 직무능력 부족 또는 근무성적 불량으로 직위가 해제된 자 3월 이내 대기명령
② 후속조치: 교육훈련 또는 연구과제 부여
③ 직권면직: 3월 후에도 능력 등의 향상을 기대하기 어려울 때 → 징계위원회 동의

(4) 직위의 재부여: 그 사유가 소멸되면 임용권자는 지체 없이 직위를 부여하여야 함

3. 직권면직

(1) 본의의 의사와 관계없이 공무원의 신분을 박탈하는 제도 → 징계는 아님

(2) 임용권자의 처분의 의해 이루어진다는 점에서 당연퇴직과도 구분

4. 정년

(1) 의의: 일정기간이 되면 자동적으로 퇴직시키는 제도 → 처분을 요하는 징계 또는 직권면직 등과 구분

(2) 유형

① **연령정년:** 일정한 연령이 되면 자동 퇴직, 원칙적으로 60세
- ㉠ **장점:** 용이한 시행, 조직의 신진대사 촉진, 신분보장을 통한 심리적 안정감 등
- ㉡ **단점:** 연령에 의한 차별, 경직성과 획일성(→ 신축성 저해), 감독자의 리더십 약화 등

② **계급정년:** 일정 계급에서 일정기간 동안 승진하지 못하면 퇴직
- ㉠ **장점:** 공직의 유동성 제고, 무능한 공무원의 퇴출 수단, 정실개입 방지, 능력발전 수단 등
- ㉡ **단점:** 이직률 조정의 곤란, 직업의 안정성 저해, 공무원의 사기 저하, 직업공무원제의 발전 저해 등

③ **근속정년:** 근속연한이 일정기간에 도달하면 자동 퇴직

5. 퇴직의 유형

(1) 강제퇴직: 당연퇴직, 직권면직, 징계면직(→ 해임, 파면)

(2) 임의퇴직: 의원면직, 명예퇴직(→ 20년 이상 근속), 조기퇴직(→ 20년 미만 근속)

THEME 53 임용의 결격사유 *

TIP 해3파5

(1) 실형의 선고(→ 5년), 집행유예(→ 2년), 선고유예 기간 중

(2) 파면(→ 5년), 해임(→ 3년)

(3) 피성년후견인 또는 피한정후견인, 파산선고를 받고 복권되지 아니한 자

THEME 54 소청심사청구 **

(1) 사유: 본인의 의사에 반한 신분상 불리한 처분을 받았을 때 → 안 날부터 각각 30일 이내

(2) 후임자 보충발령 금지: 파면 또는 해임이나 면직처분을 한 때

(3) 결정기간: 소청심사청구를 접수한 날부터 60일 이내 → 30일을 연장 가능

(4) 소청심사 불가대상

① 근무성적평정, 경력평정, 승진심사

② 변상명령, 당연퇴직, 행정법령의 개정, 내부 의사결정단계의 행위, 알선·권고·견해표명 등

THEME 55 공무원단체 ***

(1) 의의: 공무원의 근로조건을 개선하기 위해 조직한 단체 → 적극적 인사행정
(2) 주요 권리: 단결권, 단체교섭권, 단체행동권(→ 대부분 국가에서 금지)
(3) 장점: 사기앙양, 권익증진 및 의사전달 통로, 행정의 민주화, 실적주의의 실질적 강화, 부패방지 및 행정윤리 구현
(4) 단점: 노사구분 곤란, 공익 및 봉사자 이념과 상충, 행정의 안정성 저해, 관리층의 인사권 제약, 실적주의 및 능률성 저해

THEME 56 우리나라의 공무원단체 **

(1) 헌법: 법률이 정하는 자 → 단결권, 단체교섭권, 단체행동권
(2) 국가공무원법: 집단행위 금지 → 단, 사실상 노무에 종사하는 공무원은 예외
(3) 사실상 노무에 종사하는 공무원: 과학기술정보통신부 소속 현업기관, 노조 전임자(→ 소속 장관의 허가)
(4) 공무원 노조법
　① 노조의 형태: 복수 노조, 연합 노조, 상급 노조 모두 가능
　② 활동의 한계: 공무원의 의무에 반하는 행위, 정치활동 및 쟁의행위 금지
　③ 공무원 노조의 가입 범위
　　㉠ 일반직 공무원, 별정직 공무원
　　㉡ 특정직 공무원 중 외무영사직렬·외교정보기술직렬 외무공무원, 소방공무원 및 교육공무원 (다만, 교원은 제외)
　④ 공무원 노조 가입 불가대상
　　㉠ 다른 공무원에 대해 지휘·감독권을 행사하거나 다른 공무원의 업무를 총괄하는 업무에 종사하는 공무원
　　㉡ 인사·보수 또는 노동관계의 조정·감독 등의 업무에 종사하는 공무원
　　㉢ 교정·수사 등 공공의 안녕과 국가안전보장에 관한 업무에 종사하는 공무원
　⑤ 교섭 불가대상
　　㉠ 법령 등에 따라 국가나 자치단체가 그 권한으로 행하는 정책결정에 관한 사항
　　㉡ 임용권의 행사(→ 기관의 관리·운영) 등 근무조건과 직접 관련되지 아니하는 사항
　⑥ 효력의 발생하지 않는 사항
　　㉠ 단체협약의 내용 중 법령·조례 또는 예산에 의하여 규정되는 내용
　　㉡ 법령 또는 조례에 의하여 위임을 받아 규정되는 내용
　⑦ 노조 전임자: 임용권자의 동의 + 무급 휴직
　⑧ 조정신청: 교섭결렬 시 중앙노동위원회에 신청 → 신청을 받은 날부터 30일 이내에 종결 + 30일 이내의 연장 가능

⑨ 개정사항 – 2023년 12월 11일부터 효력 발생

    ㉠ 노조 전임자: 임용권자의 동의를 받아 노동조합으로부터 급여를 지급받으면서 노동조합의 업무에만 종사

    ㉡ 근무시간 면제자: 단체협약으로 정하거나 정부교섭대표가 동의하는 경우 보수의 손실 없이 노동조합의 노조업무 담당

    ㉢ 공무원근무시간면제심의위원회: 근무시간 면제 한도 설정 + 경제사회노동위원회에 설치 → 3년마다 재심의 의결

THEME 57 정치적 중립 ★★

(1) **의의**: 어떤 정당이 집권하더라도 공평무사하게 봉사해야 한다는 원리
(2) **목적**: 행정의 부당한 정치개입 금지 + 정치의 부당한 행정 간섭 금지
(3) **대두 배경**: 엽관주의 폐해 극복과 실적주의 도입 → 최근에는 완화되는 중
(4) **정치행정이원론**: 정치로부터 행정의 단절 → 능률성 중심
(5) **정치행정일원론**: 특정 정파가 아닌 국민 전체에 대한 봉사자 → 민주성 가미
(6) **효용**: 엽관주의 폐해 극복, 행정의 전문성과 능률성, 행정 공정성, 행정의 안정성과 계속성, 공명 선거 등
(7) **한계**: 정당정치의 발전 저해, 환경변화에 대한 무감각, 공무원의 참정권 침해, 참여관료제 구축에 장애
(8) **외국의 정치적 중립**
    ① **미국**: 펜들턴(Pendleton)법(→ 최초), 해치(Hatch)법(→ 가장 강력함), 연방선거운동법(1974) (→ 중립의 완화)
    ② **영국**: 윤리적 차원 → 미국보다는 완화된 형태
    ③ **기타**: 서유럽(→ 공무원의 입후보도 가능), 북유럽(→ 의원과의 겸직도 가능)

THEME 58 선거에 있어 공무원의 행위 제한 – 국가공무원법 ★

(1) 투표를 하거나 하지 아니하도록 권유 하는 것
(2) 서명 운동을 기도·주재하거나 권유하는 것
(3) 문서나 도서를 공공시설 등에 게시하거나 게시하게 하는 것
(4) 기부금을 모집 또는 모집하게 하는 것, 공공자금을 이용 또는 이용하게 하는 것
(5) 정치단체 등에 가입 또는 가입하지 아니하도록 권유하는 것
(6) 정치적 행위에 대한 보상 또는 보복을 약속하는 것

THEME 59 공직윤리 ***

(1) **의의**: 공무원이 공무수행 과정이나 신분상 지켜야 할 행동규범
(2) **소극적 측면**: 부패 등에 빠지지 않을 윤리
(3) **적극적 측면**: 정책의 윤리성, 바람직한 가치관, 전문지식의 함양 등
(4) **논의 배경**: 행정권한의 강화(→ 재량의 확대와 외부통제의 한계), 결과론적 통제의 한계, 성과 중심 개혁의 한계 등
(5) **특징**: 자율적·주관적·내재적 책임(→ 비공식적 내부통제 수단), 의무론적 성격의 강화
(6) **법률**(→ 소극적 윤리), 윤리헌장이나 강령(→ 적극적 윤리)
(7) **OECD 윤리기반**: 통제(→ 책임성 확보), 관리, 안내

THEME 60 행정권 오용의 양태 *

(1) 부패행위(→ 통행료 착복, 영수증 허위 작성, 공금횡령 등), 비윤리적 행위(→ 특정 정파에 호의, 사익추구 행위 등)
(2) 법규의 경시(→ 법규무시, 법규만능 등), 입법의도의 편향적 해석
(3) 불공정한 인사, 무능, 실책의 은폐, 무사안일 등

THEME 61 공직윤리의 관리 **

(1) **공무원 헌장 - 대통령 훈령**
  ① 공익을 우선시하며, 투명하고 공정하게 맡은 바 책임을 다한다.
  ② 창의성과 전문성을 바탕으로 업무를 적극적으로 수행한다.
  ③ 사회의 다양성을 존중하고 국민과 함께 하는 민주행정을 구현한다.
  ④ 청렴을 생활화하고 규범과 건전한 상식에 따라 행동한다.

(2) 강령 - 대통령령

① 의의: 지향해야 할 바람직한 가치를 명문화한 것 → 윤리강령 > 행동강령 > 실천강령

② 특징: 규범성, 실천성, 자율성, 포괄성과 보편성, 예방적 성격

③ OECD 국가의 행동강령: 1990년대부터 집중적으로 제정 → 대부분 법률의 형식

④ 우리나라의 행동강령: 부패방지법에 근거하여 대통령령으로 제정(2003)

THEME 62 윤리규범의 법제화 ★★★

(1) 국가공무원법 - 신분상 · 직무상 의무와 금지

① 의무: 선서, 성실, 복종, 친절 · 공정, 비밀엄수, 품위유지, 청렴, 종교중립 의무

② 금지: 직장이탈, 영리업무 및 겸직, 정치운동, 집단행위, 영예수여 제한(→ 대통령의 허가)

(2) 공직자윤리법 TIP 이재선주취행

① 이해충돌방지 의무: 실질적 충돌(→ 실제 충돌), 외견적 충돌(→ 현재 가능), 잠재적 충돌(→ 미래 관련)

② 재산등록: 원칙 4급 이상, 예외 7급 이상

　　㉠ 본인 및 배우자(→ 사실상의 혼인관계에 있는 사람 포함)

　　㉡ 본인의 직계존속 · 직계비속 → 다만, 혼인한 직계비속인 여성은 제외

③ 재산공개: 원칙 1급 이상, 예외 3급 이상

④ 선물 수수의 신고와 인도 → 100달러 또는 10만 원 이상

⑤ 주식백지신탁 → 재산공개대상자

⑥ 퇴직공무원의 취업제한 → 재산등록대상자, 퇴직 전 5년간 담당했던 일과 관련된 기관에 3년간 취업제한

⑦ 퇴직공무원의 행위제한 → 모든 공무원과 공직유관단체의 임직원

⑧ 퇴직공무원의 업무취급제한 → 모든 공무원 또는 공직유관단체 임직원

⑨ 재산등록의무자

　　㉠ 4급 이상 공무원, 법관 및 검사, 헌법재판소 헌법연구관

　　㉡ 대령 이상의 장교, 총경 이상의 경찰공무원, 소방정 이상의 소방공무원, 공기업의 상임이사 이상

⑩ 재산공개의무자

　　㉠ 1급 이상 공무원, 고등법원 부장판사 이상

　　㉡ 중장 이상의 장관급 장교, 치안감 이상의 경찰공무원, 소방정감 이상의 소방공무원

1급 이상	4급 이상	모든 공무원
재산공개 주식백지신탁	재산등록 취업제한	선물신고 행위제한 업무취급제한

THEME 63 공직부패 ★★★

(1) **의의**: 공직과 관련 있는 영향력이나 권력을 부당하게 사용하는 행위 → 공직윤리의 소극적 측면
(2) **특징**: 직무 관련성, 사익 추구성, 의도성, 비윤리성
(3) **부패의 시각**
  ① 기능주의: 부패의 순기능 부각(→ 수정주의 접근), 국가발전의 필요악으로서 부패, 국가가 성장하면 자연히 소멸
  ② 후기기능주의: 부패의 역기능 부각, 유기체로서 부패(→ 부패의 지속성 강조), 부패방지를 위한 의도적 노력
(4) **부패의 접근방법 – 부패의 원인**
  ① 도덕적 접근: 개인의 윤리와 자질의 부족, 환원주의 오류(→ 구성의 오류, 합성의 오류)
  ② 구조적 접근: 공무원들의 잘못된 의식구조
  ③ 사회문화적 접근: 특정한 지배적 관습이나 경험적 습성, 생태학적 오류
  ④ 제도적 접근: 법과 제도상의 결함 혹은 운영상의 부작용
  ⑤ 체제론적 접근: 다양한 원인에 의해 발생하는 복합적 현상 → 부분적 대응의 한계
(5) **부패의 유형**

제도화 여부	• 제도화된 부패 • 우발적 부패: 일탈형 부패 · 일시적 부패
사회적 용인 여부	• 백색부패: 사회적으로 용인되고 관례화된 부패 → 선의 거짓말 • 회색부패: 처벌에 대해 찬반 대립이 존재하는 부패 → 강령에 규정 • 흑색부패: 모두가 처벌을 원하는 부패 → 법률에 규정
상대방의 존재 여부	• 비거래형 부패: 상대방의 부존재 → 공금횡령, 회계부정 등 • 거래형 부패: 상대방의 존재 → 뇌물수수 등
부패의 수준	• 개인부패 • 조직부패: 외부에 잘 드러나지 않음
기타	• 생계형 부패: 작은 부패 • 치부형 부패: 큰 부패

(6) **부패방지 대책**
  ① 국가개입의 축소: 행정절차의 간소화, 정부규제(→ 경제적 규제 + 사회적 규제)의 완화
  ② 통제장치의 마련 → 행정정보공개제도, 주민감사제, 시민옴브즈만, 청렴계약제 등
  ③ 공직윤리의 강화, 충분한 생계비의 지급, 신상필벌(→ 뜨거운 난로의 법칙)
(7) **부패방지법의 주요 내용**
  ① 국민권익위원회(→ 국무총리 소속), 시민고충처리위원회(→ 지방자치단체 소속)
  ② 내부고발자보호제도, 국민감사청구(→ 국민 300명의 연서로 감사원에 청구)
  ③ 비위면직자 취업제한 → 면직 전 5년간 담당했던 일과 관련된 기관에 5년간 취업제한

THEME 64 부정청탁금지법 *

(1) 부정청탁의 신고 및 처리

① 부정청탁을 받았을 때 → 부정청탁을 한 자에게 부정청탁임을 알리고 거절하는 의사를 명확히 표시해야 함

② 동일한 부정청탁을 다시 받은 경우 → 이를 소속기관장에게 서면(전자문서 포함)으로 신고하여야 함

③ 공직자 등은 신고를 감독기관·감사원·수사기관 또는 국민권익위원회에도 신고할 수 있음

(2) 금품 등의 수수 금지

① 직무 관련 불문: 동일인으로부터 1회에 100만 원 또는 매 회계연도에 300만 원을 초과하는 금품 등의 수수 금지

② 직무 관련: 대가성 여부 불문하고 ①에서 정한 금액 이하의 금품 등의 수수 금지

(3) 음식물·경조사비·선물 등의 허용 가액

① 음식물: 3만 원

② 경조사비: 축의금·조의금은 5만 원, 화환·조화는 10만 원

③ 선물

㉠ 금전, 유가증권, 경조사비를 제외한 일체의 물품 등: 5만 원

㉡ 농수산물 등: 10만 원(→ 설날·추석 전 24일부터 설날·추석 후 5일까지는 20만 원)

(4) 외부강의 등의 사례금 수수 제한

① 공무원 및 공직자윤리법의 공직유관단체 직원 등: 40만 원

② 공공기관의 운영에 관한 법률에 따른 기관 및 학교법인 공무원 등: 100만 원

(5) 부정청탁 등 방지에 관한 업무의 총괄: 국민권익위원회

(6) 위반행위의 신고: 인적사항과 신고의 취지·이유·내용을 서명한 문서 + 신고 대상 및 증거 등의 제출

(7) 비실명 대리신고: 인적사항을 밝히지 아니하고 변호사를 선임하여 국민권익위원회에 신고를 대리할 수 있음

PART 5

재무행정

PART 5 재무행정

THEME 01 정부재정 **

(1) **의의**: 정부가 사회로부터 재원을 동원(→ 세입)하고 배분(→ 세출)하는 행위 → 예산 + 기금
(2) **목적**: 국민의 요구를 충족시키기 위한 도구적 수단
   ① **관리기능설**: 정책결정 이후의 행위(→ 수단적 의미), 예산의 편성과 심의 및 집행, 회계의 기록과 검사
   ② **정책기능설**: 행정의 정책적 측면까지 포함, 재원의 사회적 효과까지 분석
(3) **정부재원의 원천**: 조세, 수익자부담금, 국공채

		일반회계		국가재정법
국가	예산	특별회계	기타특별회계	개별법 + 국가재정법
			기업특별회계	정부기업예산법 + 국가재정법
	기금	비금융성기금		개별법 + 국가재정법
		금융성기금		
지방	예산	일반회계		지방재정법
		특별회계		
	기금			지방자치단체 기금관리기본법

THEME 02 우리나라 공공재정의 현황 *

1. 국가예산의 추이

구분	2017년	2018년	2019년	2020년	2021년	2022년
예산액	400.5조	428.8조	469.6조	512.3	558조	607조
증감율	3.7%	7.1%	9.5%	9.1%	8.9%	8.7%

2. 국세수입 비중

세목	2019년	2020년	2021년	비고
소득세	83.6	93.1	89.8	
법인세	72.2	55.5	53.3	
부가가치세	70.8	64.9	66.7	총액의 25.3% 지방이양 → 지방소비세
개별소비세	9.7	9.2	10.1	
상속 · 증여세	8.3	10.4	9.1	
증권거래세	4.5	8.8	5.1	
인지세	0.8	1.0	0.9	
관세	7.9	7.1	8.3	
교통 · 에너지 · 환경세	14.6	14.0	15.7	2022년부터 폐지하고 개별소비세로 통합
교육세	5.1	4.7	5.3	지방교육재정교부금과 유아교육지원특별회계 등에 전입
종합부동산세	2.7	3.6	5.1	전액 부동산교부세로 지방에 이양
주세	3.5	3.0	3.2	국가균형발전특별회계로 전입
농어촌특별세	3.9	6.3	5.5	농어촌구조개선특별회계로 전입
과년도 수입	5.9	4.2	4.6	
합계	293.5	285.5	282.7	

3. 분야별 예산순위

(1) 사회복지(32.6%)

(2) 일반 · 지방행정(15.4%)

(3) 교육(14.2%)

(4) 국방(9.5%)

4. 의무지출과 재량지출

(1) 의무지출: 법률에 따라 지출의무가 발생하고, 법령에 따라 지출근거와 요건 및 지출규모가 결정되는 법정지출 및 이자지출

① 지방교부세, 지방교육재정교부금 등 법률에 따라 지출의무가 정하여지고 법령에 따라 지출규모가 결정되는 지출

② 국제조약 또는 일반적으로 승인된 국제법규에 따라 발생되는 지출(→ 유엔 PKO 분담금, WHO 의무분담금 등)

③ 국채 및 차입금 등에 대한 이자지출

(2) 재량지출

① 정부가 정책적 의지나 재량에 따라 대상과 규모를 어느 정도 조정 가능한 예산

② 투자사업비, 경상적 경비 등 의무지출을 제외한 나머지 지출로, 매년 입법조치가 필요한 유동적인 지출이 포함됨

THEME 03 재무행정조직 ★★

(1) **중앙예산기관**
   ① 세출예산을 배분하고 예산정책과 예산편성 및 배정 등을 총괄하는 기관
   ② 유형: 행정수반 직속형(→ 미국의 관리예산처), 재무부형(→ 기획재정부), 기획부처형

(2) **수지총괄기관**: 국고의 관리 및 수입과 지출을 총괄하는 기관, 조세정책과 조세제도, 국가채무, 정부회계 등의 총괄

(3) **중앙은행**: 정부의 국고금의 출납업무를 대행하는 기관 → 한국은행

(4) **조직의 구조**
   ① 삼원체제
      ㉠ 개념: 중앙예산기관과 수지총괄기관의 분리, 대통령제에서 주로 채택
      ㉡ 장점: 효과적인 행정관리수단, 강력한 행정력, 부처 초월적 입장 등
      ㉢ 단점: 세입과 세출의 연계성 부족, 예산기관의 권력집중 등
   ② 이원체제 - 우리나라
      ㉠ 개념: 중앙예산기관과 수지총괄기관의 통합, 의원내각제에서 주로 채택
      ㉡ 장점: 세입과 세출의 연계성 강화, 삼원체제보다는 민주적 등
      ㉢ 단점: 강력한 정책추진 곤란, 부처할거주의 초래 등

THEME 04 | 예산 ***

(1) 의의: 1회계연도 동안 국가의 수입과 지출에 관한 예정적 계획서 → 정책의 회계학적 표현, 정책의 견적서

(2) 예산(Budget)의 어원: 영국의 재무상의 재정계획서

(3) 실질적 개념: 일정기간의 세입과 세출에 대한 예정적 계산서

(4) 형식적 개념: 입법부가 행정부의 활동을 허용하고 통제하는 형식

(5) 예산의 유형(국가재정법): 예산총칙, 세입세출예산, 계속비(↔ 예비비), 명시이월비(↔ 사고이월비), 국고채무부담행위

(6) 예산의 특징

① 정책과 사업에 대한 재정적 뒷받침 → 희소한 재원의 배분계획

② 정부의 영역 중 가장 보수적이고 정치적인 분야, 그 자체가 목적일 수는 없고 무엇인가를 달성하기 위한 도구

③ 사실판단(→ '재원의 지출이 어떤 효과를 가질 것인가'에 대한 판단), 가치판단(→ '그 효과는 바람직한가'에 대한 판단)

④ 거시적 배분(→ 민간부문과 공공부문 간 자원배분), 미시적 배분(→ 예산의 총액 범위 내에서 각 대안 간 자금배분)

⑤ 다양한 형태의 정보들의 집합, 정부활동의 평가 기준, 관료의 책임성 확보수단

THEME 05 | 예산의 형식 **

(1) 법률주의: 예산법의 형식, 미국, 영국, 프랑스, 독일 등에서 채택, 세입예산도 구속력 존재, 1년세주의

(2) 의결주의: 예산의결의 형식, 한국, 일본 등에서 채택, 별도의 조세법 존재(→ 세입예산은 단순한 견적서), 영구세주의

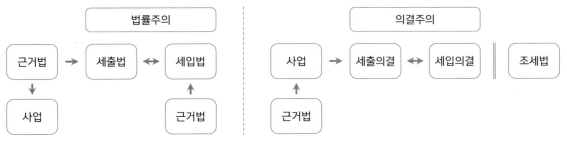

해커스공무원 **이준모 행정학** 핵심요약집

THEME 06 예산과 법률 **

구분	예산	법률
제출권자	정부	국회 및 정부
제출 기한	회계연도 개시 90일 전(→ 헌법)	제한 없음
심의 기한	회계연도 개시 30일 전(→ 헌법)	제한 없음
심의 범위	증액 및 새비목의 설치 원칙적으로 불가	제한 없음
거부권	불가	가능
공포	불요	필요
시간적 효력	회계연도 내	제한 없음
대인적 효력	국가기관	국가기관 + 국민
형식적 효력	예산으로 법률의 개폐 불가	법률로 예산의 변경 불가

THEME 07 예산의 기능 **

(1) **법적 기능**: 예산의 합법성 중시 → 재정통제와 회계책임의 확보
(2) **정치적 기능**: 다양한 정치적 이해관계의 조정과 타협의 산물
(3) **경제적 기능 – 머스그레이브(R. Musgrave)**
　① 자원배분기능(→ 사회적으로 필요한 재화의 생산), 소득재분배기능(→ 계층 간 격차의 시정을 위한 소득의 인위적 변환)
　② 경기안정화기능(→ 물가와 실업 및 국제수지 불균형의 해소책), 경제성장(→ 개발도상국)
(4) **행정적 기능 – 쉬크(A. Schick)** TIP 통관계
　① 통제기능: 회계책임의 확보, 품목별예산(LIBS), 합법성 강조, 투입 중심의 예산
　② 관리기능: 목표달성의 수단, 성과주의예산(PBS), 1차 산출물에 초점, 능률성 강조
　③ 계획기능: 장기계획의 수단, 계획예산(PPBS), 최종 목적에 초점, 효과성 강조

THEME 08 | 재정정책과 기본소득 *

1. 기본소득(UBI)

(1) 의의

① 모든 사람에게 자격 심사 없이 개인 단위로, 노동 요구 없이 무조건 전달되는 정기적인 현금 서비스

② 공공부조, 사회보험, 사회서비스 모델에 이은 제4의 모델

(2) 속성

① 개별성: 가구 단위가 아닌 개인 단위의 지급

② 보편성: 자격 심사 없이 모든 사람에게 지급

③ 무조건성: 수급의 대가로 노동이나 구직 활동을 요구하지 않음

④ 정기성과 현금 지급: 일회성이 아닌 정기적 지급

(3) 목적: 만인의 실질적 자유의 확보 → 공유부(common wealth)에 대한 시민권리 차원

(4) 기존 복지서비스와의 차이점: 본인의 부담 없이 현금으로 지급되며, 사회적 위험에 대한 고려 없이 모두에게 지급

2. 보편적 기본서비스(UBS)

(1) 의의: 정부가 서비스를 필요로 하는 모든 국민에게 소득이나 지위에 관계없이 무료로 제공되는 사회보장 모델

(2) 속성

① 기본적: 국민의 욕구를 충족시키는 필수적이고 충분한(→ 최소한이 아닌)

② 보편적: 지불 능력과 관계없이 모든 사람이 수혜자격을 보유

(3) 등장 배경: 기본소득의 문제점에 대한 비판에서 출발 + 기본소득의 선행 요건

(4) 원칙: 공유된 욕구 + 공동의 책임

(5) 목적: 형평성, 효율성, 연대, 지속 가능성의 극대화 추구

① 경제적 번영 그 이상의 사회적 번영을 목표로 함

② 기존의 의료와 교육서비스의 질과 접근성 향상 + 주거, 돌봄, 음식, 교통, 정보, 법률

3. 보편적 기본자산

(1) 의의: 성인이 된 시점에서 공평한 기회를 갖고 동일선상에서 시작할 수 있도록 일시금인 사회적 지분 급여의 지급

(2) 논의 배경: 소득 불평등 외에 자산 불평등의 심화 → 부의 대물림에 따른 청년층의 기회균등의 상실

(3) 21세기 홈스테드법: 모든 신생아에게 일정 금액의 자산위탁계좌를 만들어 주자는 주장

THEME 09 예산의 유형 ★★

(1) 성질별 분류

일반회계	국가의 고유사무 수행, 세입(→ 원칙적으로 조세수입), 세출(→ 국가사업의 기본경비)
특별회계	특정 세입과 특정 세출의 연계, 재정운영의 자율성과 신축성, 재정운영의 효율성 (→ 성과) 강화

(2) 성립시기별 분류

본예산	정기국회에서 확정된 예산 → 당초예산
수정예산	국회의결 전 예산안의 변경, 여러 번 제출한 경험이 있음
추가경정예산	국회의결 후 예산의 변경, 단일성·한정성 원칙 위배, 회수제한(×), 사유제한(○)

(3) 예산의 불성립 대처방안: 가예산, 잠정예산, 준예산

THEME 10 추가경정예산 ★★

(1) 의의
① 예산이 성립한 이후에 생긴 부득이한 사유로 인해 이미 성립된 예산에 변경을 가하는 예산
② 헌법 56조에 근거, 편성회수의 제한은 없지만 국가재정법에 편성사유를 한정적으로 열거

(2) 편성사유 – 국가재정법
① 전쟁이나 대규모 자연재해의 발생
② 대내·외적 여건의 중대한 변화 → 경기침체, 대량실업, 남북관계의 변화, 경제협력 등
③ 법령에 따라 지급하여야 하는 지출의 발생 또는 증가

(3) 한계: 정부는 국회에서 추가경정예산안이 확정되기 전에 이를 미리 배정하거나 집행할 수 없음

THEME 11 특별회계 ★★★

(1) 의의: 특정한 목적을 위하여 일반회계와 별도로 계리하는 회계 → 운영의 자율성을 통한 행정의 능률성과 전문성 제고

(2) 설치: 기획재정부장관의 심사 후 중앙관서 장이 법률로서 설치 → 매년 국회의 심의와 의결

(3) 특징: 일반회계와 분리(→ 단일성 원칙의 위반), 특별한 목적의 존재(→ 통일성 원칙의 위반)

(4) 수입: 조세수입 외 자체수입 + 일반회계로의 전입과 전출 가능(→ 내부거래의 발생)

(5) 설치 요건 – 법률
① 국가에서 특정한 사업을 운영할 경우 → 기업특별회계 + 책임운영기관특별회계
② 특정한 자금을 보유하여 운용할 경우
③ 기타 특정 세입으로 특정 세출에 충당할 필요가 있는 경우 → 기타 특별회계

(6) 유형 **TIP** 양조예편

기업특별회계 (정부기업예산법)	양곡관리, 우체국예금, 우편사업, 조달사업, 책임운영기관특별회계
기타 특별회계 (개별법)	• 국가균형발전, 교도작업, 교통시설, 국방·군사시설이전, 농어촌구조개선, 등기, 아시아문화중심도시, 에너지 및 자원사업 • 우체국보험, 주한미군기지이전, 행복도시건설, 혁신도시건설, 환경개선, 유아교육지원, 소재·부품·장비경쟁력 강화

(7) 평가

① 장점: 경영의 합리화, 계획과 집행의 재량 확보, 행정기능의 전문화와 다양화 등

② 단점: 예산구조의 복잡성, 입법부에 의한 예산통제의 곤란, 예산운영의 칸막이 현상(→ 효율성 저하) 등

THEME 12 | 기금 ★★★

(1) **의의**: 국회의 심의·의결로 확정되나 예산의 일반적 제약으로부터 벗어나 좀 더 탄력적으로 운영

(2) 목적 측면에서 특별회계와 유사하지만 세입세출예산과는 별도로 운영되며 자금을 적립하거나 회전하면서 수익 추구

(3) **설치**: 특정 목적을 위해 특정 자금을 신축적으로 운영할 필요가 있을 때 법률로써 설치

(4) **특징**: 예산의 단일성·통일성·완전성 원칙의 예외, 대체로 유상급부, 운영의 자율성과 탄력성 보장

(5) **종류**: 사업성기금(48개), 사회보험성기금(6개), 계정성기금(5개), 금융성기금(8개)

사업성기금(48개)	특정 사업을 수행하기 위해 기금을 마련하고 집행하는 기금
사회보험성기금(6개)	국민연금, 공무원연금, 고용보험, 산업재해보상보험 및 예방, 사립학교교직원연금, 군인연금
계정성기금(5개)	공공자금관리, 공적자금상환, 복권, 양곡증권정리, 외국환평형기금
금융성기금(8개)	• 기술보증, 농림수산업자신용보증, 산업기반신용보증, 주택금융신용보증, 신용보증 • 예금보험기금채권상환, 농어가목돈마련저축장려, 무역보험

(6) **주의**: 건강보험과 노인장기요양보험은 국가의 기금이 아닌 국민건강보험공단의 회계로 운영

THEME 13 정부재정의 비교 **

구분	예산		기금
	일반회계	특별회계	
성격	소비성	주로 소비성	적립성 또는 회전성
재원	조세: 무상급부	일반회계 + 기금	출연금 + 부담금 등
집행	합법성		합목적성
수입·지출	연계 배제	연계	
계획변경	추가경정예산		주요 항목의 20% 초과 (→ 금융성기금은 30%) → 국회의결

THEME 14 통합재정 ***

1. 의의

(1) **의의**: 일반회계, 특별회계, 기금 등을 모두 포함하는 정부의 재정활동 → 넓은 의미의 예산
(2) **도입 배경**: 국가재정의 총체적 파악, IMF의 권장에 따라 도입(1979)
(3) **순계 개념**: 내부거래와 보전거래의 세입과 세출에서 각각 차감, 보전재원의 별도표시 → 국가재정의 건전성 판단
(4) **경제성질별 분류**: 세입과 세출은 경상거래(→ 소비)와 자본거래(→ 투자) 및 융자거래(→ 순융자)로 구분
(5) **특징**
   ① 제도단위의 시장성 여부에 따라 정부 포괄 범위를 설정하여 정부기능을 수행하는 비영리공공기관을 포함
   ② 제도단위: 자율적인 의사결정체계 및 독립적인 자금운용계정 보유 여부로 제도 단위 판단
   ③ 시장성 여부
      ㉠ 원가보상률(→ 판매액/생산원가)이 50% 이하일 경우 일반정부, 50% 초과일 경우 공기업으로 분류
      ㉡ 원가보상률이 50%를 초과하더라도 정부판매비율(→ 정부대상 판매액/판매액)이 80% 이상이면 일반정부로 분류
(6) **유용성**
   ① 정부부문의 전체적 재정규모의 파악, 내부거래와 보전거래의 제외 → 순수한 재정활동 규모의 파악
   ② **통상적 예산**: 세입과 세출의 균형 → 재정의 건전성 파악 곤란
   ③ **통합재정**: 적자의 보전 또는 흑자처분을 위한 거래는 보전재원으로 분류
   ④ 재정수지가 적자인 경우 보전재원은 '+'로 표시 → 적자를 차입금이나 국채로 보전했다는 의미
   ⑤ 정부수입과 지출을 경상거래와 자본거래 등으로 구분 → 재정활동의 경제적 효과 분석

(7) 통합재정규모 및 통합재정수지

통합재정규모	• 세입: [총수입 − (보전수입 + 내부거래수입)] + 보전재원 • 세출: [총지출 − (보전지출 + 내부거래지출)] + 순융자(→ 융자지출 − 융자회수)
통합재정수지 = 보전재원	• (세입 + 융자회수) − (세출 + 융자지출) • 세입 − (세출 + 순융자)

(8) 관리재정수지 = 통합재정수지 − 사회보장성기금수지

2. 재정통계편람의 변화

구분	1986 재정통계편람	2001 재정통계편람
주요 변화	• 분석단위: 회계단위에서 제도단위로 변화 • 통계기록방식의 변경: 현금주의에서 발생주의로 변화	

포괄 범위	• 기능적 기초 위에서 정의
	• 재정정책과 무관한 거래는 제외
	  → 금융활동은 제외
		• 제도단위를 기초로 정의
		• 단위의 준재정 활동은 제외
		• 일반정부의 모든 활동 포함
		  → 금융활동도 포함

3. 일반정부 포괄 범위

구분		1986년 GFS	2002년 GFS
중앙	회계	일반회계, 기타 특별회계, 기업특별회계	좌동
	기금	사업성기금 58개	금융성기금과 외국환평형기금 9개 추가
	비영리 공공기관	제외	227개 기관 추가
지방	회계	• 일반회계, 기타 특별회계 • 지방교육비특별회계, 공기업특별회계	좌동
	기금	지방재정법 대상 전체	좌동
	비영리 공공기관	제외	96개 공사·공단 추가

THEME 15 | 통합재정과 총지출(2005) *

(1) **총지출**: 국민의 입장에서 느끼는 정부지출의 규모
(2) **통합재정**: 순계개념으로 파악함
(3) **총지출규모**: 상대적으로 총계개념(→ 융자회수를 차감하지 않음)으로 파악함 → 통합재정보다는 항상 큼

총지출	• 경상지출 + 자본지출 + 융자지출 • 예산순계 + 기금 - 예산·기금 간 내부거래 - 보전지출
통합재정	• 경상지출 + 자본지출 + 순융자(→ 융자지출 - 융자회수) • 총지출 - 융자회수

THEME 16 | 예산의 분류 **

1. 의의

(1) **분류의 원칙**: 포괄성, 단일성, 내적 일관성
(2) **분류의 목적**
　　① 사업계획의 수립과 예산심의의 능률화 → 기능별·조직별 분류
　　② 예산집행의 효율화 → 조직별·품목별 분류
　　③ 회계책임의 명확화 → 품목별 분류
　　④ 국민경제에 미치는 효과의 분석 → 경제성질별 분류

2. 분류 기준

(1) **조직별 분류 - 누가 사용하는가?**
　　① 부처별·소관별 분류(→ 예산과목 중 '소관'), 중앙관서(→ 국회, 법원, 헌재, 중앙선관위 등도 포함)
　　② 장점: 부처예산의 전모(→ 총괄계정), 입법부 예산심의 용이, 소관별 예산집행 용이, 소관별 회계책임의 명확성 등
　　③ 단점: 사업의 목적 파악 곤란, 사업의 우선순위 파악 곤란, 예산의 성과 파악 곤란 등

(2) 품목별 분류 – 무엇을 구매하는가?

① 지출의 대상(→ 투입물)이나 성질에 따른 분류, 예산분류의 기초(→ 다른 분류방식과 자유롭게 결합 가능)
② 국가재정법상 '성질별 분류' → 예산과목 중 '목'
③ 장점: 지출통제와 재량통제, 명확한 회계책임, 합법성 위주의 회계검사, 예산계정과 회계계정의 일치 등
④ 단점: 총괄계정의 곤란(→ 중복의 문제), 정책이나 사업계획 수립 곤란, 예산집행의 신축성 저해, 번문욕례 등

(3) 기능별 분류 – 어떤 일에 쓰이는가?

① 정부가 수행하는 주요 역할(→ 국방, 외교, 통상 등)에 따른 예산분류, 국가재정법상 '장'과 '관', 세출예산에만 적용
② 기능별 분류의 세분화[→ 사업별 분류(→ 항)], 사업별 분류의 세분화[→ 활동별 분류(→ 세항)]
③ 장점: 정부업무에 대한 총괄적 정보 제공, 시민을 위한 분류, 총괄계정(→ 사업계획의 수립), 예산집행의 신축성 등
④ 단점: 중복된 경우 분류 곤란, 부처별 예산구분의 어려움, 회계책임의 모호성, 재정통제의 어려움

(4) 경제성질별 분류 – 소비와 투자에 미친 영향력은?

① 예산이 국민경제(→ 소비·투자)에 미치는 영향력 파악, 1979년 이후 IMF 재정통계 작성기준에 의거 작성
② 예산을 경상계정(→ 소비계정)과 자본계정(→ 투자계정)으로 구분 → 통합재정
③ 장점: 예산의 경제적 효과 파악, 재정구조의 명확한 인식, 최고책임자의 유용한 도구, 국가 간 재정정보의 비교 등
④ 단점: 구체적 집행기준 부재, 자체적으로 완전하지 못함, 일선관료에게는 유용성 약화, 총량시계(→ 부문별 배분 곤란) 등

조직별 분류			품목별 분류			기능별 분류			경제성질별 분류		
국방부	교육부	복지비	인건비	물건비	이전지출	국방기능	교육기능	복지기능	경상지출	자본지출	융자지출

3. 우리나라의 예산과목 TIP 장관항세항목

		입법과목			행정과목	
세출예산	소관	장	관	항	세항	목
	조직별	기능별		사업별	활동별	품목별
세입예산	○	×	○	○	×	○
변경	이체	이용			전용	

THEME 17 프로그램 예산제도 **

TIP 야문사단세평통

(1) 프로그램(→ 사업): 동일 정책을 수행하는 단위사업(→ 활동)의 묶음
(2) 예산의 전 과정을 사업 중심으로 구조화 → 성과관리와 연계
(3) 사업 관리자에게 자율성 부여 → 성과에 따른 책임성 강조
(4) 단위사업별 운영에 따른 예산의 효율성 저하(→ 칸막이 현상) 방지

장	관	항	세항	세세항	목	세목
분야	부문	프로그램	단위사업	세부사업	편성비목	통계비목
기능별 분류		사업별 분류			품목별 분류	

THEME 18 자본예산 **

(1) 복식예산: 경상적 지출(→ 소비지출)과 자본적 지출(→ 투자지출)로 구분
　① 경상적 지출은 경상적 수입으로 충당 → 원칙적으로 수지 균형
　② 자본적 지출은 적자재정이나 공채발행으로 충당 → 단기적 불균형, 장기적 균형
(2) 등장 배경
　① 최초: 스웨덴(1937), 연차별 균형예산의 포기 → 순환적 균형의 채택
　② 미국: 주정부와 지방정부에서 주로 채택 → 조세저항의 회피, 수익자부담의 구현
　③ 신생국: 경제개발을 위한 재원의 확보 수단으로 활용
(3) 대상: 효과가 장기적(→ 회계연도 초월)이고 사회적 파급효과(→ 외부효과)가 큰 사업
(4) 분류방식: 원칙적으로 사업별로 분류되지만 기능별·조직별·품목별로도 분류 가능
(5) 특징
　① 경기순환별 균형 추구: 호황일 때는 흑자, 불황일 때는 적자 → 불경기 극복수단으로 활용
　② 부채(→ 적자재정과 공채발행)로 자산을 형성하므로 순자산은 불변
(6) 장점
　① 재정구조에 대한 명확한 이해, 자본지출에 대한 특별한 분석, 일관성 있는 조세정책, 장기적 재정계획의 수립
　② 불경기의 회복 수단, 세대 간 부담의 공평 등
(7) 단점: 계정구분의 모호성, 선심성 사업이나 수익사업에 치중, 적자재정의 은폐수단, 인플레이션의 조장 등

조세지출예산제도 **

1. 조세지출

(1) **의의**: 징수하여야 할 세금을 거두지 않는 세제상의 특혜, 간접지출, 숨겨진 보조금, 합법적 탈세
→ 불법적 탈세는 제외

(2) **특징**
① 특정 사업을 육성하기 위한 유효한 정책수단 → 특혜의 수단
② 법률에 따라 집행되므로 매년 심의·의결 받는 예산에 비해 경직적, 감면대상을 판단함에 있어
정부의 자의성 개입

(3) **유형**: 조세감면, 비과세, 소득공제, 세액공제, 우대세율적용 또는 과세이연 등

2. 조세지출예산제도

(1) **의의**: 조세지출의 세부 내역을 국회에서 심의·의결 받게 하는 제도
(2) **도입**: 서독에서 발표(1959) 후 도입(1967), 미국은 1974년 도입
(3) **우리나라**: 중앙정부(→ 조세지출예산서와 조세지출결산서 형식), 지방정부(→ 지방세지출보고서 형식)
(4) **장점**
① 조세지출보고(→ 재정민주주의), 조세제도와 조세행정 개선, 세수 확보의 근거자료, 재정부담의
형평성 향상
② 조세지출과 재정지출의 연계(→ 재원배분의 효율성 제고), 조세지출 내역의 공개(→ 조세지출의
투명성 향상) 등
(5) **단점**: 조세지출의 경직성, 조세정책의 신축성 저해, 불공정 무역거래의 근거(→ 무역마찰) 등

THEME 20 **남녀평등예산 – 성인지예산** **

(1) **의의**: 예산이 남성과 여성에 미치는 영향력이 서로 다르다는 전제하에 그 효과를 평가하는 제도
(2) **목적**: 성 중립적 관점의 타파 → 예산과정에의 성주류화 관점의 적용(→ 재정운영의 새로운 규범)
(3) **도입**: 호주에서 1984년 처음 채택, 영국·독일 등 40여 개국에서 도입
(4) **우리나라**: 중앙정부(→ 국가재정법 제16조), 지방정부 모두 도입, 예산뿐만 아니라 기금에도 적용

1. 의의

(1) 의의: 예산의 (집행)과정에서 준수하여야 할 원칙

(2) 전통적 원칙: 입법부 우위, 재정민주주의, 예산통제

(3) 현대적 원칙: 행정부 우위, 예산과 기획의 연계, 신축성 부여

(4) 전통적 예산원칙과 현대적 예산원칙의 상호보완 → 민주성과 능률성의 조화

2. 기준별 예산원칙의 유형

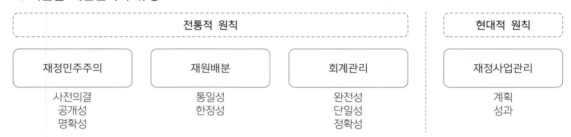

3. 국가재정법(제16조)의 원칙

4. 전통적 예산원칙 TIP 공명정한완단통사

(1) 예산 공개성의 원칙
① 의의: 예산과정의 주요 단계를 국민에게 알려하여야 한다는 원칙, 국가재정법 → 매년 1회 이상 공표
② 예외: 신임예산, 총괄예산, 국방비와 국정원예산, 외교안보비 등

(2) 예산 명확성의 원칙
① 의의: 국민이 이해할 수 있도록 예산을 편성하여야 한다는 원칙 → 수입의 원천과 지출용도의 명확성
② 예외: 신임예산, 총괄예산(↔ 명세예산), 예비비 등

(3) 예산 정확성의 원칙
① 의의: 예산과 결산이 일치하여야 한다는 원칙 → 엄밀성의 원칙
② 예외: 적자예산, 흑자예산 등

(4) 예산 한정성의 원칙 TIP 예추이전월계
① 의의: 예산의 각 항목은 상호 명확한 한계가 있어야 한다는 원칙
② 양적 한정성: 금액의 초과지출 금지 → 예비비, 추가경정예산
③ 질적 한정성: 비용의 목적 외 사용금지 → 이용과 전용
④ 시간 한정성: 회계연도 독립의 원칙 → 이월, 계속비, 과년도 수입과 지출

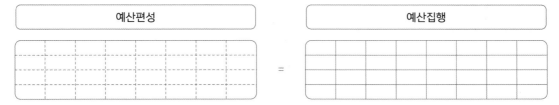

예산편성						예산집행					
					=						

(5) 예산 완전성의 원칙 `TIP` 순기현수전

① 의의: 모든 수입과 지출이 예산에 편입되어야 한다는 포괄성의 원칙 → 예산총계주의

② 한 회계연도의 모든 수입은 세입예산에 포함되고 한 회계연도의 모든 지출은 세출예산에 포함될 것

③ 예외: 순계예산, 기금, 현물출자, 수입대체경비, 전대차관

모든 수입	→	세입예산		세출예산	←	모든 지출

(6) 예산 단일성의 원칙 `TIP` 단추특기

① 의의: 모든 재정활동은 하나의 회계장부로만 구성되어야 한다는 원칙

② 예산 전체를 종합적이고 명료하게 밝히기 위한 제도적 장치 → 예산 명확성의 원칙과 관련

③ 예외: 추가경정예산, 특별회계, 기금 등

(7) 예산 통일성의 원칙 `TIP` 통목수특기

① 의의: 특정 세입과 특정 세출을 직접 연결 금지, 모든 수입은 국고로 납입 후 지출체계의 수립

② 국고통일의 원칙, 목적구속 금지의 원칙, 직접사용 금지의 원칙, 비영향의 원칙 → 선 국고납입 후 지출목적 지정

③ 예외: 목적세, 수입대체경비, 특별회계, 기금, 수입금마련지출제도(→ 정부기업예산법)

(8) 예산 사전의결의 원칙

① 의의: 예산의 집행에 앞서 입법부의 의결을 거쳐야 한다는 원칙

② 예외: 준예산(→ 헌법), 긴급재정경제처분(→ 헌법), 선결처분(→ 지방자치법)

③ 사전승인의 예외: 사고이월, 전용, 이체, 예비비 지출

5. 현대적 예산원칙

(1) 행정부 책임의 원칙(→ 능률성과 효과성), 행정부 계획의 원칙 → 계획과 예산의 연계

(2) 행정부 재량의 원칙, 적절한 수단구비의 원칙, 시기 신축성의 원칙, 다원적 절차의 원칙, 예산기구 상호교류의 원칙

(3) 보고의 원칙(→ 합리적 보고에 기초)

THEME 22 예산결정의 방식 - 정치논리와 경제논리 **

1. 의의

(1) **예산결정이론**: 예산결정의 상황과 조건 및 원인과 결과에 관해 체계적으로 설명하는 이론
(2) **키(O. Key)**: 왜 X달러는 A사업이 아닌 B사업에 배정되었는가?
(3) **루이스(V. Lewis)의 세 가지 경제학 명제**: 상대적 가치, 증분분석, 상대적 효과성
(4) **정치논리와 경제논리**
    ① 정치논리 - 점증주의
        ㉠ 정치적 합리성(→ 형평성, 정당성), 재정민주주의 구현, 균형화 원리(→ 게임 감각), 미시적 · 상향적 흐름
        ㉡ 제한적 탐색, 단기적 시각, 보수적 · 현실적, 준공공재, 재분배정책, 계속사업, 품목별예산, 성과주의예산
        ㉢ 안정적 선형관계(→ 예측 가능성), 외부변수의 영향력 미약 등
    ② 경제논리 - 총체주의
        ㉠ 경제적 합리성(→ 효율성), 자원배분의 효율성, 최적화 원리(→ 시장 감각), 대부분 거시적 · 하향적 흐름
        ㉡ 포괄적 탐색, 장기적 시각, 이상적 · 규범적, 순수공공재, 분배정책, 신규사업, 계획예산, 영기준예산
        ㉢ 한계효용의 법칙 → 상대적 가치 중시

2. 점증주의 접근방법

(1) **전제**: 상황의 불확실성과 인간능력의 한계 → 타협과 합의 같은 정치적 합리성의 강조
(2) **상황조건**
    ① 다원주의 사회구조, 자원은 풍족하나 가용재원이 부족한 경우, 단기적 예산과정이 지배하는 경우
    ② 전통적 예산원칙이 지배하는 상황, 관련 이론이 없거나 이론에 대한 불신이 클 때
(3) **점증의 대상**: 총예산 규모(→ 점증적), 기관별 예산(→ 점증적), 사업별 예산(→ 비점증적)
(4) **예**: 품목별예산(LIBS)과 성과주의예산(PBS)
(5) **한계**
    ① 빈약한 이론적 근거, 기득권 보호에 따른 보수주의 성향, 사회변동기제로서 예산의 정책기능의 과소평가
    ② 감축관리의 저해 요인 → 예산의 지속적인 증가

3. 합리적 · 총체적 접근방법

(1) **의의**: 합리모형에 입각한 예산결정 → 경제적 합리성 추구
(2) 과정측면(→ 목표 - 수단분석), 결과측면(→ 사회적 후생의 극대화)
(3) **예**: 계획예산(PPBS)과 영기준예산(ZBB) → 매년 재평가가 이루어지는 영기준예산(ZBB)이 가장 합리적으로 평가

(4) 한계

① 인지능력 한계, 사회문제나 정부목표의 불명확성, 정치적 합리성 간과, 예산배정의 불안정성과 투쟁의 격화

② 사회후생함수의 도출곤란(→ 에로우의 불가능성 정리) → 합의된 목표설정의 어려움

③ 예산결정의 집권화 → 계획예산(PPBS)에 대한 비판

THEME 23 다중합리성모형 – 서메이어와 윌로우비 **

1. 의의

(1) 미시적 수준의 예산상 의사결정에 관한 이론

(2) 예산과정과 정책과정 간의 연계성(→ 상호 영향력) 강조, 예산과정의 각 단계별 행태의 차별성 강조

(3) 킹던의 정책결정모형과 루빈의 실시간 예산운영모형의 통합

(4) 중앙예산기관 분석가들의 역할 → 거시적 예산결정과 미시적 예산결정의 연계

2. 킹던(J. Kingdon)의 정책결정모형

(1) 과정모형과 쓰레기통모형의 결합 → 정책의제설정 과정에 초점

(2) **독자적 세 가지 흐름**: 문제의 흐름, 정책대안의 흐름, 정치의 흐름(→ 가장 중요한 흐름)

(3) **기회의 창**: 세 흐름이 합쳐질 때 → 현재의 점증적 변화와는 다른 큰 변동 초래

(4) **세 가지 흐름에 영향을 주는 집단**

① 가시적 집단(→ 정치가): 정치의 흐름 지배 → 정부의제에 영향

② 숨겨진 집단(→ 전문가): 정책의 흐름 제시 → 결정의제에 영향

 PART 5

재무행정 해커스공무원 이준모 행정학 핵심요약집

3. 루빈(I. Rubin)의 실시간 예산운영모형 – 다섯 가지 의사결정의 흐름 TIP 입출균집과, 설선제책과

(1) **세입**: 누가 얼마만큼 부담할 것인가에 대한 질문 → 설득의 정치
(2) **세출**: 예산의 획득과 예산배분에 관한 결정 → 선택의 정치
(3) **예산균형**: 예산균형에 관한 결정 → 제약조건의 정치
(4) **집행**: 기술적 성격이 강한 영역 → 책임성의 정치
(5) **예산과정**: 누가, 어떻게 예산을 결정할 것인가에 관한 정치

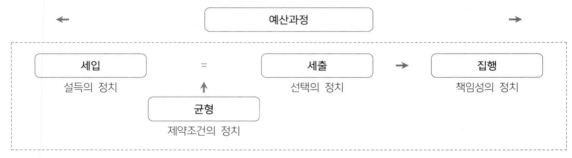

THEME 24 거시적 예산과 미시적 예산 **

(1) **거시적 예산**: 대통령 등 상층부 주도, 집권적·하향적 흐름, 예산총액 결정에 초점(→ 총량적 재정 규율 강조)
   예 계획예산, 정치관리형예산, 신성과주의예산 등

(2) **미시적 예산**: 부처별 실무자 주도, 분권적·상향적 흐름, 개별부처 사업에 초점(→ 배분 효율성, 운영 효율성 강조)
   예 품목별예산, 성과주의예산, 목표관리예산, 영기준예산

THEME 25 자원의 희소성과 예산의 유형 *

TIP 완만급총

(1) 완화된 희소성
① 충분한 자원을 가지고 있는 상태, 계속사업, 계속사업의 점증적 증가분, 신규사업
② 예산의 계획기능 중시, 다년도 예산과 사업 개발에 역점 → 계획예산(PPBS)

(2) 만성적 희소성
① 일상적인 예산 부족의 상태계속사업, 계속사업의 점증적 증가분 → 신규사업의 추진은 곤란
② (신규)사업의 분석과 평가는 소홀, 지출통제보다는 관리 개선에 역점 → 영기준예산(ZBB)

(3) 급격한 희소성
① 계속사업의 점증적 증가분도 추진할 수 없는 상태. 예산의 기획활동 중단, 단기적 · 임기응변적 예산편성
② 비용의 절약을 위한 관리상의 효율성 강조

(4) 총체적 희소성
① 이미 추진해오던 계속사업도 지속이 곤란한 상태, 회피형 예산, 허위적 회계처리 → 예산통제와 관리가 무의미
② 돈의 흐름에 따른 반복적 예산편성

구분	추진 사업			특징
	신규사업	계속사업의 증가분	계속사업	
완화된 희소성	○	○	○	사업 개발
만성적 희소성	○	○	×	관리 개선
급격한 희소성	○	×	×	절약
총체적 희소성	×	×	×	허위 · 반복

THEME 26 예산운영의 새로운 규범(1998) *

(1) 총량적 재정규율: 거시적 관점, 예산의 총액 통제에 초점, 재정의 건전성 확보
(2) 배분적 효율성: 미시적 관점, 부문 간 재원배분에 초점 파레토 최적의 추구
(3) 운영상 효율성: 미시적 관점, 부문 내 효율성에 초점, 기술적 효율성 강조(→ 투입 대비 산출)

THEME 27 윌다브스키(A. Willdavsky)의 예산문화 **

TIP 점보세반

구분		경제력	
		높음	낮음
예측 가능성	높음	점증예산 → 미국의 연방정부	세입예산 → 미국의 지방정부
	낮음	보충예산 → 행정능력이 낮은 경우, 대체적 점증주의	반복예산 → 후진국

THEME 28 예산과정의 기초 **

(1) 예산주기: 예산편성에서 책임해제까지의 순환과정 → 보통 3년
(2) 회계연도: 예산의 유효기간 → 보통 1년
(3) 회계연도 독립의 원칙 → 각 회계연도의 경비는 그 연도의 수입으로 충당해야 한다는 원칙
(4) 예산과정: 예산편성(→ 행정부), 예산심의(→ 입법부), 예산집행(→ 행정부), 회계검사(→ 확인), 결산
(→ 확정)

구분	지난 연도(2021) → 과년도	당해 연도(2022) → 현 연도	다음 연도(2023) → 차년도
예산편성	2020년	2021년	2022년
집행	2021년	2022년	2023년
결산	2022년	2023년	2024년

THEME 29 예산의 편성 ★★★

1. 개관

(1) 행정부 예산편성제도
① 장점: 행정수요의 객관적 판단, 예산편성의 전문성 제고, 예산집행의 용이성 등
② 단점: 의회의 역할 약화, 예산통제의 어려움 등

(2) 예산사정의 유형
① 무제한예산법과 한도액설정법[→ 신성과주의예산(NPB) → 하향식(Top down) 방식]
② 증감분석법
③ 항목별통제법: 품목별예산(LIBS)
④ 단위원가계산법: 성과주의예산(PBS)
⑤ 우선순위표시법: 영기준예산(ZBB)

2. 예산편성의 절차

(1) 중기사업계획서 제출 등
① 기한: 매년 1월 31일까지 중앙관서의 장이 기획재정부장관에게 제출
② 대상: 일반회계, 특별회계, 기금(→ 금융성기금은 제외)
③ 국가재정운용계획: 기획재정부에서 매년 수립되는 5년 주기 연동계획 → 중앙관서별 지출한도 설정의 기준

(2) 예산편성지침 통보
① 기한: 매년 3월 31일까지 기획재정부장관이 각 중앙관서 장에게 통보 → 예산결산특별위원회 보고
② 총액배분자율편성제도(Top down)(→ 사전재원배분제도): 기획재정부장관이 중앙관서별 지출한도의 통보

(3) 예산요구서 제출
① 기한: 매년 5월 31일까지 중앙관서의 장이 기획재정부장관에게 제출
② 대상: 세입세출예산, 계속비, 명시이월비, 국고채무부담행위

(4) 예산안 편성 및 국회제출
① 기한: 정부가 회계연도 개시 120일(→ 헌법은 90일) 전까지 국회제출 → 독립된 헌법기관과 감사원 예산도 정부가 편성
② 예산협의(→ 예산사정): 각 부처에서 제시한 예산계획서를 기획재정부에서 검토하는 절차

중기사업 계획서	⇨	예산편성지침	⇨	예산요구서	⇨	예산협의	⇨	국회제출
1월 31일		3월 31일 예결위 보고		5월 31일		기획재정부 예산실		120일 전 90일 전(→ 헌법)

THEME 30 | 예산안 제출기한 **

구분	제출기한	의결기한
중앙	90일 전(→ 헌법), 120일 전(→ 국가재정법)	30일 전(→ 헌법)
광역	50일 전	15일 전
기초	40일 전	10일 전

THEME 31 | 주민참여예산제도 ***

(1) **의의**: 예산편성에의 주민참여 → 거버넌스 시각의 반영
(2) **최초**: 브라질의 포르투 알레그레 시
(3) **우리나라**: 광주광역시 북구(2003년), 지방재정법(2006년 임의규정, 2011년 필수규정), 국가재정법 (2018년)
(4) **특징**
① 예산에 대한 사전적 통제방안, 효율성보다는 예산주권이나 시민요구의 반영을 중시하는 제도
② 주민의 실질적 참여(→ 아른슈타인의 주민권력단계), 참여 그 자체에 초점(→ 결과보다는 과정의 강조)

THEME 32 예산의 심의 ★★★

(1) 예산심의의 변수

① **정부형태**: 대통령제(→ 비교적 엄격), 의원내각제(→ 형식적 심의)

② **의회구조**: 단원제(→ 신속한 결정), 양원제(→ 신중한 결정)

③ **우선권**: 미국(→ 상원과 하원의 동등), 영국과 일본(→ 하원의 선결권 보장)

④ **심의형태**: 한국·미국·일본(→ 위원회 중심), 영국(→ 본회의 중심)

⑤ **형식**: 법률주의(→ 세입과 세출 모두 법적 구속력 존재), 의결주의(→ 세출예산만 법적 구속력 존재)

(2) 예산심의의 절차 `TIP` 감정시상예본

① **국정감사**: 정기국회 집회일 전 30일 이내의 기간 → 본회의 의결로 정기국회 중에도 가능

② **정기국회**: 9월 1일 시작(→ 국회법), 100일(→ 헌법)

③ **대통령의 시정연설**: 본회의에서 시정연설

④ **상임위원회 예비심사**(→ 소관 장관의 제안설명)와 예산결산특별위원회 종합심사(→ 기획재정부 장관의 제안설명)

⑤ **본회의 의결**: 회계연도 개시 30일 전까지(→ 헌법) → 12월 2일

국정감사 → 정기국회 → 대통령 시정연설 → 상임위 예비심사 → 예결위 본심사 → 본회의 의결 ‖ 준예산

30일 간 / 9월 1일 100일 간 / 본회의 / 소속 장관 / 기획재정부 장관 / 12월 2일 / 회계연도 개시

(3) 우리나라 예산심의의 특징

① **의결주의**: 예산에 의해 법률의 변경 및 법률에 의해 예산의 수정 불가

② **대통령제**(→ 상대적으로 엄격), **위원회 중심**(→ 본회의 의결과정은 형식적)

　㉠ 상임위원회: 증액 지향적(→ 하위정부모형), 상대적으로 전문적 성향

　㉡ 예산결산특별위원회: 감액 지향적, 상대적으로 정치적 성향

③ **수정**

　㉠ 우리나라: 폐지와 삭감만 가능, 증액 또는 새비목을 설치하고자 할 때에는 정부의 동의 필요

　㉡ 미국과 일본: 폐지와 삭감은 물론 새비목의 설치와 증액도 가능

　㉢ 상임위원회에서 삭감한 금액을 예결위원회가 증액 또는 새비목을 설치하고자 할 때 → 상임위원회의 동의

④ **예산결산특별위원회**: 예산안과 결산의 심사, 상설위원회, 임기 1년의 50인 이내의 위원으로 구성

THEME 33 예산불성립 대처방안 ★★★

(1) 가예산
① 예산이 확정될 때까지 잠정조치로 실행되는 예산제도 → 최초의 1개월분으로 제한
② 1960년까지 우리나라에서 채택 → 거의 매년 편성

(2) 잠정예산
① 예산이 성립되지 않을 때 잠정적으로 사용 → 의원내각제 국가에서 많이 이용
② 미국: 전년도 수준, 대통령의 요구액, 양원에서 승인된 세출예산액 중 낮은 쪽

(3) 준예산
① 회계연도가 개시될 때까지 예산이 성립되지 못하였을 경우 의회의 승인 없이 지출 → 사전의결 원칙의 예외
② 중앙정부의 경우에는 활용된 적이 없음 → 지방자치단체에서는 편성한 경험 존재
③ 요건 - 헌법 `TIP` 기지계
  ㉠ 헌법이나 법률에 의해 설치된 기관 및 시설의 유지비와 운영비
  ㉡ 법률상 지출의무가 있는 경비
  ㉢ 이미 예산으로 승인된 계속비

구분	사용기간	국회의결	지출항목	채택 국가
가예산	최초 1개월	필요	전반적	이승만 정부, 프랑스
잠정예산	제한 없음	필요	전반적	영국, 일본, 미국
준예산	제한 없음	불요	한정적	독일, 한국

THEME 34 예산과 거부권 ★★

(1) 원칙: 법률의 형식 → 거부권 가능, 의결의 형식 → 거부권 불가
(2) 한국: 중앙정부(→ 예산에 대한 일체의 거부권 불가), 지방정부(→ 일부 예산에 대한 재의요구 가능)
(3) 미국: 항목별 거부권법 제정(1996) → 위헌(1998), 현재는 잠정예산 외에는 거부권 불가

THEME 35 예산집행 **

(1) 절차

① **예산배정요구서의 작성**: 예산배정요구서는 기획재정부장관이 정하는 바에 따라 분기별로 이를 구분·작성

② **예산배정요구서의 제출**: 각 중앙관서의 장이 기획재정부장관에게 제출

③ **예산의 배정**: 기획재정부장관이 분기별 예산배정계획을 작성하여 국무회의 심의를 거친 후 대통령 승인을 얻어 배정

④ **감사원 통지**: 기획재정부장관이 예산을 배정한 때 감사원에 통지

⑤ **예산의 재배정**: 각 중앙관서의 장에게 배정한 예산을 산하기관의 재무관별로 다시 배정하는 것

⑥ **예산집행지침의 통보**: 기획재정부장관은 예산집행지침을 매년 1월말까지 각 중앙관서의 장에게 통보

(2) 예산배정의 형태 `TIP` 외선교부범여재

① **정기배정**: 분기별 배정계획에 따른 예산배정 → 통제

② **긴급배정(→ 회계연도 개시 전 배정)**: 대통령령으로 정하는 바에 따라

   ⊙ 외국에서 지급하는 경비, 선박의 운영·수리 등에 소요되는 경비, 교통이나 통신이 불편한 지역에서 지급하는 경비

   ⓒ 각 관서에서 필요한 부식물의 매입경비, 범죄수사 등 특수 활동에 소요되는 경비, 여비

   ⓒ 경제정책상 조기집행을 필요로 하는 공공사업비, 재해복구사업에 소요되는 경비

③ **조기배정**: 상반기에 집중되는 예산배정

④ **당겨배정**: 정기배정계획과 관계없이 앞당긴 예산배정

⑤ **기타**: 배정유보(→ 통제), 수시배정, 감액배정(→ 통제) 등

THEME 36 예산집행의 통제수단 ***

1. 배정과 재배정

(1) **배정**: 기획재정부장관이 중앙관서의 장에게 배분하는 절차

(2) **재배정**: 중앙관서의 장이 배정받은 범위 내에서 산하기관에게 배분하는 절차

2. 명세예산(↔ 총괄예산)

세부용도를 상세하게 지정한 예산

3. 예비타당성조사(1999)

(1) **의의**: 대규모 사업에 대한 기획재정부장관의 개략적 사전조사 → 원칙적으로 6개월

(2) **대상**: 총사업비가 500억 이상, 국가의 재정지원 규모가 300억 이상인 신규 사업
  ① 건설공사가 포함된 사업, 지능정보화 기본법에 따른 지능정보화 사업, 과학기술기본법에 따른 국가연구개발사업
  ② 사회복지, 보건, 교육, 노동, 문화 및 관광, 환경 보호, 농림해양수산, 산업 · 중소기업 분야의 사업

(3) **절차**
  ① 중앙관서의 장의 신청 또는 기획재정부장관의 직권, 국회가 그 의결로 요구
  ② 기획재정부장관이 조사한 후 국회 소관상임위원회와 예산결산특별위원회 제출

(4) **제외** `TIP` 공교문안남재지
  ① 공공청사, 교정시설, 초 · 중등 교육시설의 신 · 증축 사업, 문화재 복원사업
  ② 국가안보에 관계되거나 보안을 요하는 국방 관련 사업
  ③ 남북교류협력에 관계되거나 국가 간 협약 · 조약에 따라 추진하는 사업
  ④ 재난복구 지원이나 재난예방의 시급한 추진 → 소관상임위원회 동의
  ⑤ 지역균형발전, 긴급한 상황의 대응 등을 위한 정책적 추진 → 소관상임위원회 보고

(5) **경제성분석**: 원칙 → 비용편익분석, 예외 → 비용효과분석, 수입증대 → 수익성 분석(→ 재무성 분석)

(6) **정책성분석(→ 정량 + 정성)**: 정책의 일관성, 준비 정도, 위험요인, 고용효과 등

(7) **지역균형발전 분석**: 지역낙후도 개선, 지역경제 파급효과, 고용유발 효과 등

(8) **종합평가**: 계층화분석법(AHP) 활용하여 계량화된 수치로 도출 → 0.5 이상이면 바람직

4. 총사업비관리(1994)

(1) **의의**: 완성에 2년 이상이 소요되는 사업의 총사업비 통제

(2) **대상**
  ① 총사업비가 500억 이상이고 국가 재정지원규모가 300억 이상인 토목 및 정보화사업
  ② 총사업비가 200억 이상인 건축사업과 연구기반구축 R&D사업

(3) **절차**: 각 중앙관서의 장과 기획재정부장관의 협의 → 사업규모, 총사업비, 사업기간 등

(4) **효과**: 총사업비가 일정 규모 이상 증가한 경우 타당성 재조사 실시

5. 조세지출예산제도

조세감면에 대한 국회의 심의·의결

6. 재정건전화(↔ 경기안정화) 사업

국가의 부채를 줄이기 위한 수단

THEME 37 예비타당성 조사와 타당성 조사 *

(1) **예비타당성 조사**: 기획재정부의 사전적·개략적 조사, 경제적·정책적·지역균형개발 측면, 국가 재정의 전반적 관점
(2) **타당성 조사**: 주무부처의 사후적·세부적 조사, 기술적 측면, 당해 사업 관점

THEME 38 국가채무 **

(1) **채무의 범위**
　① 국가회계 또는 기금이 발행한 채권과 차입금 및 국고채무부담행위
　② 국가보증채무 중 정부의 대지급 이행이 확정된 채무
(2) **제외 사항**: 재정증권, 일시차입금, 국가회계 또는 기금이 인수·매입하여 보유하고 있는 채권 및 차입금

구분		국가채무(D1)	일반정부 부채(D2)	공공부문 부채(D3)
산출 근거		국가재정법	국제기준	국제기준
회계 기준		현금주의	발생주의	발생주의
기관 범위	중앙정부	일반회계와 특별회계 정부관리기금	국가채무, 공공기관관리기금 비영리공공기관	국가채무, 공공기관관리기금 비영리공공기관
	지방·교육	일반회계와 특별회계 기금 및 교육비특별회계	지방·교육채무 비영리공공기관	지방·교육채무 비영리공공기관
	비금융공기업	제외	제외	포함
부채 항목	국채	포함	포함	포함
	차입금	포함	포함	포함
	국고채무부담행위	포함	제외	제외
	충당부채 (공무원·군인연금)	제외	제외(별도부기)	제외(별도부기)

THEME 39 국가 간 비교 - 일반정부 부채(D2) 비교 *

구분	2019년	2020년	2021년
한국	40.9	43.8	47.3
일본	225.3	241.6	243.3
미국	108.4	128.0	134.2
OECD 평균	110.0	126.9	131.7

THEME 40 재정준칙 **

(1) **의의**: 재정수입, 재정지출, 재정수지, 국가채무 등 총량적 재정지표에 대한 법적 구속력을 부여하는 규율
(2) **유형 - 재정수지준칙과 채무준칙을 가장 많이 사용**
  ① **수입준칙**: 세입 감소를 야기하는 신규 입법의 제정 시 이에 대응하는 재원의 조달방안을 동시에 입법화하도록 하는 준칙
  ② **지출준칙**: 총지출 한도, 분야별 지출한도와 지출 증가율의 한도 등을 설정하는 준칙
  ③ **재정수지준칙**: 매 회계연도마다 또는 일정 기간 재정수지를 일정 수준으로 유지하도록 하는 준칙
  ④ **채무준칙**: GDP 대비 국가채무 비율을 일정 수준에서 유지 또는 단계적으로 감소하도록 하는 제약조건
(3) **한국형 재정준칙의 도입 방안 - 2020년 기획재정부 보도자료**
  ① **준칙**: 국가채무(→ GDP 대비 60%), 통합재정수지(→ GDP 대비 +3%)
  ② **보완**: 위기 시 적용, 경기 둔화 시 통합재정 수지기준의 완화
  ③ **적용**: 2025회계연도부터 적용, 한도는 5년마다 재검토

THEME 41 국가재정법상 재정건전화 규정 - 국가재정법 제5장 **

(1) 재정부담 수반 법령의 재·개정시 5회계연도 수입과 지출의 증감액과 재원의 조달방안 제시
(2) **국세감면율의 규제**: 국세감면액 총액 / (국세수입총액 + 국세감면액 총액)
(3) 추가경정예산안 편성사유의 제한
(4) 세계잉여금 처리용도의 제한
(5) 국가의 금전채무에 대한 국가채무관리계획의 수립 → 매년 수립
(6) 국가의 보증채무부담 시 국회의 사전 동의

THEME 42 | 세계잉여금 *

TIP 지공부추

(1) **예상되는 초과 조세수입**: 당해 연도 발행한 국채의 우선 상환 → 세입세출 외로 처리
(2) **세계잉여금**: 세입세출의 결산상 잉여금(→ 초과 세입과 세출불용액의 합계) → 사용에 있어 국회승인 불요
   ① 지방교부세의 정산 및 지방교육재정교부금의 정산
   ② 공적자금의 상환, 국채 또는 차입금의 원리금 및 확정된 국가배상금의 상환
   ③ 추가경정예산안의 편성, 다음 연도 세입으로 이입

THEME 43 | 예산집행의 신축성 유지방안 ***

1. 이용

(1) **의의**: 입법과목(→ 장·관·항) 간 융통 → 국회의 사전의결과 기획재정부장관의 승인 필요
(2) **사유 - 포지티브 방식**
   ① 법령상 지출의무의 이행을 위한 경비의 부족액이 발생하는 경우
   ② 기관운영을 위한 필수적 경비의 부족액이 발생하는 경우
   ③ 사전에 예측하기 어려운 불가피한 사정이 발생하는 경우
   ④ 재해대책 재원 등으로 사용할 시급한 필요가 있는 경우

2. 전용

(1) **의의**: 행정과목(→ 세항·목) 간 융통 → 국회의 의결 불요, 원칙적으로 기획재정부장관의 승인은 필요
(2) 공공요금과 봉급 등도 전용 가능
(3) **전용의 제한 사유 - 네거티브 방식**
   ① 당초 예산에 계상되지 아니한 사업을 추진하는 경우
   ② 국회가 의결한 취지와 다르게 사업 예산을 집행하는 경우

3. 이체

(1) **의의**: 정부조직 등에 관한 법령의 제정·개정 또는 폐지로 인한 중앙관서의 직무와 권한의 변동
(2) 예산집행의 책임소관의 변동으로 인한 예산의 소관 변동 → 사용목적과 금액은 불변
(3) 중앙관서의 장의 요구에 따라 기획재정부장관이 이체 → 국회의 승인은 불요

4. 이월

(1) **의의**: 다음 회계연도에 넘겨서 다음 연도의 예산으로 사용하는 것
(2) **명시이월**: 연도 내에 지출을 필하지 못할 것이 예측된 경우 → 국회의 사전승인 필요
(3) **사고이월 - 국회의 승인 없이 사용, 재이월은 불가능**
   ① 지출원인행위를 하고 불가피하게 지출하지 못한 경비
   ② 지출원인행위 하지 않은 부대경비

5. 예비비

(1) **대상**: 예측할 수 없는 예산 외의 지출 또는 예산초과지출에 충당

(2) **금액**: 일반회계 총액의 100분의 1 이내의 범위에서 세입세출예산에 계상 → 선택 사항

(3) **목적 예비비**: 예산총칙에 미리 사용목적을 지정해 놓은 예비비, 금지사항(→ 공무원의 보수인상을 위한 인건비 충당)

(4) **관리**: 국가재정법에 의거 기획재정부장관이 관리, 지출 후 다음 연도 국회의 (사후)승인

(5) **예비금 제도**: 헌법상 독립기관의 예비경비 → 국회, 법원, 헌법재판소, 중앙선거관리위원회, 감사원(×)

(6) **지방재정법 규정**

    ① 일반 예비비: 일반회계 총액의 100분의 1 범위 이내 → 일반회계와 교육비특별회계는 필수, 특별회계는 선택

    ② 목적 예비비: 재해 · 재난 관련 목적으로 지정 가능

    ③ 사용불가 사항: 지방의회의 예산안 심의 결과 폐지되거나 감액된 지출항목

6. 계속비

(1) **의의**: 완성에 수 년도를 요하는 공사나 제조 및 연구개발사업의 경비총액과 연부액을 미리 국회의 의결을 거쳐 지출

(2) **특징**: 사실상 다년도 예산의 편성이지만 형식적으로는 단년도 예산(→ 연부액은 매년 다시 의결)의 유지

(3) **연한**: 원칙적으로 5년 이내, 예외(→ 10년 이내), 국회의결을 거쳐 연한의 연장도 가능

7. 국고채무부담행위

(1) **의의**: 예산의 확보 없이 미리 채무를 부담하는 행위 → 국회의 사전의결

(2) **대상**: 법률에 의한 것 외, 세출예산금액 외, 계속비의 총액 범위 안의 것 외

(3) **내용**

    ① 채무를 부담할 권한만 승인, 지출권한까지 승인받은 것은 아님

    ② 채무이행의 책임은 다음 회계연도 이후에 있는 것이 원칙, 국회의 승인이 있은 후에는 정부의 동의 없이 삭감 불가

(4) **필요성**: 채무의 효력이 다음 회계연도 이후에도 계속되는 경우

(5) **내용**: 필요한 이유, 행위를 할 연도, 상환연도, 채무부담의 금액 등

8. 총액계상예산 `TIP` 도항수문

(1) 도로보수 사업, 도로안전 및 환경개선 사업

(2) 항만시설 유지보수 사업

(3) 수리시설 개보수 사업, 수리부속지원 사업

(4) 문화재 보수정비 사업

(1) 수입관리기관

　① 수입총괄기관(→ 기획재정부장관), 수입관리기관(→ 각 중앙관서의 장)

　② 수입징수관(→ 수입의 징수에 관한 사무를 위임받은 공무원), 수납기관(→ 납입 고지한 수입을
　　수령하는 기관)

(2) 지출관리기관

　① 지출총괄기관(→ 기획재정부장관), 지출관리기관(→ 각 중앙관서의 장)

　② 재무관(→ 지출원인행위를 하는 공무원), 지출관(→ 출납기관에 지출을 명령하는 공무원), 출납
　　기관(→ 대금의 지급기관)

(3) 수입과 지출의 원칙

　① 수입의 원칙: 법령이 따라 징수할 것, 국고에 납부할 것(→ 통일성 원칙), 발생주의 원칙

　② 지출의 원칙

　　㉠ 채권자를 수취인으로 할 것(→ 계좌이체), 회계연도 개시 후에 할 것

　　㉡ 확정채무가 존재할 것, 채무의 이행기가 도래할 것

(4) 수입과 지출의 특례

　① 수입의 특례

　　㉠ 수입대체경비(→ 지출의 특례로도 봄), 과(지난)년도 수입[→ 현(당해)년도 수입으로 편입]

　　㉡ 과오납금의 반환, 수입금의 반환, 선사용자금 등

　② 지출의 특례

　　㉠ 관서운영경비, 선금급, 개산급(→ 사후 정산), 과(지난)년도 지출, 조체급 보전

　　㉡ 회계연도 개시 전 자금 교부, 지출금 반납(→ 수입의 특례로도 봄), 상계, 자금의 전도 등

기획재정부 →	중앙관서 →	재무관 →	지출관 →	출납기관 →	채권자
↓	↓	↓	↓	↓	
배정	재배정	지출원인행위	지출명령	지급 계좌이제 원칙	

(1) 의의: 세입·세출 실적에 대한 정부의 사후적 재정보고 → 1회계연도 실적에 관한 확정적 계수

(2) 예산과 결산의 불일치: 사고이월, 예비비 사용, 이용, 전용, 불용액 등

(3) 기능: 재정민주주의 구현(→ 재정통제) + 재정의 환류

(4) 결산서 보고방식

① 영미식: 사실 관계(→ 인과관계)에 초점 → 발생주의 복식부기

② 대륙식: 통일적으로 적용되는 법규의 강조

(5) 결산의 절차

① 출납정리(폐쇄)기한: 출납자체를 인정하는 기간 → 12월 31일

② 출납기한: 출납의 정리 및 보고와 장부의 정리기한 → 2월 10일

③ 중앙관서결산보고서(→ 2월 말까지 기획재정부에 제출), 국가결산보고서(→ 4월 10일까지 감사원에 제출)

④ 감사원 결산검사(→ 결산확인): 5월 20일까지 정부에 송부 → 위법·부당하여도 무효·취소 불가

⑤ 국회제출(→ 5월 31일까지 제출), 결산심의(→ 결산확정)(→ 정기국회 개회 전까지 완료)

(6) 결산의 효과

① 절차적·형식적으로는 예산집행의 최종 책임 해제

② 위법·부당한 지출행위라 하여도 무효·취소는 불가 → 법률적 의미보다는 정치적 의미

③ 다만, 공무원 개인의 배상책임과 형사책임은 존재

출납 정리기한	출납기한	중앙관서 결산보고서	→	국가 결산보고서	→	감사원 결산검사	→	국회제출	→	결산심의
12월 31일	2월 10일	2월 말		4월 10일		5월 20일		5월 31일		정기국회 개회 전

THEME 46 | 회계검사 **

(1) 의의: 수입과 지출의 기록에 대한 제3자의 확인과 검증, 회계기록 정부(正否)에 대한 비판적 검증

(2) 기능: 지출의 합법성, 행정관리의 개선, 정책의 합리적 수립

(3) 감사의 유형

① 전통적 · 소극적 감사

㉠ 주로 중앙정부 위주, 합법성 위주, 재정과 회계책임 중심

㉡ 책임과 통제 목적, 회계검사와 직무감찰의 분리

② 현대적 · 적극적 감사

㉠ 공기업, 정부지원기관까지 확대, 능률성과 효과성 강조(→ 성과감사), 관리와 정책까지 포함

㉡ 재정환류 목적, 회계검사와 직무감찰의 통합

(4) 우리나라의 회계검사기관 – 감사원

① 지위: 헌법기관, 조직상 대통령 소속, 직무상 독립

② 구성: 헌법 → 5인 이상 11인 이하, 감사원법 → 7인

③ 감사원장은 국회동의 얻어 대통령이 임명, 감사위원은 감사원장의 제청으로 대통령이 임명

④ 감사원의 권한

㉠ 회계검사, 결산확인: 모든 정부기관

㉡ 직무감찰(→ 대통령 직속기관): 행정부 공무원만 대상

㉢ 기타: 심사청구, 변상판정, 징계요구(↔ 징계의결), 시정요구, 권고 및 고발

⑤ 필요적 검사사항: 국가의 회계, 지방자치단체의 회계, 한국은행의 회계, 자본금의 2분의 1 이상을 출자한 기관

⑥ 선택적 검사사항: 감사원이 필요성을 인정한 기관, 국무총리가 요구한 기관

1. 인식 기준 - 현금주의와 발생주의

(1) 현금주의

① 의의: 현금의 수납사실을 기준으로 인식하는 방법 → 주로 단식부기 사용
② 수입(→ 현금 수취 시), 지출(→ 현금 지불 시), 미지급 비용이나 미수수익은 인식 불가
③ 장점: 단순하고 이해하기 용이, 간편한 작성, 저렴한 운영, 보다 객관적, 현금흐름 파악 용이 등
④ 단점: 가용재원의 과대평가, 비용과 편익 계산 곤란, 성과파악 곤란, 총괄적·체계적 현황파악 곤란 등

(2) 발생주의

① 의의: 자산의 변동과 증감이 발생한 시점을 기준으로 인식하는 방법 → 반드시 복식부기 사용
② 채권채무주의: 수익(→ 권리확정 시), 비용(→ 채무확정 시)
③ 장점: 재정성과의 효과적 파악, 투명성·효율성·책임성 확보, 대차평균의 원리(→ 오류의 자동 검증) 등
④ 단점: 절차 복잡, 처리비용 과다, 현금흐름 파악 곤란, 회계담당자의 주관성 개입, 부실채권의 구분 곤란 등

구분	현금주의	발생주의
인식기준	현금수취·현금지출	수익획득, 비용발생
선급비용·선수수익	비용·수익	자산·부채
미지급비용·미수수익	인식 안 됨	부채·자산
감가상각·대손상각		비용
상환이자	지급 시기	기간별 인식
무상거래	인식 안 됨	이중거래
정보 활용	개별자료	통합자료
재정상태와 성과파악	곤란	용이

2. 기장방식 - 단식부기와 복식부기

(1) 단식부기

① 거래의 일면만 기록, 현금주의에서 주로 채택
② 단순하여 작성과 관리용이, 이익과 손실의 원인파악 곤란, 총괄적·체계적 현황파악 곤란, 정부사업의 성과파악 곤란

(2) 복식부기

① 거래의 이중성 반영, 발생주의에서 주로 채택, 대차평균의 원리(→ 오류의 자기검증)
② 총량적 데이터의 확보, 자동이월기능(→ 출납폐쇄기한의 필요성 감소), 재정활동의 투명성·책임성 강화 등

THEME 48 재무제표 **

(1) **구성**: 재정상태표, 재정운영표, 순자산변동표
(2) **작성 원칙**: 통합재무제표(→ 일반회계, 특별회계, 기금) → 당해 연도와 직전 연도의 비교방식
(3) **재정상태표**: 일정시점의 저량지표 → 자산 = 부채 + 자본(→ 순자산)
(4) **재정운영표**: 일정기간의 유량지표 → 비용 = 수익
(5) **현금흐름보고서**: 현금주의로 작성 → 재무제표 구성 요소에서 제외

구분	차변 → 결과	대변 → 원인
상태지표	자산의 증가 부채의 감소 자본의 감소	자산의 감소 부채의 증가 자본의 증가
운영지표	비용의 발생	수익의 발생

THEME 49 정부회계와 기업회계 *

구분	정부회계	기업회계
존재 목적	사회 요구에 따른 행정서비스 제공	이윤 추구
재무 원천	조세와 국공채	주주 및 채권자
회계제도	정부회계기준	기업회계기준
재무제표	재정상태표, 재정운영표, 순자산변동표	대차대조표, 손익계산서, 자본변동표, 현금흐름표
재무보고	자원의 사용 분배에 대한 관리책임과 회계책임	손익계산에 의한 회계책임
정보 이용자	국민과 지역주민 등	주주 및 채권자 등

THEME 50 우리나라 정부회계 체계 - 발생주의 복식부기 **

(1) **도입**: 지방은 2007년에 도입, 중앙은 2008년 도입 후 2009년부터 시험운영
(2) **특징**
   ① 중앙과 지방의 이원적 운영 → 중앙은 국가회계법(2009), 지방은 지방회계법(2016)
   ② 중앙은 디브레인(d-brain) 시스템, 지방은 e-호조 시스템
   ③ 지방은 기업회계의 재무회계 - 관리회계라는 개념 대신 재무회계 - 예산회계로 구분하여 사용
      ㉠ **재무회계**: 발생주의 복식부기 적용
      ㉡ **예산회계**: 현금주의 단식부기 적용

THEME 51 재무회계와 관리회계 *

구분	재무회계	관리회계
정보 이용자	외부 이해관계자	내부 이해관계자
목표	외부보고 → 재무제표의 작성	조직의 효율성 증대
주된 관심	경제적 현상의 측정과 전달	조직의 성과
회계기준	일반적으로 인정된 회계원칙	내부 규정
산출물	재무제표	제품별 원가, 부문별 성과
정보 특성	객관성, 감사 가능성	적시성, 관련성
사용자료	과거	과거 · 현재 · 미래
보고기간	회계연도	임의적 · 변동적
보고형식	고정적 · 정형적	임의적 · 변동적

THEME 52 재무회계와 예산회계 *

구분	재무회계	예산회계
의의	재정운영 및 재정상태의 보고, 수익과 비용, 자산과 부채	예산의 집행실적 기록, 분야 – 부문 – 사업 – 단위사업
회계방식	발생주의 · 복식부기	현금주의 · 단식부기, 공기업회계는 발생주의 · 복식부기
결산보고서	재무제표	세입세출결산서
보고형식	회계단위 간 연계와 통합보고	회계단위별 분리보고
가치지향	주민의 삶의 질 개선, 투명한 공개, 효율적 집행	행정내부 조직 중심, 집행통제 및 법규준수
자기검증	대차평균의 원리에 의한 오류의 자동 검증	자기검증 기능 미흡

THEME 53 조달(구매)행정 *

(1) 집중구매
  ① 장점
    ㉠ 규모의 경제(→ 능률성 향상), 구매업무 전문성·통일성, 물품의 표준화(→ 공급자 편의)
    ㉡ 공통품목과 저장품목 구매, 공급관리의 신축성 등
  ② 단점
    ㉠ 구매절차의 복잡성(→ 적기·적재·적소 공급 곤란), 대기업 편중
    ㉡ 정치적 영향력(→ 부패가능성), 물품의 표준화(→ 다양성 상실) 등

(2) 분산구매
  ① 장점: 구매절차 간소화(→ 적기·적재·적소 공급), 중소기업의 참여, (정치적) 부패 가능성 감소, 수요기관의 특수성 등
  ② 단점: 규모의 경제 확보 곤란, 구매의 전문성·통일성 저해, 공급관리의 신축성 저해, 종합적 구매정책의 수립 곤란 등

THEME 54 정부계약의 방식 *

(1) 일반경쟁: 불특정 다수의 공개입찰 → 원칙
(2) 제한경쟁: 일정한 기준에 의한 입찰자격의 제한
(3) 지명경쟁: 지명된 특정인만 입찰자격 부여
(4) 수의계약: 특정 상대의 임의적 선정
(5) 다수공급자계약(2005): 다수 공급자와 복수 계약 → 수요기관의 선택
(6) 일괄입찰제(turn-key): 한 업체에게 설계나 시공의 일괄적 부여
(7) 최저가 낙찰: 가장 낮은 가격을 써 낸 자를 선정하는 방식
(8) 적격심사 낙찰(1995): 입찰금액으로 시공할 수 있는지의 사전심사

THEME 55 품목별예산(LIBS) ★★★

(1) **의의**: 지출대상(→ 투입요소)과 성질에 따라 세부항목별로 예산을 편성하는 제도
(2) **함의**: 최초의 근대적 예산제도 → 행정부의 재정활동에 대한 입법부의 통제 강조
(3) **도입**: 1912년 '절약과 능률에 관한 대통령 위원회' 건의 → 1920년대 연방부처의 채택
(4) **편성**: 투입물 단위, 예산편성과목 중 '목'에 해당
　　① 인건비: 기본급, 수당 등
　　② 물건비: 관서운영비, 업무추진비, 여비 등
　　③ 이전지출: 보상금, 배상금, 출연금 등
(5) **특징**
　　① 투입 중심(→ 지출품목과 그 비용에 관한 정보 제공), 통제적·점증적 예산결정(→ 입법부 우위의 예산원칙)
　　② 단년도 지출에 초점, 회계학적 지식의 요청, 계획의 분권화, 통제책임은 집권적, 회계책임은 분산적·개별적
(6) **장점**: 재량통제(→ 의회권한 강화), 회계책임의 명확화, 분석비용의 절감, 이익집단의 저항 감소, 분할적 선택 등
(7) **단점**: 사업의 목적파악 곤란, 사업의 성과파악 곤란, 계획과 예산의 불일치, 재정운용의 경직성, 번문욕례 등

THEME 56 성과주의예산(PBS) ★★★

(1) **의의**: '무엇을 구매하는가?' 보다는 '왜 구매하는가?'에 초점
(2) **관리지향 예산제도**: 예산(→ 투입)과 산출의 연계성 강조
(3) **등장대경**: 뉴딜정책 이후 정부의 역할에 대한 인식의 변화, 1947년 제1차 후버위원회의 건의, 트루먼 대통령의 채택(1950)
(4) **예산액**: 단위원가 × 업무량(→ 업무의 계량화가 쉬운 소규모 조직에 효과적)
(5) **특징**
　　① 통제가 아닌 관리기능 강조, 능률성 지향 예산제도(→ 투입과 산출의 강조), 실적예산(→ 재원과 사업의 연계)
　　② 거리청소, 노면보수 등과 같은 활동(→ 단위사업) 중심의 배분 → 장기적 계획과의 연계보다는 구체적인 개별사업 중심
　　③ 기술공학적 지식의 요청 → 업무단위와 단위원가 등의 계산
　　④ 분권적 계획, 점증적 결정, 집권적 관리통제, 상향적 예산결정구조

(6) **장점**: 정부활동에 대한 국민의 이해, 계획수립과 성과파악 용이, 예산집행의 신축성, 원가계산 (→ 자금배분의 합리성)

(7) **단점**: 업무단위 및 원가계산 곤란, 공통경비(→ 간접비) 배분 곤란, 재정통제 및 회계책임 곤란, 단위사업 중심, 단기시각

THEME 57 계획예산(PPBS) ★★★

(1) **의의**: 장기적 계획과 단기적 예산의 유기적 결합을 강조하는 예산제도

(2) **배경**
① 자원배분의 합리성(→ 능률성과 효과성)의 요구
② 분석기법의 발달에 따른 미래예측능력의 향상 → 케인즈 경제학과 후생경제학

(3) **도입**
① 랜드연구소에서 개발, 맥나마라에 의한 국방성의 채택(1963), 존슨 대통령의 도입(1965)
② 닉슨 대통령의 포기 → 목표관리(MBO)예산으로 대체

(4) **편성방법 – 사업구조의 설정**
① 장기계획수립(planning): 무엇(What)을 할 것인가와 관련
② 실시계획수립(programming): Program Category, Program Sub-Category, Program element 순
③ 예산의 편성: 1회계연도의 실행예산이 편성되는 단계

(5) **특징**
① 목적: 수치로 표현된 목표의 달성 강조 → 투입물보다 최종적인 목적이나 결과물 중시
② 비용편익분석과 비용효과분석 등 체제분석을 활용한 과학적 객관성 강조
③ 집권적 계획, 합리적이고 거시적인 예산제도, 하향적인 예산결정의 흐름
④ 경제학적 지식의 요청: 전문가의 힘은 강해지나 의회나 현장 관료의 영향력은 약화됨

(6) **장점**: 장기적 시계, 합리적·분석적 기법, 계획과 예산이 유기적 연계, 최고관리층의 관리수단, 의사결정의 일원화

(7) **단점**
① 목표(→ 사회적 합의)와 사업구조의 작성 곤란, 계량화와 환산작업 곤란, 과다한 문서와 정보량
② 의사결정의 집권화, 정치적·심리적 요인 경시, 의회의 지위 약화

(1) 의의: 사업과 금액에 대한 재평가를 통한 예산편성 → 점증주의 극복과 경제적 합리성의 제도화

(2) 도입: 카터(G. Carter) 대통령의 채택(1977) → 레이건(R. Reagan) 정부에 의해 폐지(1981)

(3) 기획과 분석(→ 합리모형) → 계획예산과 유사, 참여의 촉진(→ 상향적) → 목표관리와 유사

(4) 편성방법

① **의사결정단위**(Decision unit): 독자적인 예산결정권을 갖는 사업단위 또는 조직단위

② **의사결정패키지**(Decision package)

ㄱ **사업대안**(Alternative) **패키지**: 대안이나 방법을 기재한 표

ㄴ **증액대안**(Incremental) **패키지**: 최저 수준, 현행 수준, 증액 수준을 기재한 표

③ **우선순위결정 및 예산편성** → 상향적·단계적 결정 → 증액대안의 우선순위와 가용재원의 규모를 토대로 예산편성

(5) 특징

① 목적(→ 제한된 재원의 효율적 배분), 의사결정(↔ 계획)지향(→ 우선순위의 선택에 관심)

② 합리모형에 입각한 예산결정이지만, 계획과 정책결정기능은 분권화

③ **의사결정단위**: 사업단위 뿐만 아니라 조직단위도 가능 → 계획예산보다 더 융통성 있는 제도

④ 자원의 제한으로 인해 사업의 결정뿐만 아니라 금액의 결정도 강조 → 계획예산은 사업의 결정에만 초점

⑤ **폐쇄적 시각**: 단기적 시각, 계획과 예산편성 범주의 부처 관할

(6) 장점: 근본적 재평가, 자원배분의 합리성 강화, 예산의 점증적 증대의 방지, 재정운영의 경직성 타파, 구성원의 참여

(7) 단점

① 시간과 노력의 과다한 소모, 장기계획 기능의 위축, 정치적·심리적 요인의 간과

② 우선순위의 설정 곤란, 우선순위 선정의 부처 할거주의(→ 주관성), 소규모 조직의 희생

구분	계획예산(PPBS)	영기준예산(ZBB)
중점	계획의 수립이나 목표의 설정에 중점	목표의 달성과 사업의 평가에 중점
참여범위	집권적 → 최고결정자와 참모	분권적 → 모든 관리자
흐름	하향적	상향적
기간	장기적 → 보통 5년	단기적 → 1년
부서장벽	개방 → 국가 전체 시각	폐쇄 → 부서별 시각
심사대상	신규 사업	신규 및 기존 사업
관심계층	최고관리층의 관리도구	일선관리자의 관리도구

(1) **품목별예산**: 태프트위원회(1912), 예산회계법(1921) → 통제
(2) **성과주의예산**: 후버위원회(1947), 예산회계절차법(1950) → 관리
(3) **계획예산**: 랜드연구소, 존슨 행정부(1965) → 기획의 효과성
(4) **영기준예산**: 파이흐(P. Pyhrr)(1970), 카터 행정부(1977) → 사업의 우선순위, 예산의 감축
(5) **결과지향예산**: 클린턴 행정부(1993), 부시 행정부(2002) → 집행재량, 성과책임

구분	품목별예산(LIBS)	성과주의예산(PBS)	계획예산(PPBS)	영기준예산(ZBB)
지향	통제(→ 합법성)	관리(→ 능률성)	계획(→ 효과성)	감축
중점	투입	투입 및 산출	효과	대안
필요 지식	회계이론	관리이론	계획이론	계획과 관리
중요 정보	지출대상	기관의 활동	기관의 목표	사업 및 목표
흐름	점증적 · 상향적		합리적 · 하향적	합리적 · 상향적

(1) **의의**: 특정한 사업 · 규제 · 조직 등을 자동적으로 폐지하는 법률 → 1976년 콜로라도 주에서 처음으로 채택
(2) **배경**: 감축관리의 일환 → 축소를 통한 전체 효과성의 제고
(3) **영기준예산과 일몰법**
　① 공통점: 자원의 합리적 배분(→ 감축관리기법), 사업의 재검토, 사업의 계속 여부의 재심사
　② 차이점
　　㉠ 영기준예산: 행정과정 또는 예산편성단계, 일선관리자 대상, 단기적 시각(→ 매년), 상향적 흐름
　　㉡ 일몰법: 입법과정 또는 예산심의단계, 최고관리자와 입법부 대상, 중장기적 · 주기적(→ 3~7년), 하향적 흐름

THEME 61 정치관리형예산(BPM) *

(1) **의의**: 집권적으로 설정된 지출한도 범위 내에서의 자율적으로 예산을 편성하는 제도
(2) **도입 배경**
    ① 행정부 우위 예산제도에 대한 불만 → 의회와의 정치교섭의 강화
    ② 1980년대 만성적 재정적자 해결책으로 레이건 정부(1981)에서 도입
(3) **특징**
    ① 예산과정에 있어 대통령과 관리예산처의 권한 강화 → 거시적·하향적 흐름
    ② 예산삭감의 강조, 성과주의와 목표기준의 활용, 연속적·신축적 예산주기
(4) **영기준예산과 정치관리형예산**
    ① 공통점: 경직성 경비의 삭감, 재정적자의 축소와 작은 정부의 지향
    ② 차이점
        ㉠ 영기준예산: 상향적 흐름, 분권적, 정책 및 사업의 우선순위 등에 초점
        ㉡ 정치관리형예산: 하향적 흐름, 집권적, 국가 전체의 목표달성에 초점

THEME 62 신성과주의예산(NPB) ***

(1) **의의**: 성과를 기초로 책임을 묻거나 보상을 하는 결과 중심의 예산제도 → 이전에 제시된 다양한 예산제도의 결합
(2) **특징**
    ① 예산의 형식보다는 담겨질 성과정보에 초점 → 제도개혁보다는 성과정보의 활용 강조
    ② 시장원리의 정부도입을 강조했던 신공공관리론적 재정혁신의 일환
    ③ 집행에 대해 재량부여와 성과평가를 통한 결과에 대한 책임성 강조
    ④ 성과평가를 위한 예산회계시스템의 구축 → 발생주의·복식부기 도입
(3) **절차**: 목표설정(→ 임무, 전략), 성과계약서 작성, 예산편성과 집행, 성과측정과 평가, 환류
(4) **장점**: 다년도 예산, 목표와 총량규제의 강화, 사업 중심(→ 배분적 효율성), 발생주의·복식부기 회계 등
(5) **단점**: 결과 측정의 곤란성, 목표의 전환, 기관 간 성과비교의 곤란성, 하향적 예산과정(→ 집권화) 등

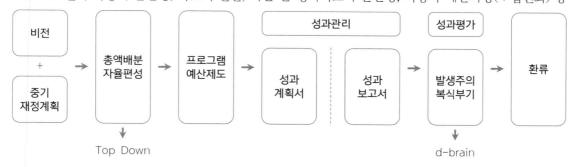

THEME 63 선진국의 주요 재정개혁 ★★

(1) 요약
① 계획과 예산의 연계 → 중기재정계획의 강조
② 총량규율을 강조하는 하향적 예산결정 → 세부내역에 대한 자율성 부여
③ 프로그램예산제도와 성과관리제도의 활용 → 단위사업에 대한 자율성 부여
④ 발생주의와 복식부기의 도입 → 성과파악을 위한 수단
⑤ 시장원리의 도입: 가격메커니즘과 경쟁메커니즘의 도입

(2) 전통적 패러다임과 새로운 패러다임
① 전통적 패러다임: 투입 중심, 유량(flow)(→ 단기 지표), 아날로그 방식(→ 단편적), 공급자 중심
② 새로운 패러다임: 성과 중심, 유량(flow) 및 저량(stock)(→ 장기 지표), 디지털 방식(→ 복합적), 납세자 중심

(3) 우리나라 주요 재정개혁
① 국가재정운용계획(2004년), 사원재원배분제도[→ 총액배분자율편성(2004년)]
② 프로그램예산제도(중앙 2007년, 지방 2008년)
③ 성과관리제도
    ㉠ 재정성과목표관리제도(2003)(→ 성과계획서와 성과보고서)
    ㉡ 모든 단위사업에 대한 재정사업자율평가제도(2005년), 재정사업심층평가제도(2006)(→ 기획재정부 주관)
④ 재정관리시스템
    ㉠ 국가재정(→ 기획재정부 주관): 디지털예산회계정보시스템(d-Brain)(2007년)
    ㉡ 지방재정(→ 행정안전부 주관): e-호조시스템(2005년)
⑤ 발생주의 복식부기(중앙 2008년, 지방 2007년)

THEME 64 　총액배분자율편성과 지출통제예산 ***

(1) 총액배분자율편성
　① 예산편성단계(➔ 사전재원배분), 총액 범위 내에서 자율적 편성(➔ 편성의 재량)
　② 예산의 과다청구 관행 제거, 예산사정 과정의 단순화, 중기적 시각(➔ 다년도 계획 강화, 경기 조절)

(2) 지출통제예산
　① 예산집행단계(➔ 총괄예산), 총액 범위 내에서 자율적 집행(➔ 집행의 재량)
　② 포괄적 예산편성 후 집행단계에서 구체화, 회계과목의 단순화, 신축적 자금운영

THEME 65 　예산성과금 *

(1) 의의: 중앙관서의 장이 수입이 증대되거나 지출이 절약된 때에 이에 기여한 자에게 지급하는 보상
(2) 절차: 예산성과금심사위원회의 심사
(3) 기여자 범위
　① 지출절약 또는 수입증대가 발생한 중앙관서 및 다른 중앙관서 소속 공무원
　② 법령에 의하여 중앙관서의 사무를 위임·위탁받아 수행하는 기관의 임직원
　③ 민원사무처리에 관한 법률의 규정에 의하여 채택된 국민제안을 제출한 자
　④ 예산낭비에 대한 신고를 하거나 예산낭비방지와 관련한 제안을 제출한 자
(4) 성과금의 유형: 지출절약 성과금, 수입증대 성과금

MEMO

PART 6

행정환류론

PART 6 행정환류론

THEME 01 행정책임 ***

(1) **의의**: 행위나 결과가 정해진 기준을 준수하였는지의 여부 → 일정한 권한과 의무의 존재

(2) **기준**: 공익, 행정이념, 관계 법령, 조직목표 등

(3) **행정통제**: 행정책임을 확보하기 위한 구체적인 수단

(4) **논의 배경(→ 정치행정일원론)**: 국가의 영향력 증대, 공무원의 재량권의 확대, 입법통제, 사법통제 등 외부통제의 한계

(5) **환류**

　① **부정적 환류**: 실적이 목표에서 이탈했을 때 후속행동이 전철을 밟지 않도록 시정하는 통제

　② **긍정적 환류**: 실적이 목표를 달성했을 때 계속 이러한 결과를 가져올 수 있도록 격려하는 환류

(6) **책임의 유형**

　① 법률적 · 제도적(accountability) 책임 → 명문화된 공식적 기준

　② 대응적(responsiveness) 책임 → 민의

　③ 윤리적 · 도의적(responsibility) 책임 → 수임자 또는 공복

　④ 기능적 · 책무적(obligation) 책임 → 직업윤리

(7) **외재적 책임과 내재적 책임**

　① **외재적 책임**: 고전적 책임, 객관적 책임, 파이너(H. Finer)

　② **내재적 책임**: 현대적 책임, 주관적 책임, 프리드리히(C. Friedrich)

(8) **제도적 책임과 자율적 책임**

　① **제도적 책임**: 문책자의 외재성, 절차의 중시, 공식적 · 제도적 통제, 판단 기준과 절차의 객관화, 제재의 존재

　② **자율적 책임**: 문책자의 내재화 또는 부재, 절차준수와 책임완수는 별개, 객관적 기준의 부재, 제재의 부재

THEME 02 듀브닉과 롬젝의 유형 ★★

구분		기관통제의 원천	
		내부적 통제원천	외부적 통제원천
통제 정도	높음	• 관료적 책임성 • 상관 – 부하 관계 → 감독	• 법률적 책임성 • 주인 – 대리인 관계 → 신탁
	낮음	• 전문가적 책임성 • 비전문가 – 전문가 관계	• 정치적 책임성 • 선거구민 – 대표자 관계

THEME 03 행정통제 ★★★

(1) **의의**: 목표 또는 기준과 그 행동을 부합시키는 작용 → 요구되는 기준을 준수했는지에 대한 평가
(2) **전통적 통제**: 입법부에 의한 외부통제
(3) **현대적 통제**: 행정의 재량권 확대 → 외부통제보다는 내부통제의 중요성 증대
(4) **기능(→ 환류)**: 소극적 환류(→ 오차의 수정), 적극적 환류(→ 목표의 수정)
(5) **통제의 과정**: 목표와 기준의 확인, 정보의 수집, 평가의 실시, 시정조치 및 환류
(6) **통제의 유형**

구분	공식	비공식
외부	• 입법부 • 사법부, 헌법재판소 • 옴부즈만 등	• 시민 • 이익집단 • 언론, 여론, 일반대중 등
내부	• 청와대와 국무총리실 • 계층제 및 인사관리제도 • 감사원 · 국민권익위원회(→ 독립통제기관) • 교차기능조직 등	• 동료집단의 평가와 비판 • 공무원으로서 직업윤리 등

THEME 04 옴부즈만제도 ★★

(1) **의의**: 행정에 대한 불편을 공평무사하게 조사하고 처리하는 기관 → 1809년 스웨덴에서 처음 발생
(2) **등장 배경 – 사법통제의 한계**
    ① 사후적(↔ 예방적) 구제, 전문성의 결여, 많은 시간과 비용의 소요
    ② 소극적(→ 합법적)(↔ 적극적) 통제, 정치적 · 정책적(↔ 법적) 책임성 확보의 어려움

(3) 특징

① 헌법기관, 입법부 소속(→ 직무상 독립), 비공식적 절차(→ 운영의 신축성)

② 합법성 조사 + 합목적성 조사, 법률적 문제 + 정치 또는 정책적 문제, 신청(→ 원칙) + 직권

③ 간접적 통제 → 무효·취소 및 변경의 불가

(4) 일반적 옴부즈만과 국민권익위원회

① 공통점: 합법성 조사 + 합목적성 조사, 간접통제(→ 무효와 취소 및 변경의 불가)

② 차이점

ㄱ 옴부즈만: 헌법기관, 입법부 소속, 신청(→ 원칙) 및 직권

ㄴ 국민권익위원회: 법률상 기관, 행정부(→ 국무총리) 소속, 신청(→ 직권조사 불가)

THEME 05 행정개혁 ★★

(1) 촉진 요인: 기존 제도의 한계, 새로운 수요나 이념의 등장, 새로운 기술의 발견, 정권교체나 사건과 같은 정치적 변동

(2) 특징: 목표지향성, 변동지향성, 계속적이고 지속적인 과정, 포괄적 성격, 정치적 성격(→ 필연적 저항)

(3) 개혁의 주도자

① 내부 주도: 시간과 경비의 절감, 집중적이고 간편한 건의, 기관 내부의 이익 고려, 높은 실현 가능성 등

② 외부 주도: 객관적·종합적 개혁, 광범위한 지지 확보, 정치적 요인의 고려, 권력구조의 근본적 개혁 등

(4) 개혁의 접근방법

① 구조

ㄱ 조직의 전체 구성 요소의 재배열 → 원리전략과 분권화 전략

ㄴ 구조와 직제의 변경, 권한과 책임의 변경, 의사소통 구조의 개선 등

② 과정·절차 및 기술

ㄱ 절차의 수정 또는 일하는 수단의 합리화

ㄴ 정보통신기술의 도입, 계량화 기법의 도입, 행정정보공개제도, 리엔지니어링 등

③ 행태와 문화: 행정인의 가치관, 태도, 신념 등의 변화 → 조직발전(OD)

④ 사업(→ 산출·정책): 행정목표의 개선, 행정서비스의 양과 질의 개선

(5) 저항의 극복방법

① 규범적 전략: 가치관·태도 변화, 의사소통의 촉진, 설득과 참여, 충분한 적응시간, 카리스마와 상징, 집단토론과 훈련

② 기술·공리적 전략: 점진적 추진, 적절한 시기, 방법과 기술의 수정, 적절한 인사배치, 공공성·명확성 강조, 호혜적 전략

③ 강제적 전략: 상급자 권한행사, 의식적인 긴장의 조성, 압력의 사용, 일방적 개편, 저항세력의 약화

THEME 06 │ 우리나라의 정부개혁 **

(1) 김대중 정부(1998.2~2003.2)

① 책임운영기관, 중앙인사위원회(→ 대통령 소속, 노무현 정부까지 존속), 여성가족부, 국가홍보처

② 개방형 직위, 성과급(→ 연봉제), 행정서비스헌장 등

(2) 노무현 정부(2003.2~2008.2)

① 주민투표, 주민소송, 주민소환, 직무성과계약제, 총액인건비제도, 고위공무원단

② 국가재정운용계획, 사전재원배분제도, 프로그램예산, 성과관리, 디지털예산회계시스템

(3) 이명박 정부(2008.2~2013.2)

① 복수차관제의 확대, 중앙인사위원회의 안전행정부로 흡수·통합

② 방송통신위원회(→ 대통령 소속) 신설, 금융감독위원회(→ 국무총리 소속) 설치, 국민권익위원회 (→ 국무총리 소속) 설치

(4) 박근혜 정부(2013.2~2017.3)

① 미래창조과학부 신설, 식품의약품안전처 신설

② 국민안전처 신설, 행정자치부로 축소, 인사혁신처 신설(→ 국무총리 소속)

(5) 문재인 정부의 행정개혁(2017.5~2022.5)

① 국민안전처 폐지(→ 행정안전부로 이관), 중소벤처기업부의 신설, 소방청(→ 행정안전부), 해양 경찰청(→ 해양수산부)

② 국가보훈처의 장관급 격상, 물관리의 일원화(2018) → 수자원의 관할권을 환경부로 일원화

THEME 07 │ 외국의 행정개혁 *

(1) 영국

① 능률성 정밀진단(1979), 의무경쟁입찰제도(1980), 최고가치프로그램(2000)

② Next Steps(1988)(→ 책임운영기관), 행정서비스헌장(1991), 시장성검증(1991), 더 나은 정부(1996)

(2) 미국

① 태프트위원회(1910), 브라운로우위원회(1937), 해치법(1939), 후버위원회(1947), 고위공무원단(1978)

② 국가성과평가팀(NPR)(1992), GPRA(→ 클린턴, 성과관리법), PART(→ 부시, 성과관리지표)

PART 6

행정환류론 해커스공무원 이준모 행정학 핵심요약집

PART 6 행정환류론 **275**

PART 7

지방행정

PART 7 지방행정

THEME 01 지방행정의 의의 **

(1) 의의
  ① 광의: 지역에서 이루어지는 모든 행정 → 자치행정과 위임행정 및 관치행정 모두 포함
  ② 협의: 지방자치단체에 의한 행정, 단체자치 국가의 지방행정 → 자치행정과 위임행정
  ③ 최협의: 주민들이 스스로 또는 대표자를 통하여 행하는 행정 → 자치행정만 의미

(2) 관치행정(→ 중앙집권)과 자치행정(→ 지방분권)
  ① 관치행정: 국가 또는 특별지방행정기관 중심, 능률성과 형평성, 기능별 전문성과 통일성, 양적 성장, 비공개, 혁신적
  ② 자치행정: 주민 또는 자치단체 중심, 민주성과 효율성, 종합성과 다양성, 질적 개선, 공개, 점증적

(3) 지방행정의 특성: 지역행정, 일선행정·대화행정, 생활행정, 종합행정(↔ 기능별 행정), 비권력적 행정

THEME 02 중앙집권과 지방분권 ***

(1) 중앙집권의 촉진 요인: 행정의 통일성, 기능별 전문화, 지역 간 격차의 조정, 비상사태나 위기의 대처

(2) 지방분권의 촉진 요인: 자의적 권력행사의 방지, 주민참여의 촉진, 대응성과 책임성 제고, 지역단위의 종합행정, 신속한 반응

(3) 지방분권의 측정지표
  ① 특별지방행정기관(→ 지역적 사무를 처리하는 국가의 하부 행정기관)의 종류와 수
  ② 지방자치단체의 사무구성 비율(→ 위임사무와 자치사무의 비율), 민원사무(→ 인·허가사무 등)의 배분비율
  ③ 지방자치단체 주요 직위의 선임방식 등

(4) 중앙집권의 장점: 신생국 및 소규모 국가, 위기의 대처, 통일적 행정, 기능적 전문화, 규모의 경제, 지역 간 균형개발

(5) 지방분권의 장점: 정책의 지역적 실험, 신속한 업무처리, 정보처리능력의 향상, 주민참여와 민주적 통제

절대국가	근대 입법국가	현대 행정국가	신행정국가
중앙집권	지방분권	신중앙집권	신지방분권
정치적 의미		행정적 의미	
절대주의	자유주의	진보주의	신자유주의

THEME 03 신중앙집권 ★★

(1) **의의**: 지방자치가 발달되어 온 영미에서 상황의 변화로 인해 다시 중앙통제가 강화되는 현상
(2) **촉진 요인 – 행정국가의 대두**
　① 과학기술 및 교통·통신 발달(→ 생활권의 확장), 국민적 최저 수준의 유지와 복지행정 수요의 증대
　② 지방능력의 한계 – 지방재정의 취약성
(3) **발현 형태**
　① 지방사무의 중앙정부로의 상향적 이관, 특별지방행정기관의 설치 및 위임사무의 증대
　② 지방자치단체의 통·폐합(→ 광역행정의 강화), 중앙재정에의 의존성 증대, 비권력적 형태의 중앙통제의 강화
(4) **특징**: 민주성과 능률성의 조화
(5) **전통적 집권**: 지배적·강압적 집권, 관료적·윤리적·후견적 집권, 수직적·권력적 집권 등
(6) **신중앙집권**: 지도적·협동적 집권, 사회적·지식적·기술적 집권, 수평적·병렬적·비권력적 집권 등

THEME 04 신지방분권 ★★

(1) **의의**: 행정국가 이후 강화된 중앙집권에 대한 반대명제 → 상대적 의미의 지방분권
(2) **배경**: 신자유주의 이념과 세계화·지방화가 강조되면서 부각 → 다만, 영국은 제외
(3) **특징**: 신중앙집권화 경향과의 조화, 중앙과 지방의 전략적 제휴
(4) **대두 배경**
　① 중앙집권의 폐해, 탈냉전체제로 국제정세의 변화, 대량문화에 따른 개성상실의 회복, 민주주의 확산과 세계화
　② 지방정부의 정보처리능력의 향상, 중간사무의 증가(→ 국가적 이해와 지방적 이해를 동시에 갖는 사무)
(5) **지방분권과 신지방분권**
　① 지방분권: 절대적 분권, 항거적 분권(→ 도피적 분권), 배타적 분권, 소극적 분권
　② 신지방분권: 상대적 분권, 참여적 분권, 협력적 분권, 적극적 분권

TIP 양혁촉발분

(1) **지방자치의 부활**: 지방의회 선거(1991 → 노태우 정부), 지방의화와 단체장의 동시선거(1995 → 김영삼 정부)
(2) **김대중 정부**: 지방이양추진위원회(1999)
(3) **노무현 정부**: 정부혁신지방분권위원회(2004)
(4) **이명박 정부**: 지방분권촉진위원회(2008)
(5) **박근혜 정부**: 지방자치발전위원회(2013)
(6) **문제인 정부**: 자치분권위원회(2018)

THEME 06 지방자치분권 및 지방행정체제개편에 관한 특별법 *

(1) **자치분권 종합계획**: 자치분권위원회가 관계 중앙행정기관의 장과 협의하고 지방자치단체의 의견을 수렴하여 수립
(2) **사무배분의 원칙**: 중복배분 금지의 원칙, 보충성의 원칙, 포괄적 배분의 원칙, 민간부문의 자율성 존중 및 참여의 확대
(3) **주요 내용**
   ① 자치분권정책의 시범적 · 차등적 실시, 기관위임사무의 원칙적 폐지(→ 자치사무와 국가사무로 이분화)
   ② 교육자치와 지방자치의 통합, 자치경찰제도의 도입, 주민의 직접참여 제도의 강화 등
(4) **지방행정체제 개편의 기본 방향**
   ① 지방자치 및 지방행정계층의 적정화, 주민생활 편익증진을 위한 자치구역의 조정
   ② 지방자치단체의 규모와 자치역량에 부합하는 역할과 기능의 부여, 주거단위의 근린자치 활성화
(5) **주민자치회의 설치**: 풀뿌리자치의 활성화와 민주적 참여의식 고양
(6) **인구 100만 이상 대도시의 보조기관**: 부시장은 2명 → 부시장 1명은 일반직, 별정직 또는 임기제 지방공무원
(7) **자치분권위원회**
   ① 구성: 대통령 소속, 위원장 1명과 부위원장 2명을 포함한 27명의 위원
   ② 당연직위원: 기획재정부장관, 행정안전부장관, 국무조정실장

THEME 07 중앙통제 **

(1) 의의: 지방자치단체에 대한 국가의 지도와 감독

(2) 목적: 지방자치단체의 독자성 인정 + 국가 전체의 균형 확보 → 중앙과 지방의 협력체계 구축

(3) 통제의 유형(→ 기관별 통제): 입법통제(→ 가장 전통적), 사법통제(→ 사후적·소극적), 행정통제(→ 가장 실효적)

(4) 우리나라의 행정통제

① 자치단체사무(→ 자치사무 + 단체위임사무)에 관한 위법·부당한 명령·처분의 시정명령권 및 취소·정지권

② 기관위임사무에 대한 직무이행명령권과 대집행

③ 자치사무에 대한 감사권 → 행정안전부장관이나 시·도지사, 위법 사항에 한함

④ 감사원의 회계검사(→ 필수적 검사)와 직무감찰

⑤ 지방의회 의결에 대한 통제: 재의요구의 지시, 제소의 지시 및 직접 제소권

(5) 우리나라의 재정통제

① 사전통제: 재정운용업무편람의 시달 및 보급, 중기지방재정계획 수립, 지방채 발행 한도액의 설정(→ 대통령령)

② 사후통제: 예산 및 결산의 보고(↔ 승인), 재정분석 및 진단제도, 국고보조금 사용에 대한 감독(→ 중앙관서 장)

THEME 08 시정명령 및 취소 · 정지와 직무이행명령 **

1. 위법 · 부당한 명령이나 처분의 시정

(1) 요건

① 지방자치단체의 사무 → 자치사무와 단체위임사무

② 지방자치단체의 장의 명령이나 처분이 법령에 위반되거나 현저히 부당하여 공익을 해친다고 인정될 때

③ 원칙
  ㉠ 시 · 도에 대해서는 주무부장관이, 시 · 군 및 자치구에 대해서는 시 · 도지사
  ㉡ 기간을 정해 서면으로 시정할 것을 명하고, 그 기간에 이행하지 않으면 이를 취소하거나 정지

④ 예외: 기초단체장의 처분 등을 시 · 도지사가 시정명령을 하지 아니하면 주무부장관 시정명령 지시 또는 직접 시정명령

⑤ 시 · 도지사가 기초단체장의 불이행된 시정명령을 취소 · 정지를 하지 아니할 때
  ㉠ 주무부장관이 시 · 도지사에게 기간을 정하여 기초단체장의 명령이나 처분을 취소하거나 정지할 것을 명령
  ㉡ 그 기간에 이행하지 아니하면 주무부장관이 이를 직접 취소하거나 정지

(2) 자치사무에 관한 명령이나 처분 → 법령을 위반한 것에 한정

(3) 제소: 자치사무에 관한 명령이나 처분의 취소 또는 정지에 대하여 이의가 있으면 15일 이내에 대법원에 제소

2. 지방자치단체의 장에 대한 직무이행명령

(1) 요건

① 기관위임사무: 국가위임사무나 시 · 도위임사무의 관리와 집행을 명백히 게을리하고 있다고 인정될 때

② 원칙
  ㉠ 시 · 도에 대해서는 주무부장관이, 시 · 군 및 자치구에 대해서는 시 · 도지사가 기간을 정하여 서면으로 이행명령
  ㉡ 기간에 이행명령을 이행하지 아니할 때 그 지방자치단체의 비용부담으로 대집행 또는 행정상 · 재정상 필요한 조치

③ 예외
  ㉠ 기초단체장의 관리와 집행을 시 · 도지사가 이행명령을 하지 아니할 때
  ㉡ 주무부장관이 시 · 도지사에게 기간을 정하여 이행명령을 하도록 지시
  ㉢ 시 · 도지사가 그 기간 내에 이행명령을 하지 아니할 때 → 주무부장관이 직접 이행명령 및 대집행
  ㉣ 시 · 도지사가 기초단체장이 이행하지 아니한 데 따른 대집행 등을 하지 아니한 때 → 주무부장관이 직접 대집행

(2) 제소: 지방자치단체의 장은 이행명령에 이의가 있으면 15일 이내에 대법원에 제소

THEME 09 재정분석 및 재정진단제도 *

(1) 재정보고서: 예산, 결산, 출자, 통합부채, 우발부채, 그 밖의 재정 상황에 관한 재정보고서 → 행정안전부장관에게 제출

(2) 재정분석 및 재정진단
① 재정분석: 재정보고서의 내용을 행정안전부장관이 분석
② 재정진단
ⓐ 재정분석 결과 재정의 건전성과 효율성 등이 현저히 떨어지는 지방자치단체
ⓑ 점검 결과 재정위험 수준이 대통령령으로 정하는 기준을 초과하는 지방자치단체

(3) 재정위기단체와 재정주의단체의 지정 – 행정안전부장관이 지정
① 재정위기단체: 재정위험 수준이 심각하다고 판단되는 지방자치단체
② 재정주의단체: 심각하지는 않지만 재정의 건전성 또는 효율성 등이 현저하게 떨어졌다고 판단되는 지방자치단체

(4) 재정위기단체의 의무
① 재정건전화계획의 수립: 행정안전부장관의 승인 및 지방의회 의결, 이행상황 등을 매년 2회 이상 주민에게 공개
② 지방채 발행의 제한: 행정안전부장관의 승인과 지방의회의 의결
③ 재정건전화 이행 부진: 교부세의 감액 또는 그 밖의 재정상의 불이익 부여

(4) 긴급재정관리단체
① 지정: 지방자치단체의 장과 지방의회의 의견 + 행정안전부장관이 지정
ⓐ 재정건전화계획을 3년간 이행하였음에도 불구하고 지정된 때보다 대통령령으로 정하는 수준 이하로 악화된 경우
ⓑ 소속 공무원의 인건비를 30일 이상 지급하지 못한 경우
ⓒ 상환일이 도래한 채무의 원금 또는 이자에 대한 상환을 60일 이상 이행하지 못한 경우
② 신청: 지방자치단체의 장이 지방의회의 의견을 들은 후 행정안전부장관에게 신청
③ 긴급재정관리인: 행정안전부장관이 긴급재정관리인을 선임 파견
④ 긴급재정관리계획: 긴급재정관리계획 및 그 이행상황과 이행평가 결과를 매년 2회 이상 주민에게 공개

(1) **의의**: 중앙행정기관의 지역사무를 전담 처리하는 국가의 하급행정기관, 특정한 국가사무를 처리하는 관치행정
(2) **배경**: 해당 업무의 전문성과 특수성, 특정 업무의 효율적·광역적 추진 등
(3) **우리나라의 특별지방행정기관**
　① 1980년대 말부터 급격히 증가 → 중앙정부의 관리와 감독의 용이성 + 부처이기주의
　② **노무현 정부**: 특별지방행정기관의 축소 → 선분권 후보완의 원칙
　③ **제주특별자치도법**: 새로운 특별지방행정기관의 설치 불가 → 국토관리·중소기업·해양수산·환경·노동사무의 이관
(4) **지방자치단체와 특별지방행정기관**
　① **지방자치단체**: 중앙정부의 간접 통제, 정치상 분권, 독립된 법인격 있음, 행정의 종합성 강조, 자치행정 + 위임행정
　② **특별지방행정기관**: 중앙정부의 직접 통제, 행정상 분권, 독립된 법인격 없음, 기능별 전문성 강조, 관치행정
(5) **주요 특별행정기관**
　① **환경부**: 유역환경청, 수도권대기환경청, 지방환경청
　② **고용노동부**: 지방고용노동청
　③ **국토교통부**: 국토관리청, 지방국토관리청, 항공청, 지방항공청
(6) **장점**: 행정의 전문성 제고, 기능적 분권화, 광역행정의 효과적 수행, 서비스 제공의 통일성과 형평성 제고
(7) **단점**: 유사·중복업무로 인한 낭비, 기관 간 수평적 조정 곤란(→ 할거주의), 지방행정의 종합성 저해, 중앙통제의 강화

THEME 11 **성장기구론 ★★**

(1) 전통적 연구(→ 누가 지배하는가?에 초점), 성장기구론(→ 무엇을 위해 지배하는가?에 초점)
　① **중앙정치**: 다양한 정치경제적 이해관계 중심
　② **지방정치**: 주로 토지의 가치(→ 교환가치 + 사용가치) 중심
(2) 성장연합(→ 교환가치 강조 → 개발업자), 반성장연합(→ 사용가치 강조) → 대체로 성장연합의 우위성 강조

THEME 12 │ 레짐이론 **

(1) 의의: 도시의 정치와 경제를 지배하는 비공식적 통치연합 → 다양한 세력 간 상호의존성 강조

(2) 선택을 강조하는 자유주의와 구조를 중시하는 구조주의 절충 → 정부활동의 경제적 종속성 수용 + 정치의 독자성도 인정

(3) 다원주의 및 엘리트주의 간 논쟁의 쟁점이 변화된 것 → '누가 지배하는가?'에서 '어떻게 목적을 달성할 것인가?'로

(4) 주요 행위자: 선출직 관료들과 기업집단이 가장 강력한 권력 보유

(5) 스토커(G. Stoker)와 모스버거(K. Mossberger)
- ① 도구적 레짐: 단기적 이벤트 → 올림픽, 월드컵 등
- ② 유기적 레짐: 군건한 결속력
- ③ 상징적 레짐: 이미지 재조정 → 과도기적 성격

(6) 스톤(C. Stone): 현상유지레짐, 개발레짐(→ 주도적 레짐), 진보레짐, 하층기회확장레짐(→ 가장 생존력이 약함)

THEME 13 │ 정부 간 관계론 ***

(1) 라이트(D. Wright) 모형

분리권위형	독립형, 대등형 → 주정부는 자치적으로 운영, 지방정부는 주정부에 종속
포괄권위형	종속형 → 연방정부가 주정부와 지방정부를 완전하게 포괄하는 유형
중첩권위형	상호의존형 → 각자 고유한 영역의 보유 + 동일한 관심과 책임 영역

(2) 리비(P. Dunleavy)의 중앙과 지방 간 기능배분

다원주의	역사적 산물로서 기능배분 → 중복의 배제, 최적 규모에의 부합 등의 행정적 합리성 강조
우파론 (→ 공공선택론)	재분배정책(→ 중앙정부), 개발정책(→ 지방과 중앙의 협력), 배당정책(→ 지방정부)
계급정치론	계급 간 갈등의 산물
이원국가론	중앙정부는 생산부분, 지방정부는 소비부문

(3) 엘콕(H. Elcock) 모형

동반자모형	지방도 독자적 결정을 내릴 수 있는 존재
대리자모형	중앙의 단순한 대리자 → 중앙정부의 감독 아래 정책집행
교환모형(→ 절충)	중앙과 지방의 상호의존적 관계

(4) 로즈(R. Rhodes) 모형(→ 상호의존)

중앙정부	법적 권한과 재정적 권한 우위
지방정부	조직자원과 정보자원 우위

THEME 14 지방정부의 독자성 논쟁 *

(1) **딜런의 법칙**: 영미의 개별적 지정주의와 관련, 주정부의 독립성 + 지방정부에 대한 주정부의 우위 (→ 전래권설)
(2) **쿨리의 법칙**: 지방정부 자치권의 고유성 강조 → 고유권설

THEME 15 광역행정 ***

(1) **의의**: 기존 구역을 초월한 광역적 수요의 종합적으로 처리 → 중앙집권적 지방행정의 성격
(2) **배경**: 주민자치가 활성화된 영미에서 광역주의의 대두로 인하여 등장
(3) **특징**: 제도와 사회변화의 조화, 집권(→ 능률성)과 분권(→ 민주성)의 조화, 자치구역의 확대 재편성
(4) **촉진 요인**: 교통·통신 발달(→ 생활권의 확대), 규모의 경제, 외부효과 문제, 지역 간 균형개발 등
(5) **광역행정의 접근방법 – 처리수단별**

공동처리	기존 법인격의 변동 없이 협력하는 방식 → 조합, 행정협의회, 사무위탁 등
연합	기존 법인격은 그대로 유지하면서 그 전역에 걸친 새로운 법인격 있는 단체를 창설하는 방식
흡수통합	일부 자치단체를 다른 자치단체가 흡수하는 방식
통합	기존 자치단체의 통·폐합한 후 하나의 자치단체로 신설 → 가장 근본적인 변화
특별구	일반 자치구역과 구별되는 별도의 구역을 설정하는 방식 → 자치단체 간 합의가 아닌 법률에 의해 설치

THEME 16 우리나라의 광역행정의 방식 ***

(1) **사무위탁**: 자치단체 간 계약, 자치단체 간 협의에 따라 규약을 정하여 고시
(2) **행정협의회**
  ① 대상: 2개 이상의 지방자치단체에 관련된 사무의 일부의 공동처리
  ② 절차
    ㉠ 자치단체 간의 협의에 따라 규약을 정하여 관계 지방의회에 각각 보고한 다음 고시
    ㉡ 시·도가 구성원이면 행정안전부장관과 관계 중앙행정기관의 장에게 보고
    ㉢ 시·군 또는 자치구가 구성원이면 시·도지사에게 보고
  ③ 설치권고: 행정안전부장관이나 시·도지사가 공익상 필요하다고 판단될 때
  ④ 구성: 회장과 위원으로 구성 → 규약으로 정하는 바에 따라 관계 지방자치단체의 직원 중에서 선임

(3) **지방자치단체조합**
  ① 대상: 2개 이상의 지방자치단체가 하나 또는 둘 이상 사무의 공동처리
  ② 절차
    ㉠ 규약을 정하여 지방의회의 의결
    ㉡ 시·도는 행정안전부장관의 승인, 시·군 및 자치구는 시·도지사의 승인
    ㉢ 시·군 및 자치구가 2개 이상의 시·도에 걸쳐 있는 지방자치단체조합은 행정안전부장관의 승인
  ③ 성격: 독자적 법인
  ④ 구성: 조합회의와 조합장 및 사무직원 → 규약으로 정하는 바에 따라 선임
  ⑤ 겸임: 관계 지방의회의원과 관계 지방자치단체의 장은 위원이나 조합장을 겸할 수 있음
  ⑥ 지도·감독
    ㉠ 시·도가 구성원인 경우: 행정안전부장관
    ㉡ 시·군 및 자치구가 구성원인 경우: 1차로 시·도지사, 2차로 행정안전부장관
    ㉢ 시·군 및 자치구가 2개 이상의 시·도에 걸쳐 있는 경우: 행정안전부장관
  ⑦ 설치 및 해산의 명령: 행정안전부장관이 공익상 필요하다고 인정할 때
  ⑧ 해산한 후 재산의 처분: 관계 지방자치단체의 협의

(4) **특별지방자치단체**
  ① 대상: 2개 이상의 지방자치단체가 공동으로 특정한 목적을 위하여 광역적으로 사무를 처리할 필요가 있을 때
  ② 절차: 규약을 정해 구성 지방자치단체의 지방의회 의결을 거친 후 행정안전부장관의 승인 후 고시
  ③ 성격: 독자적 법인
  ④ 설치권고: 행정안전부장관이 공익상 필요하다고 인정할 때
  ⑤ 구역: 원칙적으로 구성 지방자치단체의 구역을 합한 것, 특별한 사정이 있는 경우 일부 구역도 가능
  ⑥ 기본계획: 특별지방자치단체의 장이 수립한 후 특별지방자치단체 의회의 의결
  ⑦ 구성
    ㉠ 특별지방자치단체의 의회: 구성 지방자치단체의 의회 의원으로 구성
    ㉡ 특별지방자치단체의 장: 특별지방자치단체의 의회에서 선출, 구성 지방자치단체의 장의 겸임도 가능
    ㉢ 직원: 특별지방자치단체 소속 공무원과 + 구성 지방자치단체에서 파견된 사람

⑧ 경비: 구성 지방자치단체의 인구, 사무처리의 수혜범위 등을 고려하여 분담 → 특별회계를 설치하여 운영

(5) 단체장 또는 의회 의장의 협의체와 연합체
① 협의체: 시·도지사, 시·도의회의 의장, 시장·군수 및 자치구의 구청장, 시·군 및 자치구의 회의 의장
② 연합체: 전국적 협의체가 모두 참여
③ 설립신고: 행정안전부장관에게 신고
④ 행정안전부장관에게 의견제출: 지방자치에 직접적인 영향을 미치는 법령 등에 관한 의견
⑤ 국회에 서면으로 의견제출: 지방자치와 관련된 법률의 제정·개정 또는 폐지가 필요하다고 인정하는 경우

(6) 중앙과 지방의 협력 - 중앙지방협력회의
① 구성
㉠ 대통령, 국무총리, 기획재정부장관, 교육부장관, 행정안전부장관, 국무조정실장, 법제처장
㉡ 시·도지사, 전국적 협의체의 대표자 및 그 밖에 대통령령으로 정하는 사람
② 의장(→ 대통령), 부의장(→ 국무총리와 시·도지사 협의체의 대표자)

THEME 17 분쟁과 조정 **

(1) 행정협의조정위원회: 국무총리 소속, 중앙과 지방의 분쟁조정, 신청에 의한 조정, 직무이행명령과 대집행 불가
(2) 분쟁조정위원회
① 지방과 지방의 분쟁조정, 신청 또는 직권에 의한 조정, 직무이행명령과 대집행 가능
② 유형
㉠ 중앙분쟁조정위원회: 행정안전부 소속, 관할(→ 지방분쟁조정위원회의 조정대상 외의 분쟁)
㉡ 지방분쟁조정위원회: 시·도지사 소속, 관할(→ 같은 광역자치단체에 속한 기초자치단체간의 분쟁)

(1) 주민자치
① 의의: 중앙정부의 지방통치체제가 정착되지 않았던 영·미에서 발달한 지방자치제도 → 고유권설
② 자치단체: 지방정부라는 단일의 지위(→ 자치사무만 처리), 지역의 국가사무는 특별지방행정기관을 통해서 처리
③ 민주주의 원리: 자치단체와 주민의 관계를 중심으로 발전 → 정치적 의미
④ 개별적 수권주의, 입법적·사법적 통제

(2) 단체자치
① 의의: 중앙정부의 지방통치체제가 정비되었던 독일이나 프랑스에서 발달한 지방자치제도 → 전래권설
② 이중적 지위: 자치사무와 국가로부터 위임된 사무의 처리
③ 지방분권 원리: 중앙정부와 자치단체의 관계를 중심으로 발전 → 법률적 의미
④ 포괄적 수권주의, 행정적 통제 위주

(3) 지방자치와 민주성
① 관계 긍정설: 주민자치 국가, 팬터 – 브릭, 브라이스, 토크빌(→ 지방자치와 민주주의는 초등학교와 학문의 관계)
② 관계 부정설: 단체자치 국가, 랑그로드, 켈젠, 역사적 우연, (역)사적 변모설

(1) 이동으로 표현된 선호를 통한 지방공공재의 효율적 공급방안 → 지방정부 간 경쟁을 통한 지방공공재 공급의 효율성 향상
(2) 공공재는 분권적 배분체제에서는 비효율적이라는 새무엘슨의 주장에 대한 반박
(3) 기본 가정 – 공공선택론의 가정
① 상이한 재정프로그램을 제공하는 다양한 지방정부 → 완전경쟁
② 각 지역의 재정프로그램에 대한 완벽한 이해 → 완전한 정보
③ 지역 간 자유로운 이동가능성
④ 프로그램의 혜택은 외부 이전 금지 → 외부효과의 부존재
⑤ 공공재 생산의 단위 평균비용의 동일성 및 국고보조금의 부재 → 규모 수익의 불변
⑥ 한 가지 이상의 고정적 생산요소의 존재 → 지역별 최적 규모의 존재
⑦ 주민의 소득 → 배당수입에 의한 소득
⑧ 지방정부의 세입원 → 재산세 수입
(4) 결과: 지역 내 동질성의 증대, 지역 간 이질성의 심화(→ 공공서비스 공급의 형평성 저해)

(1) 자치권의 본질: 고유권설(→ 주민자치와 관련), 전래권설(→ 단체자치와 관련), 제도적 보장설(→ 헌법에 의해 보장)

(2) 자치입법권
① 조례
  ㉠ 헌법: 법령의 범위 안에서 제정
  ㉡ 지방자치법: 법령의 범위 안에서 제정 다만, 주민의 권리제한 또는 의무부과, 벌칙을 정할 때는 법률의 위임
  ㉢ 대상: 지방사무(→ 자치사무와 단체위임사무)에 한정 → 기관위임사무는 원칙적으로 불가
  ㉣ 영역: 주민의 권리제한, 재정적 부담, 공공시설 설치 등
  ㉤ 조례위반: 조례로써 1,500만원 이하의 과태료 부과 → 지방자치단체의 장이 부과·징수
② 규칙: 법령 또는 조례의 범위에서 제정(→ 위임 규정 삭제), 벌칙은 규정 불가, 기관위임사무도 규정 가능
③ 조례와 규칙의 관계: 형식적 효력은 대등, 공동으로 적용되는 사항(→ 조례가 규칙보다 우선)

(3) 조례와 규칙의 제정 절차
① 이송: 지방의회에서 의결되면 의장이 의결된 날부터 5일 이내에 그 지방자치단체의 장에게 이송
② 공포: 조례안을 이송 받으면 20일 이내에 지방자치단체장이 공포
③ 단체장의 재의요구: 이의가 있으면 ②의 기간에 이유를 붙여 지방의회로 환부하고 재의요구
④ 재의결: 재적의원 과반수의 출석과 출석의원 3분의 2 이상의 찬성
⑤ 의장의 공포: 조례가 확정된 후 또는 확정된 조례가 단체장에게 이송된 후 5일 이내에 공포하지 아니할 때
⑥ 조례와 규칙의 효력 발생: 특별한 규정이 없으면 공포한 날부터 20일이 지난 후
⑦ 보고: 시·도지사는 행정안전부장관, 시장·군수 및 자치구의 구청장은 시·도지사에게 보고
  ㉠ 조례: 지방의회에서 이송된 날부터 5일 이내
  ㉡ 규칙: 공포 예정일 15일 전

(4) 자치재정권
① 특별회계: 법률이나 지방자치단체의 조례로 설치
② 예산의 이송: 예산안이 의결되면 그날부터 3일 이내에 지방자치단체의 장에게 이송
③ 예산의 보고: 지체 없이 시·도는 행정안전부장관에게, 시·군 및 자치구는 시·도지사에게 보고
④ 결산의 지방의회 승인: 출납 폐쇄 후 80일 이내 → 결산서 + 지방의회가 선임한 검사위원의 검사 의견서 첨부
⑤ 결산의 보고: 승인을 받으면 그날부터 5일 이내에 시·도는 행정안전부장관, 시·군 및 자치구는 시·도지사에게 보고
⑥ 지방세: 법률로 정하는 바에 따라 부과·징수
⑦ 재산과 기금: 행정목적을 달성하기 위한 경우나 공익상 필요한 경우 설치 → 설치·운용에 필요한 사항은 조례로 규정

THEME 21 자치행정권 – 기준인건비제도 *

구분	총액인건비 → 중앙	기준인건비 → 지방
총 정원	총 정원 → 대통령령, 직제 정원의 5% 내 증원 가능	총 정원 제한 없음, 기준인건비 내 자율책정
계급별 정원	총리령이나 부령	자율 → 조례
기구설치	국 단위는 대통령령, 과 단위는 자율	

THEME 22 국가경찰과 자치경찰의 조직 및 운영에 관한 법률 *

(1) 자치경찰의 사무

① 지역 내 주민의 생활안전 활동에 관한 사무, 지역 내 교통에 관한 사무

② 지역 내 다중운집 행사 관련 혼잡 교통 및 안전 관리

③ 다음의 어느 하나에 해당하는 수사사무

㉠ 학교폭력 등 소년범죄, 가정폭력, 아동학대 범죄, 교통사고 및 교통 관련 범죄, 가출인 및 실종아동 수색 및 범죄

㉡ 성적 목적을 위한 다중이용장소 침입행위에 관한 범죄, 경범죄 및 기초질서 관련 범죄

(2) 경찰위원회

① **국가경찰위원회**: 행정안전부 소속

② **시·도자치경찰위원회**: 시·도지사 소속 → 합의제 행정기관(→ 독립적 업무 수행)

③ **시·도자치경찰위원회 위원추천위원회**: 시·도지사 소속

(3) 시·도경찰청장

① **임명**: 경찰청장이 시·도자치경찰위원회와 협의하여 추천 + 행정안전부장관의 제청 + 국무총리를 거쳐 대통령이 임용

② **지휘·감독**: 국가경찰사무(→ 경찰청장의 지휘·감독), 자치경찰사무(→ 시·도자치경찰위원회의 지휘·감독)

지방자치단체 ★★

(1) 보통지방자치단체 – 일반적 · 종합적 성격의 자치단체
- ① 광역자치단체(17개)
  - ㉠ 보충적 · 보완적 자치계층(→ 모두 정부의 직할) → 광역행정, 보완 · 대행, 연락 · 조정, 지도 · 감독 등
  - ㉡ 특례의 존재: 특별시와 특별자치도 및 특별자치시
  - ㉢ 광역과 기초의 법적 지위 → 원칙적으로 동일
  - ㉣ 종류
    - 특별시(→ 미군정), 광역시(1995), 도
    - 제주특별자치도(2006), 세종특별자치시(2012), 강원특별자치도(2023), 전북특별자치도(2024)
- ② 기초자치단체(226개)
  - ㉠ 민주주의를 구현하는 본래적 의미 자치단체
  - ㉡ 시: 도 구역 내의 인구 5만 이상인 지역에 설치 → 인구 50만 이상과 인구 100만 이상(→ 특례시) 특례
  - ㉢ 군(1961): 광역시와 도 구역 내에 설치, 가장 오랜 역사를 지닌 자치단체
  - ㉣ 자치구(1988): 특별시와 광역시 구역 내 설치 → 자치권의 범위는 법령이 정하는 바에 따라 시 · 군과 다름(→ 협소)

(2) 특별지방자치단체 – 특정한 목적을 위해 설립된 자치단체
- ① 특수 사무단체(→ 특별구): 특수 전문분야의 사무, 구성원(→ 지역주민), 전문적 업무의 처리 등
- ② 광역 사무단체: 광역적 협력에 관한 사무, 구성원(→ 기존의 자치단체), 기존 자치단체 기능의 일부 처리 등

(3) 자치구와 일반구
- ① 자치구: 지방자치단체, 특별시 · 광역시 관할구역 안에 설치, 기관장(→ 정무직 지방공무원)
- ② 일반구(→ 행정구): 지방행정기관, 인구 50만 이상의 시 안에 설치, 기관장(→ 일반직 지방공무원)

지방자치단체의 계층 ★★

1. 행정계층과 자치계층
(1) 행정계층: 행정편의상 구분, 수직적 상 · 하 관계, 행정적 효율성 추구
(2) 자치계층: 통치상의 구분, 국가로부터 독립된 법인, 정치적 민주성 추구
- ① 단층제
  - ㉠ 장점
    - 이중행정의 폐단 방지, 신속한 행정, 낭비의 제거, 행정책임의 명확성, 지방의 개별성 · 특수성 존중
    - 중앙정부와 주민 간 원활한 의사소통 등

ⓛ 단점
- 국토가 넓을 경우 채택 곤란, 중앙정부의 직접적 지시에 따른 중앙집권화, 행정기능의 전문성 저해
- 서비스 공급의 효율성 저해, 대규모 개발사업의 수행 곤란 등
② 중층제
ⓖ 장점: 기초와 광역 간 업무의 분업, 국가의 감독기능 유지, 중앙으로부터 기초단체 보호, 주민의 접근성 제고 등
ⓛ 단점: 이중행정의 폐단, 지체와 낭비, 행정책임의 모호성, 지역의 특수성 간과, 기초와 중앙 간 의사소통 왜곡 등

2. 우리나라의 계층구조

(1) **자치계층**: 광역자치단체와 기초자치단체(→ 2층제 원칙), 세종특별자치시와 제주특별자치도(→ 단층제로 운영)
(2) **행정계층**: 2층제~4층제, 인구기준(→ 읍 2만 이상, 시 5만 이상, 특례시 100만 이상)

THEME 25 지방자치단체의 구역 **

TIP 한자경계대령

(1) **행정구역과 자치구역**
① 자치구역: 자치권이 미치는 지리적 범위 → 공동사회를 토대로 구성
② 행정구역: 인위적으로 나누어진 공간 → 행정상 편의와 정부기능의 수행

(2) **구역설정의 기준**
① 광역: 기초단체의 효과적 조정, 지역개발의 효과적 추진, 도·농 기능의 동시적 효율성 등
② 기초: 공동사회와 공동생활권, 민주성과 능률성 조화, 재정수요와 조달능력 조화, 주민편의와 행정편의 조화

(3) **학자들의 구역설정 기준**
① 페슬러 기준: 자연·지리적 요건, 행정능률 조건, 민중통제 조건, 경제적 조건
② 밀스포 기준: 공동사회 요소, 행정능률, 재정적 자립성, 주민의 편의

(4) **구역개편**
① 경계변경: 법인격의 변동 없는 구역 경계만의 조정
② 폐치분합: 법인격의 변동을 수반하는 구역의 개편방식
ⓖ 통합(→ 합체), 합병(→ 편입)
ⓛ 분립: 자치단체의 일부를 분리하여 새로운 자치단체로 설립
ⓒ 분할: 기존의 자치단체는 폐지, 여러 개의 자치단체로 나누어 설립

(5) **우리나라의 자치단체의 개편**: 폐치분합 및 명칭과 구역의 변경(→ 법률), 경계변경과 한자명칭의 변경 (→ 대통령령)

(1) 선거구제
　① 소선거구: 한 선거구에서 1인의 당선자를 선출하는 제도
　② 중선거구: 한 선거구에서 2~4인의 당선자를 선출하는 제도
　③ 대선거구: 한 선거구에서 5인 이상의 당선자를 선출하는 제도

(2) 우리나라의 선거구제
　① 기초의원: 한 선거구에서 2~4인 선출 ➡ 중선거구제
　② 광역의원: 한 선거구에서 1인 선출 ➡ 소선거구제

(3) 우리나라 선거구제와 정당공천의 변화

구분			선거구제	정당공천	비례대표
지방의원	기초	1991	소선거구제	금지	×
		2006~	중선거구제	허용	○
	광역	1991	소선거구제	허용	×
		1995~	소선거구제	허용	○
단체장		1995~		허용	
교육감		2007~		금지	

(4) 우리나라 지방선거

구분	제1공화국			제2공화국
	제정 지방자치법 (1949)	2차 개정 (1956)	4차 개정 (1958)	5차 개정 (1960)
특별시장·도지사	임명	임명	임명	주민직선
시·읍·면장	지방의회 간선	주민직선	임명	주민직선
지방의원	주민직선	주민직선	주민직선	주민직선
선거	1952년 1차 선거	1956년 2차 선거		1960년 3차 선거 (서울시장 최초)

(1) 기관통합형

① 의의: 의결기능과 집행기능을 의회에 귀속시키는 형태(→ 권력통합주의), 주민자치 국가에서 주로 채택하는 방식

② 특징: 지방의회가 관료를 지휘하고 사무를 집행, 지방의회의 의장이 지방자치단체장 겸직

③ 유형

영국의 의회형	의장이 지방자치단체를 대표, 의회에서 임명된 수석행정관이 행정을 총괄
영국의 내각견제체제	집행기능을 수행하는 의원과 견제와 균형의 역할을 수행하는 의원으로 양분
미국의 위원회형 → 갈베스톤형	• 직선의 위원회(3~5인)가 행정권과 입법권을 모두 행사하는 방식 • 약시장 – 의회형에 대한 대안으로 발전, 인구 25,000명 미만의 소도시에서 주로 채택

④ 장점

　㉠ 민주정치와 책임정치의 구현, 집행기관 구성에 있어 주민의 대표성 확보, 신중하고 공정한 행정

　㉡ 의결기관과 집행기관의 갈등 감소(→ 안정성과 능률성 제고), 정책결정과 정책집행의 유기적 연계 등

⑤ 단점

　㉠ 견제와 균형의 곤란, 행정의 전문성 저해(→ 정치가에 의한 행정업무의 집행)

　㉡ 집행의 종합성·통일성 저해, 대도시의 다양한 이해의 반영 곤란(→ 위원회형의 한계)

(2) 기관대립형

① 의의: 의결기능과 집행기능의 분리, 권력분립주의, 상호 간 견제와 균형을 통한 자치행정의 수행

② 주로 대륙형 단체자치 국가에서 채택하는 방식

③ 유형

약시장 · 의회형 → 20세기 이전까지 주류적 형태	• 정책결정, 고위공무원인사, 예산의 편성 및 행정운영에 대한 감독권 등을 의회가 보유 • 각종 행정위원회에 의한 일부 행정기능의 수행, 단체장 외에 주민이 직선한 행정관의 존재 • 지방의회 의결에 대한 단체장의 거부권 행사 불가
강시장 · 의회형	행정의 집행업무를 통합시켜 단체장에게 모든 책임을 귀속시키는 형태
시장 · 수석행정관형	• 단체장이 집행기관 장의 지위에 있으면서 전문능력을 가진 수석행정관을 임면하는 방식 • 단체장은 대외업무를 관장하고, 대내업무는 수석행정관이 관장하는 유형

④ 장점

　㉠ 견제와 균형, 집행부서 간 분파주의 방지(→ 행정업무의 종합성과 통일성)

　㉡ 행정의 전문성 확보, 의회와 단체장의 직선(→ 주민통제 용이) 등

⑤ 단점

　㉠ 집행부와 의회의 병존에 따른 비효율성, 집행부와 의회의 마찰(→ 안정성 저해), 책임소재 모호, 집행의 독단성

　㉡ 인기에 영합하는 행정 → 선출직 단체장인 경우 등

(3) 절충형(→ 3원형): 의회 · 집행위원회형(→ 참사회형 · 이사회형)
    ① 의의: 지방의회, 자치단체장 외에 합의제 형태를 취하는 집행기관을 따로 두고 있는 방식
    ② 특징: 의결기관과 집행기관을 따로 두고 있으나 상호 대립이 아닌 상호 조화하는 방식
    ③ 주요 국가: 스웨덴, 노르웨이, 덴마크, 네덜란드, 벨기에, 스위스, 오스트리아, 독일의 헤센 등에서
       채택
    ④ 장점: 의회와 집행기관 간 협조체계 구축, 민의의 충실한 반영, 공정하고 신중한 집행 등
    ⑤ 단점: 합의제로 인한 행정의 책임소재의 모호성, 의사결정과 집행의 지체, 기관구성의 복잡성
       (→ 집행의 혼란)

(4) 주민총회형 – 직접민주주의 방식
    ① 의의: 유권자 전원으로 구성된 주민총회에서 직접 결정하고 집행하는 방식 → 소규모 자치단체
    ② 유형: 일본의 정 · 촌회의, 미국의 타운미팅, 스위스의 주민총회 등

THEME 28   우리나라의 지방자치단체 기관 **

(1) 구성방법
    ① 원칙: 기관대립형
    ② 예외: 법률로 정하는 바에 따라 기관구성 형태를 달리 할 수 있음 → 주민투표의 실시

(2) 지위
    ① 지방의회: 주민의 대표기관, 입법기관 및 의결기관, 행정감시와 통제기관
    ② 단체장: 자치단체의 대표기관, 주민의 대표기관, 집행기관 및 국가하부기관

(3) 권한
    ① 지방의회: 의결권, 서류제출요구권, 행정사무 감사권 및 조사권, 청원의 처리, 예산의 심의 등
    ② 단체장: 사무의 통합관리권, 재의요구권 및 제소권, 선결처분, 예산의 편성과 집행 등

TIP 경사삼제

(1) 의사정족수: 재적의원 3분의 1 이상의 출석

(2) 의결정족수

① 원칙: 특별히 규정된 경우 외에는 재적의원 과반수의 출석과 출석의원 과반수의 찬성으로 의결

② 의장: 표결권 가짐

③ 가부동수: 부결

(3) 의안의 발의

① 발의권자: 지방자치단체의 장이나 조례로 정하는 수 이상의 지방의회의원의 찬성

② 위원회: 그 직무에 속하는 사항에 관하여 의안을 제출 가능

③ 자치단체장의 발의: 예상되는 비용에 대한 추계서 + 이에 상응하는 재원조달방안

(4) 무기명투표

① 의장·부의장 선거, 임시의장 선출, 의장·부의장 불신임 의결, 자격상실 의결 및 징계 의결

② 재의요구에 관한 의결, 각종 선거 및 인사에 관한 사항

(5) 지방의회 의결사항

① 조례의 제정·개정 및 폐지, 예산의 심의·확정 및 결산의 승인

② 사용료·수수료·분담금·지방세 또는 가입금의 부과와 징수 → 법령에 규정된 것은 제외

③ 기금의 설치·운용, 대통령령으로 정하는 중요 재산의 취득·처분, 대통령령으로 정하는 공공시설의 설치·처분

④ 예산 외 의무부담·권리포기 → 법령·조례에 규정된 것 제외

⑤ 청원의 수리와 처리, 외국 자치단체와의 교류협력

(6) 의정활동비 등

① 의정활동비: 자료 수집 및 연구 활동에 대하여 지급

② 월정수당: 의원의 직무활동에 대하여 지급

③ 여비: 공무로 여행할 때 지급

(7) 서류제출 요구: 본회의나 위원회는 그 의결로 지방자치단체의 장에게 요구, 폐회 중에는 의장이 단체장에게 요구

(8) 행정사무 감사권: 매년 1회, 시·도에서는 14일의 범위, 시·군 및 자치구에서는 9일의 범위에서 실시

(9) 행정사무 조사권

① 대상: 지방자치단체의 사무 중 특정 사안에 관하여 본회의 의결로 본회의나 위원회에서 조사

② 발의: 이유를 밝힌 서면, 재적의원 3분의 1 이상의 찬성

(10) 행정사무 감사 또는 조사 보고의 처리: 본회의의 의결

(11) 정례회: 매년 2회

(12) 임시회

① 총선거 후 최초로 집회되는 임시회: 지방의회 사무처장·사무국장·사무과장이 임기 개시일부터 25일 이내에 소집

② 소집: 지방의회의 의장은 지방자치단체의 장이나 조례로 정하는 수 이상의 지방의회의원이 요구하면 소집

③ 기간: 15일 이내, 집회일 3일 전 공고

(13) 의장·부의장의 선거와 임기

① 정수: 시·도는 의장 1명과 부의장 2명, 시·군 및 자치구는 각 1명

② 임기: 2년

③ 보궐선거: 궐위된 경우, 임기는 전임자 임기의 남은 기간

(14) 의장·부의장 불신임의 의결

① 사유: 법령을 위반하거나 정당한 사유 없이 직무를 수행하지 아니할 경우

② 정족수: 재적의원 4분의 1 이상의 발의와 재적의원 과반수의 찬성

③ 효과: 의장이나 부의장은 그 직에서 해임

(15) 위원회의 설치: 조례로 설치 → 상임위원회와 특별위원회

(16) 전문위원: 지방의회의원이 아닌 전문지식을 가진 위원 → 일반직 또는 별정직

(17) 위원회의 개회

① 원칙: 본회의 의결, 지방의회의 의장 또는 위원장이 필요하다고 인정할 때, 재적위원 3분의 1 이상이 요구할 때

② 폐회 중: 지방자치단체의 장 개회 요구 가능

(18) 의원의 사직: 그 의결로 소속 지방의회의원의 사직을 허가, 폐회 중에는 지방의회의 의장이 허가

(19) 의원의 퇴직: 겸할 수 없는 직에 취임할 때, 피선거권이 없게 될 때, 징계에 따라 제명될 때

(20) 의원의 자격심사

① 청구: 재적의원 4분의 1 이상의 찬성으로 지방의회의 의장에게 청구

② 의결: 재적의원 3분의 2 이상의 찬성

(21) 징계: 법이나 자치법규에 위배되는 행위를 할 때 윤리특별위원회의 심사를 거쳐 의결로써 징계

(22) 징계의 종류: 경고, 사과, 30일 이내의 출석정지, 제명(→ 재적의원 3분의 2 이상의 찬성)

(23) 사무처 등의 설치: 조례로 정하는 바에 따라 설치

(24) 사무직원: 정원은 대통령령으로 정하는 기준에 따라 조례로 규정, 지방의회의 의장이 임면

THEME 30　지방자치단체의 장 **

(1) 임기: 4년으로 하며, 3기 내에서만 계속 재임 가능

(2) 퇴직
　① 지방자치단체의 장이 겸임할 수 없는 직에 취임할 때
　② 피선거권이 없게 될 때(→ 구역 밖으로 주민등록 이전 포함)
　③ 지방자치단체의 장의 직을 상실할 때

(3) 사무의 위임: 조례나 규칙으로 정하는 바에 따라 보조기관, 소속 행정기관 또는 하부행정기관에 위임

(4) 의결에 대한 재의 요구와 제소
　① 사유: 월권이거나 법령에 위반되거나 공익을 현저히 해친다고 인정될 때
　② 기간: 의결사항을 이송 받은 날부터 20일 이내
　③ 재의결: 재적의원 과반수의 출석과 출석의원 3분의 2 이상의 찬성
　④ 대법원에 소송 제기: 재의결된 사항이 법령에 위반된다고 인정될 때

(5) 예산상 집행 불가능한 의결의 재의 요구
　① 의결이 예산상 집행할 수 없는 경비를 포함하고 있다고 인정될 때
　② 다음 각 호의 어느 하나에 해당하는 경비를 줄이는 의결을 할 때
　　㉠ 법령에 따라 지방자치단체에서 의무적으로 부담하여야 할 경비
　　㉡ 비상재해로 인한 시설의 응급 복구를 위하여 필요한 경비

(6) 선결처분
　① 사유
　　㉠ 지방의회의원이 구속되는 등의 사유로 의결정족수에 미달될 때
　　㉡ 주민의 생명과 재산 보호를 위한 긴급한 필요 + 소집할 시간적 여유가 없거나 의결이 지체될 때
　② 후속조치: 지체 없이 지방의회에 보고하여 승인, 승인을 받지 못하면 그 선결처분은 그때부터 효력 상실

THEME 31 집행의 하부기관 등 **

(1) 부단체장
　① 특별시(→ 3인 이내): 행정부시장 2인(→ 정무직 국가공무원), 정무부시장 1인(→ 정무직 지방공무원)
　② 광역
　　　㉠ 행정부시장 · 부지사 1인(→ 인구 800만 이상 2인) → 고위공무원단 소속 일반직 국가공무원
　　　㉡ 정무부시장 · 부지사 1인 → 일반직 · 별정직 지방공무원
　③ 기초: 1인(→ 인구 100만 이상 2인) → 일반직 지방공무원

(2) 소속 행정기관 　TIP 　경소교보시중
　① 직속기관: 자치경찰(→ 제주도에 한함), 소방, 교육훈련, 보건진료, 시험연구 및 중소기업지도
　② 사업소: 특정 업무의 효율적 수행
　③ 출장소: 외진 곳의 주민의 편의와 특정 지역의 개발 촉진
　④ 합의제행정기관: 소관 사무의 일부를 독립하여 수행 → 소청심사위원회
　⑤ 자문기관: 존속기한은 5년의 범위에서 필요한 최소한의 기간

(3) 하부행정기관: 자치구가 아닌 행정구, 읍, 면, 동, 기관장(→ 시장 · 군수 및 자치구의 구청장이 임명)

THEME 32 지방자치단체의 사무배분 ***

1. 사무배분의 원칙

(1) 비경합성의 원칙(→ 중복배분 금지의 원칙): 경합하면 시 · 군 · 자치구 사무로 간주
(2) 보충성의 원칙: 기초단체 → 광역단체 → 국가 순으로 처리
(3) 포괄성의 원칙

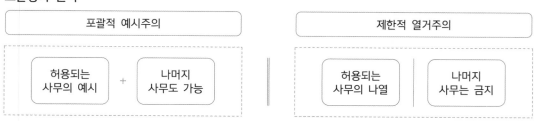

2. 사무배분의 방식

(1) 개별적 수권주의

① 의의: 법률에 의해서 각 자치단체의 권한을 개별적으로 명시하는 방법, 주로 주민자치 국가에서 채택

② 장점: 책임한계의 명확성, 지역의 개별성과 특수성 고려 등

③ 단점: 신축성의 결여, 중앙정부의 업무량 폭주, 전국적 통일성의 저해 등

(2) 포괄적 수권주의

① 의의: 금지된 사항을 제외하고는 모든 업무를 자치단체가 처리할 수 있게 하는 방식, 주로 단체자치 국가에서 채택

② 장점: 권한부여 방법의 간편성, 신축성과 융통성의 확보 등

③ 단점: 사무구분의 모호성, 지역의 개별성과 특수성 간과 등

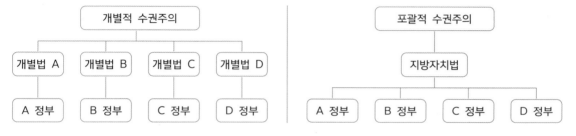

(1) 사무처리의 기본 원칙
① 주민의 편의와 복리증진, 조직과 운영을 합리성 제고 및 적정 규모의 유지
② 법령 위반 금지, 시·군 및 자치구의 관할 시·도의 조례 위반 금지

(2) 사무의 유형

자치사무 (→ 고유사무)	• 자치단체의 존립을 목적으로 하는 고유사무 • 지방의회의 관여 가능, 자치단체가 전액 비용부담, 국고보조금(→ 장려적 보조금) • 합법성에 관한 소극적 감독과 사후적 감독에 국한
단체위임사무	• 법령에 의해 자치단체에 위임된 사무 → 지역적 이해관계 + 국가적 이해관계 • 지방의회의 관여 가능, 국가(→ 위임기관)와 자치단체가 공동으로 비용부담, 국고보조금 (→ 부담금) • 합법성과 합목적성 감독, 사후적 감독은 가능 → 예방적 감독은 불가 • 유형: 조세 등 공과금 징수, 전염병 예방접종, 하천보수·유지, 국도유지·수선 등
기관위임사무	• 시·도 내지 시·군·자치구에서 시행하는 국가사무, 법령에 의하여 그 자치단체의 장 에게 위임된 사무 • 국가 또는 상급자치단체의 하급기관의 지위에서 사무 수행, 지방의회의 관여 불가 • 전액 위임기관이 비용부담, 국고보조금(→ 교부금 또는 위탁금) • 합법성과 합목적성 감독, 사후적·예방적 감독 모두 가능 • 유형: 병역자원관리, 선거사무, 인구조사, 국세조사, 부랑인 선도 등

(3) 국가사무
① 농·축·수산물과 양곡 등의 수급조절과 수출입
② 근로기준, 측량단위, 우편, 철도, 항공관리, 기상행정, 원자력

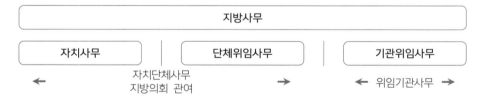

THEME 34 주민참여 ***

(1) 의의: 정책결정이나 집행과정에 영향을 미치거나 미치고자 하는 주민들의 행동
(2) 필요성: 대의제도의 불완전성 보완, 사법통제의 한계 보완, 지방자치의 실질적 구현 등
(3) 기능: 대의제의 보안, 행정의 책임성 확보, 행정서비스의 개선, 정책집행의 순응성 제고
(4) 한계: 행정의 전문성 저해, 결정비용의 증대, 주민참여의 대표성 문제(➔ 활동적 소수의 폐해)
(5) 아른슈타인(S. Arnstein)의 분류 `TIP` 조치, 정상회, 협권주
  ① **비참여**: 조작(manipulation)(➔ 일방적 교육과 설득), 치료(therapy)(➔ 불만에 대한 일방적 지도)
  ② **명목참여**: 정보제공(informing)(➔ 일방적 정보제공), 상담(consultation), 회유(placation)(➔ 최종 결정은 행정이 담당)
  ③ **실질참여**: 협동(partnership)(➔ 주민 주장의 반영), 권한위임(delegated power), 주민통제(citizen control)

(6) 직접참여의 유형 – 직접청구
  ① 주민투표 ➔ 주민투표법(2004)
  ② 주민발안
    ㉠ 조례의 제정 및 개폐청구제도(1999) ➔ 주민조례발안에 관한 법률(2021)
    ㉡ 규칙의 제정과 개정·폐지 의견 제출(2021)
  ③ 주민감사청구(1999)와 주민소송(2006)
  ④ 주민소환 ➔ 주민소환에 관한 법률(2007)
  ⑤ 주민에 대한 정보공개(2021)
  ⑥ 주민참여예산(2006 선택, 2011 필수) ➔ 지방재정법

THEME 35 주민투표 ★★★

(1) **주민투표권**: 18세 이상의 주민(→ 선거권이 없는 사람은 제외)
  ① 그 지방자치단체의 관할 구역에 주민등록이 되어 있는 사람
  ② 대한민국에 계속 거주할 수 있는 자격을 갖춘 외국인으로서 지방자치단체의 조례로 정한 사람

(2) **주민투표의 대상**: 주민에게 과도한 부담을 주거나 중대한 영향을 미치는 지방자치단체의 주요 결정사항

(3) **주민투표의 제외**
  ① 법령에 위반되거나 재판 중인 사항, 국가 또는 다른 지방자치단체의 권한 또는 사무에 속하는 사항
  ② 예산편성 · 의결 및 집행과 회계 · 계약 및 재산관리
  ③ 지방세 · 사용료 · 수수료 · 분담금 등 각종 공과금의 부과 또는 감면에 관한 사항
  ④ 행정기구의 설치 · 변경에 관한 사항과 공무원의 인사 · 정원 등 신분과 보수에 관한 사항
  ⑤ 다른 법률에 의하여 주민대표가 직접 의사결정주체로서 참여할 수 있는 공공시설의 설치에 관한 사항
  ⑥ 동일한 사항(취지가 동일한 경우 포함)에 대하여 주민투표가 실시된 후 2년이 경과되지 아니한 사항

(4) **국가정책에 관한 주민투표**
  ① 대상: 지방자치단체의 폐치분합 또는 구역의 변경, 주요 시설을 설치하는 등 국가정책의 수립
  ② 절차: 실시구역을 정하여 관계 지방자치단체의 장에게 요구, 미리 행정안전부장관과 협의

(5) **주민투표의 실시요건**
  ① 주민이 주민투표의 실시를 청구하는 경우(→ 필수) → 주민투표청구권자 총수의 20분의 1 이상 5분의 1 이하의 범위
  ② 지방의회가 주민투표의 실시를 청구하는 경우(→ 필수) → 재적의원 과반수의 출석과 출석의원 3분의 2 이상의 찬성
  ③ 단체장이 주민의 의견을 듣기 위하여 필요하다고 판단하는 경우 → 재적의원 과반수의 출석과 출석의원 과반수의 동의

(6) **주민투표의 발의**: 단체장의 공표한 날로부터 7일 이내 발의, 청구를 수용한 경우에는 발의하지 않음

(7) **주민투표의 형식**: 특정한 사항에 대하여 찬성 또는 반대의 의사표시 또는 두 가지 사항 중 하나를 선택하는 형식

(8) **주민투표의 실시구역**
  ① 원칙: 그 지방자치단체의 관할구역 전체
  ② 관할구역의 일부: 특정한 지역 또는 주민에게만 이해관계가 있는 사항인 경우

(9) **투표운동을 할 수 없는 자**: 주민투표권이 없는 자, 공무원(→ 지방의원은 제외), 선거관리위원회위원, 통 · 리 · 반장

(10) **투표운동의 제한**
  ① 야간호별방문 및 야간옥외집회, 투표운동을 목적으로 서명 또는 날인을 받는 행위
  ② 연설금지장소에서의 연설행위, 확성장치 및 자동차 등의 사용제한에 관한 규정을 위반하는 행위

(11) 주민투표결과의 확정: 주민투표권자 총수의 4분의 1 이상의 투표와 유효투표수 과반수의 득표로 확정

(12) 주민투표결과 확정된 사항에 대하여 2년 이내에는 이를 변경하거나 새로운 결정을 할 수 없음

(13) 소청 및 소송

① **소청**: 주민투표권자 총수의 100분의 1 이상의 서명으로 투표결과가 공표된 날부터 14일 이내 소청

② **소송**: 소청에 불복하려는 경우 결정서를 받은 날부터 10일 이내에 시·도는 대법원에, 시·군·구는 고등법원에 소송

(14) 재투표: 주민투표의 전부 또는 일부무효의 판결이 확정된 때, 그 날부터 20일 이내에 재투표 실시

THEME 36 조례 및 규칙의 제정과 개정·폐지 ★★★

1. 조례의 제정과 개정·폐지 청구 – 주민조례발안에 관한 법률(2021)

(1) 주민조례청구권자: 18세 이상의 주민(→ 선거권이 없는 사람은 제외)

① 해당 지방자치단체의 관할 구역에 주민등록이 되어 있는 사람

② 체류자격 취득일 후 3년이 지난 외국인으로서 해당 지방자치단체의 외국인등록대장에 올라 있는 사람

(2) 청구 대상기관: 해당 지방자치단체의 의회

(3) 제외 대상

① 법령을 위반하는 사항, 지방세·사용료·수수료·부담금을 부과·징수 또는 감면하는 사항

② 행정기구를 설치하거나 변경하는 사항, 공공시설의 설치를 반대하는 사항

(4) 주민조례청구 요건

① 특별시 및 인구 800만 이상의 광역시·도: 청구권자 총수의 200분의 1

② 인구 800만 미만의 광역시·도, 특별자치시, 특별자치도 및 인구 100만 이상의 시: 청구권자 총수의 150분의 1

③ 인구 50만 이상 100만 미만의 시·군 및 자치구: 청구권자 총수의 100분의 1

④ 인구 10만 이상 50만 미만의 시·군 및 자치구: 청구권자 총수의 70분의 1

⑤ 인구 5만 이상 10만 미만의 시·군 및 자치구: 청구권자 총수의 50분의 1

⑥ 인구 5만 미만의 시·군 및 자치구: 청구권자 총수의 20분의 1

(5) 심사 절차

① 수리된 날부터 1년 이내에 의결, 필요한 경우에는 본회의 의결로 1년 이내의 범위에서 한 차례만 연장 가능

② 수리한 당시의 의원의 임기가 끝나더라도 다음 지방의회의원의 임기까지는 의결되지 못한 것 때문에 폐기되지 아니함

2. 규칙의 제정과 개정·폐지 의견 제출

(1) 청구권자: 주민이 지방자치단체의 장에게 제출

(2) 대상: 권리·의무와 직접 관련되는 사항

(3) 제외: 법령이나 조례를 위반하거나 법령이나 조례에서 위임한 범위를 벗어나는 사항

(4) 후속 조치: 의견이 제출된 날부터 30일 이내에 검토 결과를 그 의견을 제출한 주민에게 통보

THEME 37 주민감사청구와 주민소송 ***

1. 주민감사청구

(1) 청구권자: 18세 이상의 주민
- ① 관할 구역에 주민등록이 되어 있는 사람
- ② 영주할 수 있는 체류자격 취득일 후 3년이 경과한 외국인

(2) 서명 요건: 시·도(→ 300명 이내), 인구 50만 이상 대도시(→ 200명 이내) 그 밖의 시·군 및 자치구 (→ 150명 이내)

(3) 청구 대상: 지방자치단체와 그 장의 권한에 속하는 사무 → 위법 + 부당

(4) 청구 기관: 시·도는 주무부장관, 시·군 및 자치구는 시·도지사

(5) 제외 대상
- ① 수사나 재판에 관여하게 되는 사항, 개인의 사생활을 침해할 우려가 있는 사항
- ② 다른 기관에서 감사하였거나 감사 중인 사항 → 새로운 사항의 발견, 중요 사항의 누락, 주민 소송의 대상인 경우는 가능
- ③ 동일한 사항에 대하여 소송이 진행 중이거나 그 판결이 확정된 사항

(6) 청구 시효: 사무처리가 있었던 날이나 끝난 날부터 3년이 지나면 제기할 수 없음

(7) 후속 조치: 감사청구를 수리한 날부터 60일 이내에 종료 → 연장 가능

2. 주민소송

(1) 원고: 감사청구를 한 주민

(2) 대상: 공금의 지출, 재산의 취득·관리·처분, 계약의 체결·이행, 공금의 부과·징수 등

(3) 피고: 지방자치단체의 장

(4) 관할 법원: 해당 지방자치단체의 사무소 소재지를 관할하는 행정법원 또는 지방법원 본원

THEME 38 주민소환 ***

(1) 주민소환투표의 사무관리: 해당 관할선거관리위원회에서 관리

(2) 주민소환투표권: 19세 이상의 주민
  ① 당해 지방자치단체 관할구역에 주민등록이 되어 있는 자
  ② 영주의 체류자격 취득일 후 3년이 경과한 자 중 당해 지방자치단체 관할구역의 외국인등록 대장에 등재된 자

(3) 주민소환투표의 청구
  ① 시·도지사: 당해 지방자치단체의 주민소환투표청구권자 총수의 100분의 10 이상
  ② 시장·군수·자치구의 구청장: 당해 지방자치단체의 주민소환투표청구권자 총수의 100분의 15 이상
  ③ 지방의원: 당해 지방의회의원의 선거구 안의 주민소환투표청구권자 총수의 100분의 20 이상

(4) 주민소환투표의 청구 제한기간
  ① 선출직 지방공직자의 임기개시일부터 1년이 경과하지 아니한 때
  ② 선출직 지방공직자의 임기만료일부터 1년 미만일 때
  ③ 해당선출직 지방공직자에 대한 주민소환투표를 실시한 날부터 1년 이내인 때

(5) 주민소환투표의 발의: 관할선거관리위원회

(6) 주민소환투표의 실시: 공고일부터 20일 이상 30일 이하의 범위 안에서 관할선거관리위원회 실시

(7) 주민소환투표의 형식: 찬성 또는 반대를 선택하는 형식

(8) 주민소환투표의 실시구역
  ① 지방자치단체의 장: 당해 지방자치단체 관할구역 전체
  ② 지역구지방의회의원: 당해 지방의회의원의 지역선거구

(9) 권한행사의 정지 및 권한대행
  ① 권한행사 정지: 투표안을 공고한 때부터 주민소환투표결과를 공표할 때까지
  ② 자치단체장: 부단체장이 그 권한을 대행
  ③ 지방의회의원: 정지기간 동안 의정활동보고 금지, 다만, 인터넷에 의정활동보고서 게재는 가능

(10) 주민소환투표결과의 확정
  ① 주민소환투표권자 총수의 3분의 1이상의 투표와 유효투표 총수 과반수의 찬성
  ② 주민소환투표자의 수가 주민소환투표권자 총수의 3분의 1에 미달하는 때에는 개표를 하지 아니함

(11) 주민소환투표의 효력
  ① 주민소환이 확정된 때에는 주민소환투표대상자는 그 결과가 공표된 시점부터 그 직을 상실
  ② 그 직을 상실한 자는 그로 인하여 실시하는 이 법 또는 해당 보궐선거에 후보자로 등록 불가

(12) 소청 및 소송
  ① 소청: 주민소환투표권자 총수의 100분의 1이상의 서명으로 결과가 공표된 날부터 14일 이내에 소청
  ② 소송: 소청에 불복이 있는 경우 결정서를 받은 날부터 10일 이내에 고등법원 및 대법원(➔ 광역 단체장)에 소송

THEME 39 | 기타 주민참여제도 **

1. 주민에 대한 정보공개
(1) **목적**: 사무처리의 투명성 제고
(2) **절차**: 공공기관의 정보공개에 관한 법률에서 정하는 바에 따라
(3) **공개 대상**: 지방자치정보 → 지방의회의 의정활동, 집행기관의 조직, 재무 등

2. 주민참여예산제도 - 지방재정법
(1) **시행**: 단체장이 대통령령으로 정하는 바에 따라 예산편성 등 예산과정에 참여할 수 있는 제도의 시행(→ 필수)
(2) **제외**: 지방의회의 의결사항
(3) **주민참여예산위원회**: 지방자치단체의 장 소속, 주민참여와 관련된 사항의 심의
(4) **후속 조치**: 주민참여예산제도를 통하여 수렴한 주민의 의견서를 지방의회에 제출하는 예산안에 첨부
(5) **평가**: 행정안전부장관이 대통령령으로 정하는 바에 따라 평가
(6) **조례규정 사항**: 주민참여예산기구의 구성·운영과 그 밖에 필요한 사항

THEME 40 | 지방재정 ***

(1) **중앙재정과 지방재정**
　① 중앙재정
　　㉠ 포괄적 기능(→ 자원배분, 소득재분배, 경기안정화 기능 등)
　　㉡ 순수공공재 성격, 조세에 의존, 일반적 보상관계(→ 응능주의), 형평성 중시 등
　② 지방재정: 자원배분 기능, 준공공재 성격, 다양한 세입원, 개별적 보상관계(→ 응익주의), 효율성 중시 등

(2) **지방재원의 구분**
　① 자율성 기준: 자주재원(→ 지방세, 세외수입), 의존재원(→ 지방교부세, 국고보조금 등)
　② 용도 기준: 일반재원(→ 보통세, 보통교부세 등), 특정재원(→ 목적세, 특별교부세, 국고보조금 등)
　③ 규칙성 기준: 경상재원, 임시재원

(3) **지방재정력 평가지수**
　① 재정규모: 자주재원 + 의존재원 + 지방채
　② 재정자립도: 총 재원 중 자주재원이 차지하는 비중 → 도농통합시의 설치 기준
　　㉠ 방식: (지방세 + 세외수입) / 일반회계, (지방세 + 세외수입 + 지방채) / 일반회계
　　㉡ 문제점
　　　• 세입 중심: 세출의 질 간과, 재정규모의 중요성 간과
　　　• 일반회계만 고려: 특별회계와 기금 등의 역할 간과 → 실제 재정력의 과소평가
　　　• 의존재원 성격의 다양성 간과 → 보통교부세의 의미 간과

③ 재정력지수: 기준재정수입액 / 기준재정수요액 → 보통교부세 교부기준
④ 재정자주도: 일반재원(→ 자주재원 + 지방교부세 + 조정교부금) / 총 재원 → 차등보조금의 기준

(4) 자주재원주의와 일반재원주의
① 자주재원주의: 재정자립도 강조, 세입의 분권, 지방세 강조, 징세의 노력, 지역 간 재정격차의 심화
② 일반재원주의: 재정자주도 강조, 세출의 분권, 지방교부세 강조, 지역 간 재정격차의 완화, 재정 착각과 도덕적 해이

THEME 41 | 지방세 ★★★

(1) 특징: 강제적 부과·징수, 개별적 반대급부 없는 징수, 금전적 징수, 일반적 경비조달 목적
(2) 원칙
① 수입 측면: 보편성(→ 지역 간 고른 분포), 정착성(→ 지역 간 이동 제한), 안정성, 충분성, 신장성 및 신축성
② 주민부담 측면: 부담분임(→ 고른 부담), 부담보편(→ 담세능력의 비례), 응익성(→ 개별적 보상관계), 효율성(↔ 형평성)

(3) 과세의 방식
① 재산과세: 재산보유 과세[→ 재산세, 자동차세(보유)], 재산거래 과세(→ 취득세, 등록면허세)
② 소비과세: 높은 보편성, 낮은 정착성, 상대적으로 낮은 안정성 → 지방소비세, 담배소비세, 레저세 등
③ 소득과세: 부담의 공평성, 수입의 탄력성, 낮은 안정성 → 지방소득세

(4) 세원배분의 방식
① 분리방식: 과세자주권의 보호, 책임의 명확화, 단점 → 지방 간 격차
② 중복방식: 충분한 세수의 확보, 징세능력의 확대, 단점 → 납세자의 부담 과중
③ 공동방식 → 서울시 재산세

THEME 42 │ 우리나라 지방세 ★★★

1. 종류 `TIP` 등재, 주재자담득, 취등레비

(1) **취득세**: 부동산 등을 취득한 자에게 부과는 세금

(2) **등록면허세**: 재산권, 기타 권리의 이동사항을 공부에 등기 또는 등록할 때 부과되는 세금

(3) **레저세**: 경륜, 경마, 경주 등에 있어 승자투표권, 승마투표권 등을 발매함으로써 얻은 금액에 대하여 부과되는 세금

(4) **담배소비세**: 담배에 과세되는 세금으로 담배의 개비 수나 중량을 기준으로 부과

(5) **주민세**: 지방자치단체의 주민에 대하여 부과되는 세금
  ① **개인분**: 지방자치단체에 주소를 둔 개인에 대하여 부과하는 주민세
  ② **사업소분**: 지방자치단체에 소재한 사업소 및 그 연면적을 과세표준으로 하여 부과하는 주민세
  ③ **종업원분**: 지방자치단체에 소재한 사업소 종업원의 급여총액을 과세표준으로 하여 부과하는 주민세

(6) **자동차세**: 자동차의 소유 또는 사용에 대해 부과되는 세금 → 소유로 인한 과세 + 주행으로 인한 과세

(7) **지방소득세**: 납세의무가 있는 개인과 법인이 소득에 따라 내야 하는 세금, 2014년 독립세화

(8) **지방소비세**: 국세인 부가가치세의 일부를 지방세로 전환된 세금, 2010년 신설, 과세표준의 1천분의 253을 적용

(9) **재산세**: 유형·무형의 재산을 과세객체로 하여 그 재산의 소유자에게 재산총액을 기준으로 부과되는 세금

(10) **지방교육세**: 등록면허세, 레저세, 담배소비세, 주민세, 재산세 등 일정한 지방세에 부가하여 과세하는 목적세

(11) **지역자원시설세**: 주민생활환경 개선사업 및 지역개발사업에 필요한 재원을 확보하고 소방사무에 소요되는 제반비용에 충당

구분		특별시·광역시세	자치구세	시·군세	도세
보통세		• 취득세 • 레저세 • 담배소비세 • 지방소비세 • 주민세 • 지방소득세 • 자동차세	• 등록면허세 • 재산세	• 주민세 • 재산세 • 자동차세 • 담배소비세 • 지방소득세	• 취득세 • 등록면허세 • 레저세 • 지방소비세
목적세		• 지방교육세 • 지역자원시설세	–	–	• 지방교육세 • 지역자원시설세

PART 7 │ 지방행정 해커스공무원 **이준모 행정학** 핵심요약집

2. 특례

(1) 특별시의 관할구역 재산세의 공동과세

① 특별시분 재산세와 구분 재산세: 각각 산출된 재산세액의 100분의 50

② 특별시장은 특별시분 재산세 전액 → 관할구역의 자치구에 교부

③ 교부기준 및 교부방법: 특별시의 조례로 규정, 교부기준을 정하지 아니한 경우 구에 균등 배분

(2) 주민세의 특례: 광역시의 주민세 사업소분 및 종업원분 → 자치구세

(3) 지방소비세의 특례: 시·군·자치구에 납입된 금액 → 시·군·자치구세

3. 특징

(1) 높은 재산과세의 비중 → 기초단체는 보유과세, 광역단체는 거래과세 형태

(2) 탄력세율의 도입 **TIP** 주행담

① 대통령령: 자동차세 주행세, 담배소비세

② 조례: 취득세와 등록면허세, 주민세, 지방소득세, 재산세, 자동차세 보유세, 지역자원시설세, 지방교육세

③ 제외: 지방소비세, 레저세

(4) 문제점

① 세목은 많으나 세원은 빈약, 재산세 위주(→ 세수의 신장성 미약), 보유과세보다는 거래과세 중심

② 조세법률주의: 독자적 과세권의 결여, 지역적 특성의 고려 없는 획일적 과세

③ 재원의 보편성 부족 → 세원의 지역적 편차

(1) **의의**: 자주재원 중 지방세 수입을 제외한 나머지 수입
(2) **특징**: 자주재원, 일반재원·특정재원, 잠재수입원, 응익적 성격
(3) **유형**
   ① **사용료**: 공공시설의 이용 또는 재산의 사용에 대하여 징수
   ② **수수료**: 사무(→ 서비스)가 특정인을 위한 것일 때 징수
   ③ **분담금**: 재산 또는 공공시설의 설치로 주민의 일부가 특히 이익을 받을 때 그 이익의 범위에서 징수
(4) **징수**
   ① **원칙**: 사용료·수수료 또는 분담금의 징수에 관한 사항은 조례로 규정
   ② **예외**: 전국적 통일성이 필요한 수수료는 대통령령으로 정하는 표준금액으로 징수하되 50퍼센트 범위에서 조례로 가감
   ③ **과태료**
      ㉠ **사기나 그 밖의 부정한 방법으로 징수를 면한 자**: 징수를 면한 금액의 5배 이내의 과태료
      ㉡ **공공시설을 부정사용한 자**: 50만 원 이하의 과태료
(5) **이의신청**
   ① **기간**: 처분을 통지받은 날부터 90일 이내에 그 지방자치단체의 장에게 이의신청
   ② **결정**: 지방자치단체의 장은 이의신청을 받은 날부터 60일 이내에 결정

(1) **의의**: 과세권을 담보로 부족한 재원을 충당하는 제도 → 부채라는 점에서 자주재원에서 제외
(2) **특징**: 특정재원, 임시재원
(3) **발행방법**: 모집공채(→ 매각), 매출공채(→ 인·허가 등에 첨가하여 판매), 교부공채(→ 공사비나 보상비로 교부)
(4) **우리나라의 지방채**
   ① **발행주체**: 자치단체의 장이나 자치단체조합장
   ② **원칙**: 대통령령으로 정하는 한도액 범위 + 지방의회의 의결
   ③ **예외**
      ㉠ **외채**: 지방의회의 의결을 거치기 전 행정안전부장관의 승인
      ㉡ **한도액 초과**: 원칙(→ 행정안전부장관과 협의), 일정 범위 이상의 초과(→ 행정안전부장관의 승인)
      ㉢ **자치단체조합장의 발행**: 행정안전부장관의 승인
   ④ **발생 사유**
      ㉠ 공유재산의 조성 등 소관 재정투자사업과 그에 직접적으로 수반되는 경비의 충당
      ㉡ 재해예방 및 복구사업, 천재지변으로 발생한 예측할 수 없었던 세입결함의 보전
      ㉢ 지방채의 차환

THEME 45 지방재원의 조정 ***

1. 개관

(1) 의의: 자치단체의 기능수행에 필요한 자체재원의 부족분을 보충하는 것 → 재정적 불균형의 조정

(2) 유형

    ① 수직적 조정제도: 중앙과 지방 또는 광역과 기초 → 지방교부세, 국고보조금, 조정교부금

    ② 수평적 조정제도: 지방과 지방 간

(3) 배분의 주체: 중앙정부(→ 지방교부세와 국고보조금), 광역단체(→ 자치구 조정교부금, 시·군 조정교부금)

2. 지방교부세

(1) 국가가 재정적 결함이 있는 자치단체에 교부하는 금액, 자치단체 간 재정적 불균형 시정 → 전국적 최저 수준 확보

(2) 국가가 징수하여 자치단체에 배분하는 공유적 독립재원, 원칙적으로 비용의 용도가 정해져 있지 않는 일반재원

(3) 재원

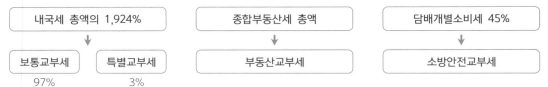

내국세 총액의 1,924%		종합부동산세 총액	담배개별소비세 45%
↓	↓	↓	↓
보통교부세	특별교부세	부동산교부세	소방안전교부세
97%	3%		

(4) 종류 `TIP` 보특부소, 현재기

보통교부세	• 재정력지수(→ 기준재정수요액/기준재정수입액)가 1 미만일 때 교부 • 자치구는 특별시·광역시에 일괄 교부
특별교부세	• 지역 현안에 대한 특별한 재정수요가 있는 경우 → 40% • 재난을 복구하거나 재난 및 안전관리 → 50% • 기타 국가적 장려사업 → 10%
부동산교부세	재정여건(50%), 사회복지(25%), 지역교육(20%), 부동산 보유(5%)
소방안전교부세	소방 및 안전시설의 확충과 안전관리의 강화, 소방인력의 확충

3. 지방교육재정교부금

(1) 교육기관 및 교육행정기관을 운영하는 데 필요한 재원을 국가가 교부하여 지역 간 교육의 균형 발전을 도모하기 위한 재원

(2) 재원: 내국세의 20.79%와 교육세 일부

(3) 용도

    ① 보통교부금(→ 일반재원): 내국세 교부금의 97% + 특별회계 전입금을 제외한 교육세

    ② 특별교부금(→ 특정재원): 내국세 교부금의 3%

4. 국고보조금

(1) 의의: 국가가 국가사무를 위임하고 이에 소요되는 비용을 지방자치단체에게 보전하는 재원 → 특정재원, 의존재원

(2) 종류

① **협의 보조금**: 시책의 장려 + 재정상 필요

② **부담금**: 국가가 의무적으로 부담하여야 하는 경비 → 단체위임사무와 관련, 소요비용의 전부 또는 일부 부담

③ **교부금(→ 위탁금)**: 기관위임사무와 관련, 국가가 비용의 전액 부담

(3) 문제점

① 비도지정(→ 자치단체의 자율성 침해), 정률보조(→ 지방비 부담으로 인한 지방재정의 압박)

② 개별보조금(→ 보조금 규모의 영세성, 포괄보조금으로의 전환 요청), 교부절차의 복잡성과 교부시기의 부적절

(5) 지방재정부담심의위원회: 지방재정 부담에 관한 사항 심의 → 국무총리 소속

5. 지방교부세와 국고보조금

(1) 재원(→ 내국세 일부), 일반재원, 정액보조(→ 지방비 부담 없음), 통제 약함, 재정의 형평성 추구, 수직적 · 수평적 조정재원

(2) 국고보조금

① 재원[→ 예산의 범위 내(→ 일반회계 및 특별회계)], 특정재원, 정률보조(→ 지방부 부담의 존재)

② 통제 강함, 자원배분의 효율성 추구, 수직적 조정재원 + 수평적 격차 심화

(1) 의의: 자치단체가 경영하는 기업 → 민법이나 상법의 적용, 지방경영수익사업과는 구분
(2) 경영 원칙: 기업성과 공공성의 조화
(3) 지방공기업법
　① 직영기업(→ 제1섹터): 사업본부, 사업단
　② 지방공단: 전액 출자, 위탁업무만 수행
　③ 지방공사: 지방자치단체의 전액 또는 50% 이상 출자 → 민간(→ 외국인 포함)의 출자도 가능
(4) 지방출자출연법
　① 지방출자기관
　　㉠ 지방자치단체가 자본금의 전액 또는 일부(10%)를 출자하여 설립한 주식회사 형태의 기업 조직
　　㉡ 지역경제 발전과 주민소득 증대 등의 수익적 목적으로 설립
　② 지방출연기관
　　㉠ 지방자치단체가 재산의 전액 또는 일부를 출연하여 설립한 재단법인 형태의 공공비영리 기관
　　㉡ 문화, 예술, 장학, 자선 등 공익적 목적을 위하여 설립
(5) 우리나라의 지방공기업 → 당연 적용 대상 **TIP** 수궤자
　① 수도사업(→ 마을상수도사업 제외), 공업용수도사업, 하수도사업
　② 궤도사업(→ 도시철도사업 포함)
　③ 자동차운송사업, 지방도로사업(→ 유료도로), 토지개발사업
(6) 경영평가: 원칙(→ 행정안전부장관), 예외(→ 지방자치단체의 장)

THEME 47 **경영수익사업 – 사업장 수입** **★**

(1) 주체: 지방자치단체(→ 원칙)
(2) 목적: 수입증대 또는 공공이익 증진
(3) 방법: 지역부존자원의 생산적 활용, 공공시설의 효율적 관리
(4) 한계: 민간경제를 침해하지 않는 범위 내에서 가능

2024 대비 최신판

해커스공무원
이준모
행정학 핵심요약집

초판 1쇄 발행 2023년 7월 3일

지은이	이준모 편저
펴낸곳	해커스패스
펴낸이	해커스공무원 출판팀

주소	서울특별시 강남구 강남대로 428 해커스공무원
고객센터	1588-4055
교재 관련 문의	gosi@hackerspass.com
	해커스공무원 사이트(gosi.Hackers.com) 교재 Q&A 게시판
	카카오톡 플러스 친구 [해커스공무원 노량진캠퍼스]
학원 강의 및 동영상강의	gosi.Hackers.com

ISBN	979-11-6999-324-1 (13350)
Serial Number	01-01-01

공무원 교육 1위,
해커스공무원 gosi.Hackers.com

 **해커스공무원**

· 해커스 스타강사의 **공무원 행정학 무료 동영상강의**
· **해커스공무원 학원 및 인강**(교재 내 인강 할인쿠폰 수록)
· 정확한 성적 분석으로 약점 극복이 가능한 **합격예측 모의고사**(교재 내 응시권 및 해설강의 수강권 수록)
· '회독'의 방법과 공부 습관을 제시하는 **해커스 회독증강 콘텐츠**(교재 내 할인쿠폰 수록)